글로벌 미디어 공룡들의 전쟁

글로벌 미디어 공룡들의 전쟁

지은이 이창훈
펴낸이 임상진
펴낸곳 (주)넥서스

초판 1쇄 발행 2022년 3월 4일
초판 2쇄 발행 2022년 3월 10일

출판신고 1992년 4월 3일 제311-2002-2호
주소 10880 경기도 파주시 지목로 5 (신촌동)
전화 (02)330-5500 팩스 (02)330-5555
ISBN 979-11-6683-217-8 03320

www.nexusbook.com

Global Media

Giants

글로벌 미디어 공룡들의 전쟁

M&A 승자는
누가 될 것인가

이창훈 지음

넥서스BIZ

 프롤로그

"요즘 TV 뭐 보니?"보다 "요즘 넷플릭스 뭐 보니?"가 더 익숙한 세상이다.

엄마, 아빠는 거실 TV에서 드라마 〈사랑의 불시착〉을 볼 때, MZ세대는 같은 드라마를 아이폰에서 넷플릭스로 본다. 스마트폰이라는 개인 디바이스는 가족 단위의 TV 시청을 나만의 시청으로 자연스럽게 전환시켰다. 그럼 MZ세대는 나만의 스마트폰에서 무엇을 보고 있을까? 재미있게도 이들은 엄마, 아빠가 어렸을 때 봤던 〈하이킥 시리즈〉와 〈순풍산부인과〉 같은 시트콤을 유튜브와 왓챠플레이에서 찾아보고 있다. 이로 인해 '빵꾸똥꾸', '야동 순재' 같은 20년 전 유행어가 인터넷 커뮤니티에서 다시 유행하기도 한다. 방송사의 방송 편성표에 전혀 구애받지 않는 시청 행태가 어느새 자연스러워졌다.

넷플릭스를 통한 전편 개봉, 빈지워칭(binge-watching)을 경험한 시청자들은 매주 한 편 또는 두 편씩 방송하는 드라마 스케줄을 불편해하기 시작했다. 너무 많이 쏟아지는 드라마 속에 재미있는지 시청자 반응을 다 지켜보고 한꺼번에 몰아 보는 식의 시청 행태는 방송사의 편성 전략과 광고 판매 전략을 무력화하고 있다. 시청자들은 방송사의 편성과 스케줄에 얽매이지 않고 자신이 원하는 시대의 콘텐츠를, 원하는 시간에 시청하는 시간 통제적 시청을 하고 있는 것이다.

이런 시청 행태의 변화는 세대와 일부 장르에 국한되지 않는다. 출입처라는 카르텔을 통해 언론사들이 기득권을 장악해 온 보도·시사 영역에서도 시사 유튜버들이 거침없는 진행과 해설, 평론으로 시청자들의 눈과 귀를 사로잡고 있다. 인기 유튜버들은 100만이 넘는 구독자를 자랑하며 거대 언론사 못지않은 영향력을 발휘하고 있다. 대선 정국에서 KBS 9시 뉴스나 〈조선일보〉보다 경제 유튜브 방송 〈삼프로TV〉의 대선 후보 인터뷰가 더 큰 영향력을 발휘하고 있다. 레거시 미디어가 유지해 온 구질서와 체제가 붕괴되고 있다. 나만의 시청, 시간 통제적 시청, 레거시 미디어 붕괴를 이끄는 서비스는 단연 넷플릭스와 유튜브다. 두 서비스는 이미 우리 미디어 생활에 깊숙이 침투해 있고 미디어 산업을 송두리째 바꿔 놓고 있다.

자연스럽게 우리 미디어 생활의 일부가 된 넷플릭스와 유튜브는 모두 미국 서비스다. 불과 십여 년 전인 2000년대 초반, 일본 문화를 개방한다고 했을 때 일었던 사회적 논란을 기억하는 독자들이 많을 것이다. 우리는 외국 문화에 매우 배타적이었다. 자국 문화를 보호한다는 명분으로 영화 산업에서 '스크린쿼터'라는 규제를 만들었고, 방송 산업에서는 여러 소유·진입·편성 규제를 통해 외국 미디어의 진입 자체를 강하게 제한해 왔다. 지상파 방송은 국내 방송물을 80% 이상 방송해야 한다는 편성 규제가 여전히 있을 정도다. 글로벌 사업자들은 우리 미디어 시장에서 폐쇄적인 시장 구조 때문에 시장 진입과 안착에 많은 어려움을 겪어 왔다.

돌이켜 보면 넷플릭스도 진출 초기 국내 콘텐츠를 확보하지 못해 어려움을 겪었다. 초기 방송사들은 다 같이 콘텐츠 공급을 보이콧하기도 했다. 이후 〈옥자〉와 같은 영화를 국내 영화 업계와 함께 만들고 CJ, JTBC 같은 방송사와 제휴하며 안정적으로 드라마와 예능 콘텐츠를 수급해 시장에 안착하고 성공을 거뒀다. 진출 초기에 한국은 진입 저항이 큰 시장 중 하나였지만, 어느새 시나브로 넷플릭스는 우리의 안방을 차지했다.

어느새 안방을 차지한 글로벌 서비스

넷플릭스는 코로나 위기로 어려움을 겪고 있는 영화 산업에 거액을 주고 영화를 사들이며 이제 당당히 1등 OTT이자 주류 미디어가 되었다. 위기에 처한 영화감독들이 넷플릭스 콘텐츠를 만들기 위해 충무로가 아니라 넷플릭스가 위치한 종로 일대에 모여들고, 외주 제작사들은 자기 콘텐츠를 피칭(pitching)하기 위해 방송사가 모인 상암동이 아니라 종로에 길게 줄 서 있는 게 우리 미디어 산업의 현주소다. 외주 제작사뿐만 아니라 방송사마저도 넷플릭스의 돈을 받기 위해 드라마와 예능 콘텐츠를 들고 줄 서 있다. 제작비 10억이 넘는 텐트폴 드라마는 넷플릭스 같은 글로벌 OTT의 판권 투자 없이는 제작하지 못한다. 현재 미디어 시장은 넷플릭스가 주도하고, 콘텐츠 산업은 넷플릭스의 돈을 중심으로 돌아가고 있다고 해도 과언이 아니다.

미디어 산업의 미래를 예측하는 것은 어렵지만 한 가지 확실한 것은 더 많은 글로벌 서비스들이 우리나라에 진입할 것이라는 점이다. 포털 뉴스에 디즈니+가 언제 들어올지, HBO맥스가 언제 들어오고 누구와 제휴할지에 대한 기사가 하루가 멀다 하고 쏟아지고 있다. 그만큼 시청자, 미디어 기업 모두 글로벌 기업의 행보에 관심이 많다. 그럼 우리는 앞으로 어떤 글로벌 서비스를 만나게 될까? 디즈니+가 2021년 11월에 국내 서비스를 시작했고 2022년에는 HBO맥스, 피콕, 파라마운트+가 속속 국내에 진출할 예정이다.

HBO, 파라마운트, 피콕 등의 이름은 한 번씩 들어봤지만 우리는 아직 이들이 어떤 서비스고, 이들의 모기업이 어디인지 잘 알지 못한다. 향후 국내 진출할 미디어 기업들은 지난 수십 년간 수많은 기업들을 인수합병해 규모의 경제를 갖춘 미디어 공룡들이다. 한국 소비자는 이 미디어 공룡들의 다양한 영화와 TV, 애니메이션을 이미 극장, TV 채널, VOD 등 여러 경로를 통해 접해 왔다. 하지만 그 창구는 대부분 극장 또는 국내 IPTV, OTT였다. 앞으로는 국내 극장과 IPTV를 거치지 않고 미디어 공룡들의 자체 OTT 서비스를 통해 직접 만나게 될 것이다. 즉 앞으로 이 미디어 공룡들은 우리 미디어 생활에 더 깊숙이, 더 많이 침투할 것이다. 하지만 우리는 아직 이들이 어떤 기업이며 어떤 콘텐츠와 서비스를 보유하고 있는지 잘 모르고 어떻게 대응해야 할지도 잘 모른다.

일례로 디즈니+만 해도 많은 시청자들은 디즈니가 〈겨울왕국〉, 〈라이온킹〉과 같은 애니메이션으로 유명하다는 것은 잘 알지만 미국 3대 지상파 방송인

ABC와 최대 스포츠 네트워크인 ESPN을 보유하고 있다는 사실은 잘 모른다. 디즈니는 ABC 방송과 ESPN, 영화 분야에서는 〈아이언맨〉, 〈어벤져스〉로 유명한 마블 스튜디오, 〈스타워즈〉의 루카스필름, 애니메이션 스튜디오 픽사, 21세기 영화사, 폭스 미디어 그룹(지상파 폭스 채널 제외)을 보유하고 있다. 키즈 애니메이션부터 방송, 스포츠, 영화까지 모든 콘텐츠 라인업을 갖추고 있다. 디즈니는 강력한 콘텐츠 라인업을 바탕으로 디즈니+라는 OTT 서비스를 2019년 11월 론칭해 불과 16개월 만에 1억 명의 가입자를 모았고 2021년 말 1억 2,980만의 가입자를 보유하고 있다. 이뿐만 아니라 스포츠의 ESPN+, 미국 방송 연합 OTT 훌루, 글로벌 서비스를 위한 '스타' OTT까지 합산하면 가입자는 약 2억 명에 이른다. 디즈니는 시가총액도 3,000억 달러에 달하는 거대 기업이다.

그나마 디즈니는 친숙하다 하지만 피콕의 컴캐스트, 〈왕좌의 게임〉으로 유명한 HBO맥스의 AT&T-타임워너, 파라마운트 플러스로 진출할 바이어컴CBS와 같은 미디어 기업들은 낯설다. 이 책에서는 우리가 앞으로 만나고 우리미디어 산업에 큰 영향을 미칠 거대 미디어 기업들에 대해 알아보고자 한다. 기업에 대해 알아보는 여러 방법이 있지만 이 책에서는 이들 미디어 기업들이 미디어 공룡으로 성장한 과정인 기업 인수합병을 중심으로 알아보고자 한다.

그 많던 미디어 기업들은 다 어디로 갔을까?

1983년 미국에서는 약 50개 기업이 미디어 기업의 90%를 소유하고 있었다. 그런데 2012년에는 6개 기업이 90%의 미디어 기업을 소유하게 되었고, 2021년에는 4개로 줄어들었다. 무슨 일이 있었던 것일까? 가장 큰 이유로 구글, 넷플릭스 같은 빅테크 기업들이 미디어로 사업을 확장한 점을 꼽을 수 있다. 구글과 페이스북은 온라인 광고를 발전시키고 독점하면서 레거시 미디어의 광고 시장을 잠식했다. 넷플릭스는 SVOD 서비스와 오리지널 콘텐츠로 실시간 채널 중심인 방송 산업을 위협하고 있다. 레거시 미디어가 구글과 넷플릭스의 협공을 당하는 형국이다. 이에 맞서 살아남기 위해 미디어 기업들은 수많은 인수합병을 통해 규모의 경제를 실현하려고 애썼다. 빅테크 기업에 맞서 살아남기 위한 처절한 몸부림인 것이다.

구글은 유튜브를 인수하고 더블클릭이라는 온라인 광고 기업을 인수해 동영상 산업과 온라인 광고 시장을 장악했다. 넷플릭스는 반대로 광고 없는 SVOD 서비스로 OTT 시장을 장악했다. 빅테크 기업들의 파괴적 혁신과 변화의 속도를 레거시 미디어 기업들이 따라잡는 것은 불가능한 일이다. 다수의 기업은 하버드대학의 크리스텐슨 교수가 말한 혁신 기업의 딜레마(Innovator's Dilemma)에 빠질 수밖에 없다. 혁신 기업이 초기 틈새시장에 진입할 때 현재의 큰 시장과 이익을 포기하고 신기술을 적극 도입하는 것은 합리적인 의사 결정이 아니다. 그러다 신기술이 고객의 요구를 만족시키는 수준까지 발전해 와 해성 기술(disruptive technology)이 되는 순간 기존 시장은 빠르게 붕괴된다.

다수의 전통 미디어 기업들은 변화를 부정하다 뒤늦게 대책을 마련한다고 부산을 떨다 제대로 실행도 해 보기 전에 도태되고 만다. 이는 타이타닉호가 유턴하는 것과 같다. 급선회를 하다 보면 좌초될 가능성이 더 크고, 위기 상황에서 속도를 늦추고 다른 방향으로 도는 것도 거의 불가능하기 때문이다. 넷플릭스보다 수십 배 더 큰 블록버스터가 넷플릭스 전략으로 선회하다 파산한 사례가 대표적이다. 우리나라도 마찬가지다. 넷플릭스가 들어왔을 때 그리고 최근 디즈니+가 들어왔을 때, 초기의 낮은 완성도와 콘텐츠 수준을 보고 '별거 아니네!'라고 평가절하했다. 방송사들은 넷플릭스에 맞설 별다른 변화나 혁신을 하지 않았다. 아니, 할 수도 없었다. 광고가 주 수익원인 방송사가 광고가 없는 SVOD 모델로 전환할 수는 없기 때문이다. 그러다 지금은 드라마 한 편이라도 더 많이 사 주기를 희망하며 넷플릭스에 구애하는 지경에 이르렀다.

그나마 변화의 속도를 따라잡는 방법 중 하나는 역량을 가진 기업을 인수하는 것이다. 디즈니는 콘텐츠 IP를 가진 기업들을 집중적으로 인수했고, AT&T는 콘텐츠를 가진 타임워너를 인수했다. 컴캐스트는 NBC유니버설과 유럽 최대 위성방송 Sky를 인수했다. 한 지붕 아래 두 가족이었던 바이어컴과 CBS도 합병해 덩치를 키웠다. 이런 큰 인수합병 외에도 해마다 수백 건씩 기업 인수합병이 일어나고 있다.

"살고 싶으면 죽어라 뛰어야 한다."

이런 최근 미디어 산업의 상황을 표현하는 가장 적합한 이론은 '붉은 여왕 효과'다.《이상한 나라의 앨리스》라는 소설에서 붉은 여왕은 앨리스에게 "제자리에 있고 싶으면 죽어라 뛰어야 한다."라고 말한다. 왜냐하면 붉은 여왕의 나라에서는 주위 사물이 모두 함께 움직이기 때문에 가만히 있으면 뒤로 처지게 된다. 따라서 제자리에 머물기 위해서는 있는 힘껏 달리지 않으면 안 된다. 지금 미디어 산업에서는 지금 수준이라도 유지하며 살아남으려면 죽도록 뛰어야 한다. 하지만 모두가 죽도록 뛰기 때문에 남보다 앞서기는 매우 힘들다. 게다가 이제까지 같이 뛰던 동료가 아니라 빅테크라는 경쟁자가 나타나 자동차로 달리니 죽도록 뛰어도 제자리도 지키기 힘들게 됐다.

현대 미디어 산업에서 남보다 앞서 나가는 방법 중 하나는 '훌륭한 기업 인수'라는 축지법이다. 디즈니와 컴캐스트와 같은 기업은 훌륭한 기업을 적기에 인수하는 축지법으로 앞서 나가는 데 성공했다. 반면 AT&T 같은 기업은 잘못된 인수합병으로 오히려 기업이 몰락하는 큰 실패를 겪었다.

국내 미디어 산업에도 다양한 M&A가 일어나고 있다. CJ ENM은 스타 작가를 보유한 드라마 제작사들을 인수해 만든 스튜디오드래곤을 국내 최대 스튜디오로 성장시켜 K드라마 시장을 선도하고 있다. SK텔레콤은 자사 OTT인 옥수수와 지상파 방송의 연합 OTT인 푹을 합병해 웨이브를 탄생시켰다. 이후 IPTV들은 케이블 MSO를 연쇄적으로 인수했고, KT는 스튜디오지니를 설립했다. 미국의 빅테크 기업처럼 카카오와 네이버, 하이브와 같은 비(非)미디어 기업들이 인수합병을 통해 순식간에 미디어 산업에 침투했다. 미디어 산업의 참여자 모두가 100미터 달리기를 하듯 전력 질주를 하고 있다.

국내 미디어 기업들도 미디어 공룡이 되지 못하면 글로벌 미디어 공룡과의 경쟁에서 살아남을 수 없기 때문에 경쟁적으로 몸집 불리기에 들어가고 있다. 앞으로 미디어 시장은 글로벌 미디어 공룡들과 이에 맞설 수 있는 코리안 미디어 공룡들의 시장으로 재편될 것이다. 이 책에서는 글로벌 미디어 공룡들의 흥망성쇠와 이에 맞서 미래의 미디어 공룡이 될 잠재력을 가진 국내 미디어 기업들의 M&A 흥망성쇠 사례를 살펴봄으로써 향후 누가 미디어 공룡에 등극하고, 누가 밀려나게 될지, 그리고 미디어 산업의 경쟁 구도는 어떻게 재편될지 예측해 보고자 한다.

PART 1부터 PART 3까지는 현재 미디어 시장의 변화를 주도하고 있는 넷플릭스, 구글, 페이스북이 어떻게 미디어 산업에 진입하고 주도권을 잡았는지 알아본다. 또 이에 맞서기 위한 레거시 미디어 기업들의 대응을 알아본다. 지금까지 살아남은 미디어 공룡들은 어떤 기업을 인수해 미디어 공룡으로 도약하게 되었고, 또 어떤 기업이 잘못된 기업 인수로 도태되었는지, 현재 미국 미디어 산업의 주요 기업인 디즈니, 컴캐스트, AT&T, 타임워너, 바이어컴CBS의 주요 기업 인수합병 사례를 통해 살펴본다. PART 4에서는 실패한 기업 인수합병 사례들을 살펴봄으로써 반면교사로 삼고자 한다.

PART 5와 6에서는 이들 글로벌 미디어 공룡들에 맞서 국내 미디어 기업들은 어떻게 대응하고 있는지, 한국의 미디어 공룡을 꿈꾸는 CJ와 통신사, 카카오 등의 사례를 통해 살펴본다. 현재 미디어 공룡에 가장 근접한 CJ ENM이 어떤 기업 인수를 통해 지금의 위치에 도달했는지도 핵심 사례들을 중심으로 살펴본다. 또 최근 가장 적극적으로 많은 미디어 기업을 인수하며 카카오엔터테인먼트를 육성하고 있는 카카오와 포털 최강자 네이버, BTS를 기반으로 만든 위버스라는 팬 플랫폼을 통해 새로운 파괴적 혁신을 하고 있는 하이브(전 빅히트 엔터테인먼트)의 사례도 살펴본다.

이 책은 2018년 출간한 《미디어 전쟁》의 후속 시리즈라고 할 수 있다. 《미디어 전쟁》은 2008년 미디어법 개정과 종합편성채널 허용이라는 미디어 정책 변화 이후 한국 미디어 시장에서 벌어진 내전 또는 국지전을 정리했다. 이 책은 글로벌 미디어 산업을 주도하는 미국 미디어 시장의 치열한 경쟁과 최근 넷플릭스와 유튜브라는 파괴적 혁신 기업들에 맞서는 글로벌 미디어 기업들의 전쟁을 정리해 봤다. 또 넷플릭스와 유튜브뿐만 아니라 글로벌 미디어 기업들과도 맞서야 하는 국내 기업들의 대응도 같이 살펴봤다.

《미디어 전쟁》에 이어 이 책이 나올 수 있도록 지원을 해 준 방송문화진흥회에 감사한다. 그리고 산발적이고 정리가 안 된 원고에 뛰어난 인사이트와 구성력으로 완전히 새로운 책으로 탄생하게 해 주신 넥서스비즈의 오정원 편집장님과 권근희 편집장에 특별한 감사의 말씀을 드린다. MBC에서 어려운 혼돈의 시기에 미디어 전략과 사업을 함께한 정홍대, 정문호 부장님과 이재학, 권석원, 김동현 팀장, 심대규, 송효지, 박영민, 강승민, 이현석 차장, 현정희, 김선천 사원 등 많은 동료들에게 감사의 마음을 전한다. 또 SK브로드밴드라는 IPTV 플랫폼 시각에서 시야를 확장할 수 있게 많은 조언을 주시는 최진환 사장님, 김성수 CIC 담당님, 김혁 미디어CO 담당님과 콘텐츠 그룹 구성원 모두에게 감사의 마음을 전한다.

마지막으로 오늘의 나를 있게 해 주신 존경하는 아버지와 어머니, 3년만의 집필 작업에 집중할 수 있도록 많은 배려를 해 준 사랑하는 아내 소향이와 또 책을 쓰느라 안 놀아 준다고 많이 서운해했던 예쁜 딸 채은이와 씩씩한 아들 재진에게 이 책을 바친다.

차례

PART 6

넥스트 미디어 공룡

Global Media

Giants

PART 1

빅테크의 미디어 공습

"판이 바뀌었다."

미국 미디어 시장의 변화를 표현하는 가장 정확한 말이다. 전혀 예상치 못한 경쟁자들이 등장하고, 전통의 강자들이 하나둘씩 시장에서 사라지고 있다. 이제까지 미디어 시장의 경쟁은 소위 6대 스튜디오라고 하는 메이저 미디어 기업들 간의 경쟁이었는데 넷플릭스, 유튜브, 아마존 프라임, 애플TV 등 빅테크 기업들이 뛰어들면서 판이 완전히 바뀌었다.

방송을 시청자에게 전달할 자원과 방법이 희소할 때는 정부가 사업자를 허가해 줬지만, 인터넷 세상에서는 누구나 미디어가 될 수 있게 되었다. 빅테크 기업들은 아무런 허가나 승인 절차 없이 미디어 시장에 진입했는데 이들이 미디어 서비스를 하는 이유는 기업 가치 평가 척도로 이용되는 이용자들의 활성 이용(MAU)과 이용 시간을 늘리는 데 미디어 서비스가 유용하기 때문이다. 플랫폼 비즈니스의 특성상 이용자들이 계속 방문하고 서비스 내에서 오래 머물며 다양한 비즈니스 행위를 하게 하는 데 방송·영화는 필수 부가 서비스다. 그렇기 때문에 미디어 기업처럼 미디어 서비스의 손익을 엄밀하게 따지지 않는다.

구글의 유튜브, 아마존의 아마존 프라임, 애플의 애플TV는 수년간 돈을 벌기보다 돈을 쓰는 사업이었다. 빅테크 기업들의 수익 모델은 대부분 온라인 광고로, 이들이 미디어 기업들과 콘텐츠로 정면 승부를 벌여 이겼다기보다는 양측의 동일 재원인 광고가 레거시 미디어에서 인터넷 기업으로 이동하면서 레거시 미디어 기업들이 위기에 처하게 된 것이다. 인터넷 기업은 늘어난 광고 수익을 기반으로 더 나은 서비스를 제공하기 위해 콘텐츠에 투자하고 더 많은 광고 수익을 얻어 더 나은 콘텐츠와 서비스에 투자하는 선순환 구조가 만들어진다. 반면 레거시 미디어 기업은 정반대의 악순환 구조에 빠져든다. 광고 수익이 감소해 제작비가 줄어들고, 제작비가 줄면 콘텐츠 질이 떨어지고, 이는 광고 수익의 감소와 코드커팅으로 인한 채널 사용료, 영화관 수익의 감소로 이어진다. 설상가상으로 빅테크 기업들이 제작을 늘리면서 제작 요소 시장의 비용이 증가한다. 비용을 줄여야 되는 레거시 미디어는 같은 수준의 콘텐츠를 만들더라도 더 많은 비용을 들여야 하고, 늘어난 제작비가 재정을 악화시키는 악순환의 늪에서 벗어나지 못한다. 즉 미디어 기업들이 하던 일을 열심히, 잘한다고 해서 극복할 수 있는 판이 아니다.

이번 장에서는 빅테크 기업들이 어떻게 미디어 시장에 진입했고 미디어 시장에 어떤 영향을 미치게 됐는지 넷플릭스와 구글, 페이스북*의 사례를 중심으로 살펴보고자 한다. 미디어 시장의 절대 강자로 부상한 넷플릭스는 파괴적 혁신의 아이콘으로 OTT라는 새로운 산업을 만들어 냈다. 전 세계를 대상으로 서비스하는 진정한 첫 번째 미디어 제국이다. 오늘의 넷플릭스를 있게 한 '넷플릭스 오리지널'이 어떻게 탄생했고 다른 기업들이 넷플릭스에 맞서기 위해 M&A로 몸집을 불릴 때 넷플릭스는 어떻게 글로벌 콘텐츠 팜과 파이프라인 시스템을 구축했는지 알아본다.

영상 산업의 또 다른 파괴적 혁신자는 유튜브다. 유튜브는 전 세계 UGC(User Created Contents) 시장을 장악해 유료 스트리밍 시장은 넷플릭스가, 무료 UGC 시장은 유튜브가 장악해 OTT시장을 양분하는 구도다. 역대 최고 M&A 사례로 꼽히는 구글의 유튜브 인수와 더블클릭 인수를 통해 구글이 온라인 광고 시장을 장악한 과정에 대해 알아본다. 또 페이스북이 어떻게 인스타그램과 왓츠앱을 인수해 SNS 제국을 완성했는지 들여다본다. 그럼 지금부터 빅테크 기업이 미디어 공룡이 된 결정적 계기와 기업 인수 사례를 자세히 살펴보자.

* 페이스북은 2021년 10월 사명을 메타(Meta)로 변경했다. 하지만 본 책에서는 인수 당시의
  상황을 좀 더 생생하게 전달하기 위해 당시의 사명인 페이스북을 사용하였음을 밝힌다.

넷플릭스 오리지널 탄생의 일등 공신이 레거시 미디어의 갑질이라고?

희비가 엇갈린 2013년

> 우리가 매일 해야 할 일은
> 시청자들이 안 보고는 못 배기는 프로를 만드는 것이고,
> 모든 사람의 취향에 맞게 그 콘텐츠를 다양화하는 것이다.
>
> _테드 서랜도스, 넷플릭스 CCO

레거시 미디어들이 도대체 넷플릭스에 무슨 갑질을 했길래? 2021년 〈오징어 게임〉은 넷플릭스가 서비스하는 91개국에서 1위에 오르며 전 세계 가입자 1억 3,000만 명 이상이 시청한, 넷플릭스 사상 최고의 오리지널 콘텐츠가 되었다. 미국도 영국도 아닌 비영어권 국가의 콘텐츠가 이런 성공을 거둘 줄은 그 누구도 예상하지 못했다. 넷플릭스의 성공 비결은 뭐니 뭐니 해도 〈오징어 게임〉, 〈하우스 오브 카드〉와 같은 오리지널 콘텐츠로, 이는 미디어 시장의 판도를 완전히 바꿔 놓았다. 지금은 OTT, IPTV 모두 '오리지널! 오리지널!'을 외치고 있지만, 넷플릭스나 디즈니+처럼 대규모 가입자를 보유한 서비스가 아니면 오리지널 콘텐츠로 돈을 버는 것은 사실 불가능하다. 가입자 유치가 목적이라고 하지만 초기 사업자에게

오리지널 콘텐츠 제작비는 거의 매몰 비용이라고 해도 과언이 아니다. 차라리 홍보 비용이라고 하는 게 더 적합하다.

넷플릭스도 물론 처음부터 오리지널 콘텐츠를 제작할 생각은 없었다. 만약 10년 전 미국의 레거시 미디어들이 넷플릭스에 유통 판권을 가지고 갑질을 하지 않았다면 넷플릭스의 오리지널 콘텐츠 제작에 대한 니즈는 상당 기간 미뤄졌을지도 모른다. 당시 넷플릭스에 갑질을 한 기업들은 이미 쇠퇴했거나 사라졌다. 그들은 도대체 넷플릭스에 무슨 짓을 한 걸까?

**대여는 2달러,
연체료는 40달러?** 넷플릭스의 스토리 중 빠지지 않는 에피소드는 연체료 사건이다. 창업자 리드 헤이스팅스가 '블록버스터'에서 영화 〈아폴로 13〉을 빌렸다가 반납하는 것을 깜박 잊었는데 나중에 연체료가 40달러까지 불어났다는 이야기다. 빌리는 비용은 2~3달러에 불과하지만 연체료는 대여 만기일 이후 눈덩이처럼 불어나는데 '대여 만기일'과 '연체료'는 사실 모두에게 문제였다. 시청자 입장에서는 부당한 과금이지만 당시 1위 기업 블록버스터가 시장을 장악하고 있어 독점 기업의 갑질로 느껴질 수밖에 없었다. 반대로 대여점의 고충도 컸다. 연체는 대여 수익 감소로 이어지고 연체로 인해 더 많은 재고를 확보해야 해서 비용이 증가하게 된다.

대여점은 어쩔 수 없고, 시청자는 불만이 큰 연체료 문제를 당시 1위 사업자 블록버스터는 해결할 이유도 의지도 없었다. 연체료의 연간 매출이 당시 무려 8억 달러(약 9,500억 원)로 전체 매출에서 16%나 차지했으니 이 수익을 포기할 이유가 없었다. 오프라인 매장 확장 경쟁에서 절대 우위를 차지하며 6,500만 회원을 보유하고 있던 블록버스터는 넷플릭스를 위협으로 보지도 않았다. 이때 넷플릭스는 이 문제 해결을 위해 월정액 상품을 만든다. 온라인으로 배송을 신청하고 반납하면 무제한으로 DVD를 받아 볼 수 있게 했다. 즉 대여 만기일과 연체료라는 개념 자체를 없애 버린 것이다. 이용자들은 매달 일정 금액을 지불하기 때문에 만기일에 연연할 필요가 없고 반납하지 않으면 대출할 수 없기 때문에 넷플릭스도 재고 관리와 수익 감소를 신경 쓸 필요가 없어졌다. 넷플릭스 이용자는 월정액 플랜에 열광해 이용자의 80%가 월정액 가입자로 전환했다. 블록버스터는 여전히 VHS 테이프 대여 방식을 고집했다. 넷플릭스의 파괴적 혁신이 어떤 위협이 될지 인식하지 못했고 공룡의 움직임은 둔하기만 했다. 그리고 당장의 수익에 연연했다. 8억 달러의 연체료 수익은 포기하기 힘든 수익원이었다.

이용자들이 오프라인 매장이 필요 없는 넷플릭스에 폭발적으로 가입하자 블록버스터는 뒤늦게 부랴부랴 연체료를 포기하고 유사한 월정액 상품인 '프리덤 패스' 등을 내놓고 온라인은 물론 오프라인 매장에서도 2편

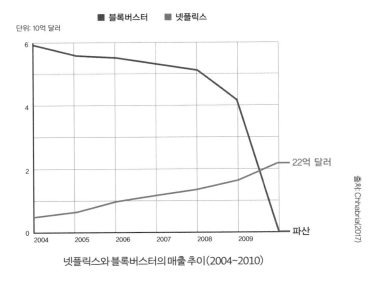

넷플릭스와 블록버스터의 매출 추이(2004~2010)

을 무료로 대여할 수 있는 쿠폰을 주는 등 가격 인하 경쟁에 나섰다. 하지만 가격 인하 경쟁은 수익 감소폭이 더 큰 블록버스터에게 부메랑으로 돌아와 영업 이익이 큰 폭으로 감소한다. 당연히 주가는 폭락하고 시가총액은 75%나 줄어든다. 2000년 블록버스터는 넷플릭스를 50만 달러에 인수할 기회가 있었다. 기회를 차 버린 거대 공룡 블록버스터는 10년 만인 2010년 넷플릭스로 인해 파산한다.

계약을 맘대로 바꿔 버린 에픽스 에픽스(Epix)는 미국의 대표적인 영화사인 파라마운트와 MGM, 라이온스게이트의 연합 프리미엄 서비스로 유료 프리미엄 채널과 3,000편이 넘는 영화와 프리미엄 TV 시리즈의 VOD 유통권을 가진 회사다. 〈아이언맨〉, 〈인디애나 존스〉, 〈트랜스포머〉, 〈스타트랙〉, 〈헝거 게임〉 등 파라마운트와 MGM의 방대한 인기 영화 라이브러리를 보유하고 있었다. 우리나라의 캐치온 서비스와 비슷하다고 보면 된다. 넷플릭스는 2010년 9월 1일 에픽스와 5년간 2억 달러 규모의 독점 계약을 체결했다. 프리미엄 채널 방영과 VOD 서비스 90일 이후부터 넷플릭스에서 SVOD(Subscription Video on demand)로 서비스하는 조건이었다.

그런데 에픽스가 2012년 아마존과 비독점 콘텐츠 공급 계약을 체결한다고 발표한다. 독점 계약 기간이 3년이나 남았음에도 불구하고 아마존 프라임 비디오와의 계약을 위해 독점 계약을 깨 버린 것이다. 콘텐츠가 없던 넷플릭스는 당시 가장 큰 경쟁자로 부상하던 아마존에 콘텐츠를 주기 위해 독점 계약을 비독점 계약으로 전환하자는 에픽스의 갑질을 거부할 수 없었다. 에픽스는 2012년 아마존과 콘텐츠 공급 계약을 체결하고 넷플릭스와 계약이 종료되는 2015년에는 훌루와도 계약을 체결한다.

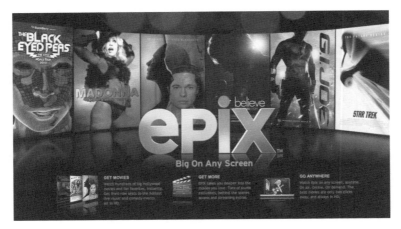
프리미엄 영화 채널·서비스 에픽스. 현재는 MGM 소속이다.

비슷한 시기, 또 다른 프리미엄 콘텐츠 서비스인 스타즈(Starz)는 계약이 종료되는 2012년 2월부터 넷플릭스에 더 이상 콘텐츠를 공급하지 않겠다고 발표한다. 넷플릭스는 2008년 스타즈와 2,500편의 영화와 TV 시리즈를 4년간 공급받는 계약을 체결했다. 계약 1년 전인 2007년 넷플릭스는 스트리밍 서비스를 시작했는데 스트리밍이 가능한 콘텐츠는 1,000편에 불과했다. 이런 상황에서 소니의 컬럼비아 픽처스, 소니 픽처스와 디즈니 영화의 스트리밍 유통권을 가지고 있던 스타즈의 인기 영화들은 천군만마와도 같았다. 스타즈의 콘텐츠는 넷플릭스 스트리밍 서비스 초기, 성장의 견인차 역할을 했다.

스타즈는 당시 넷플릭스를 DVD 렌털 서비스를 온라인으로 확장하는 회사 정도로 여겼고 스트리밍 서비스의 이용이 프리미엄 채널 구독으로 이어질 것으로 판단했다. 또 부가 수익을 얻을 수 있는 신생 유통 창구 정도로만 생각했다. 그런데 계약 당시 940만 명에 불과했던 넷플릭스의 가입자는 계약 종료를 앞둔 시점에 2,300만 명까지 늘어났다. 스타즈는 2008년 계약을 최악의 선택이라고 자책하며 계약을 종료하고 스타즈 플레이라는 자체 스트리밍 서비스를 만든다. 넷플릭스는 계약 금액을 3억 달러까지 인상해 제시했음에도 불구하고 스타즈는 계약을 종료한다.

2012년 연달아 스타즈와 에픽스 계약이 종료되거나 변경되면서 넷플릭스는 수천 편의 영화와 TV 시리즈를 라이브러리에서 잃게 된다. 주요 콘텐츠 유통권자들은 언제든지 넷플릭스와 계약을 깨거나 변경할 수 있었다. 게다가 콘텐츠 수급 비용은 천정부지로 치솟았다. 초기 메이저 스튜디오들은 스트리밍 서비스가 성공할 리 없다고 판단해 추가적인 부가 수익 정도로 생각하고 넷플릭스에 헐값으로 콘텐츠를 줬다. 넷플릭스가 자랑하는 추천 알고리즘은 라이브러리에 사장된 수많은 콘텐츠에 새 생명을 불어넣어 주기도 하고 롱테일 콘텐츠 소비를 촉진해 추가 수익을 안겨 줬다. CBS와 타임워너가 공동 소유한 CW 채널은 2011년까지 적자였는데 4년간 넷플릭스에 주요 드라마 판권을 넘기면서 흑자로 전환하기도 했다.

소니 픽처스는 20년 전 시트콤인 〈사인펠드(Seinfeld)〉를 넷플릭스와 1억 9,000만 달러에 계약했다. 20년 전 시트콤을 에피소드당 약 7억 원에 판매했으니 스튜디오 입장에서는 손쉽게 엄청난 부가 수익을 얻은 것이다. AMC의 〈워킹데드(The Walking Dead)〉는 에피소드당 135만 달러를 받았다. 제작비가 대략 300만 달러인데 넷플릭스가 제작비의 40% 이상을 지불한 것이다. 최근까지 넷플릭스는 초스테디셀러인 시트콤 〈프렌즈〉를 구입하는 데 연간 1억 달러(약 1,150억 원)라는 거액을 워너미디어에 지불했다. 넷플릭스의 수급 비용은 우리의 상상 이상이다. 넷플릭스는 왜 이렇게 비싸게 콘텐츠를 살 수밖에 없었을까?

넷플릭스가 엄청난 수급 비용을 지급할 수밖에 없는 이유는 아마존과의 경쟁 때문이다. 쇼핑 공룡 아마존이 프라임 고객을 위해 엄청난 콘텐츠 수급 비용을 쓰기 때문에 넷플릭스는 가격을 결정할 힘이 없었다. 2010년 넷플릭스의 콘텐츠 수급 비용은 1억 8,000만 달러(약 2,000억 원)였는데 불과

2년 만인 2012년에는 19억 8,000만 달러(약 2조 1,000억 원)로 10배 넘게 늘어났다. 문제는 다음 해였다. 2013년 1분기에만 13억 5,000만 달러로 전년 총수급 비용의 3분의 2를 한 분기에 지불해야 했다. 수급 비용은 기하급수적으로 올라갔다. 넷플릭스가 가입자를 모으면 콘텐츠의 IP를 소유한 스튜디오들은 판권료를 올려, 결국 재주는 넷플릭스가 부리고 돈은 스튜디오들이 버는 악순환이 벌어진다.

스튜디오들이 넷플릭스의 이익이 없을 때까지 가격을 올리자 넷플릭스의 성공은 스튜디오의 수익이 되고, 넷플릭스는 콘텐츠 수급에 더 많은 돈을 지불할 수밖에 없는 상황이 되었다. 어떻게 보면 넷플릭스가 스튜디오들에 포획된 상태였다고도 할 수 있다. 넷플릭스는 수년간 적자를 벗어날 수 없었다. 아마존이라는 거대 경쟁자가 시장에 존재하는 이상 수급 비용을 낮출 방법도 없었다.

궁지에 몰린 넷플릭스는 콘텐츠의 주인이 되는 길을 선택했다. 즉 오리지널 콘텐츠를 제작해 소유권을 독점하는 것이다. 넷플릭스는 오리지널 콘텐츠 제작에 나섰고, 그렇게 탄생한 것이 넷플릭스의 대표적인 오리지널 드라마 〈하우스 오브 카드〉(2013년)다. 테드 서랜도스(Ted Sarandos)는 2018년 제작비를 70억 달러에서 80억 달러로 10억 달러 증액해 2018년까지 라이브러리의 50%를 넷플릭스 오리지널로 채우겠다고 발표했다. 디즈니, 폭스, CBS 등 네트워크 TV의 제작비보다 더 많은 금액이다. 그리고 실제 넷플릭스는 2018년 50% 이상을 오리지널 콘텐츠로 채워 외부 콘텐츠 의존도를 낮추면서 동시에 50%가 넘는 독점 콘텐츠를 보유함으로써 안정적인 서비스가 가능해졌다.

넷플릭스에 갑질을 했던 기업들은 어떻게 됐을까? 스타즈는 영화 스튜디오 라이온스게이트에 인수되면서 라이온스게이트가 에픽스 동맹에서 빠지게 된다. 에픽스 동맹사 중 라이온스게이트와 함께 파라마운트(바이어컴)도 빠지면서 MGM만 남게 되었고 MGM은 아마존에 인수되며 에픽스도 함께 아마존에 인수됐다. 존재는 하지만 영향력은 크게 줄어들었다.

칸의 자존심,　영화계도 한몫했다. 미국 영화 산업은 상영
언제까지 버틸 수 있을까?　관과 배급이 분리돼 성장해왔다. 1948년 연
방대법원의 '파라마운트 판결'¹의 영향으로 영화의 상영과 배급이 분리돼
상영을 담당하는 극장의 영향력이 매우 세다. 미국 최고 권위의 영화제인
아카데미 영화제에 출품하려면 극장에서 일정 기간 상영해야 하고 개봉 후
90일이 경과해야 스트리밍할 수 있다는 90일 의무 상영 규칙을 지켜야 한
다. '90일 극장 개봉 조항'은 강제 조항은 아니고 일종의 신사협정이다. 극
장이 영화 상영을 독점하기 위해 최고 권위 영화제의 출품 조건까지 만들
어 일종의 카르텔을 형성해 온 것이다. 미국 감독 조합도 극장에서 독점 상
영된 작품만 후보에 올린다는 조항을 가지고 있다.

한술 더 떠 세계 최고 권위의 프랑스 칸 영화제는 36개월 조항을 가지고
있다. 게다가 2018년 칸 영화제는 프랑스 극장에서 상영한 영화만 주요 경
쟁에 출품할 수 있도록 규정을 더 강화했다. 칸 영화제는 넷플릭스를 인정
하지 않고 넷플릭스 영화를 출품조차 할 수 없게 한 것이다. 넷플릭스는 칸
을 포기하고 베니스로 향했고, 베니스 영화제는 넷플릭스 영화 〈로마〉에
최고상인 황금사자상을 수여했다.

미국 아카데미 영화제도 극장 의무 상영 조항을 핑계로 넷플릭스를 괴
롭혔다. AMC 등 미국의 메이저 프랜차이즈 극장은 넷플릭스를 향한 적대
감으로 〈로마〉의 극장 상영을 거부했다. 그러자 넷플릭스는 뉴욕의 파리극
장을 장기 임대해 〈로마〉를 상영하고 출품 조건을 충족했다. 결국 〈로마〉
는 10개 경쟁 부문에 노미네이트되었고 감독상과 촬영상, 외국어영화상

등 3개 부문을 수상했다.

영화계와 넷플릭스의 갈등 와중에 코로나19가 터졌고 극장의 눈치만 보던 주요 스튜디오들은 극장을 거치지 않고 바로 스트리밍 서비스에서 개봉하거나 극장과 동시 개봉을 시도했다. 유니버설 스튜디오는 2020년 〈트롤: 월드 투어〉를 극장에서 개봉하지 않고 디지털 플랫폼에서 개봉했고, 디즈니도 〈뮬란〉을 디즈니+에서 개봉했다. 워너미디어의 〈원더 우먼 1984〉는 극장 개봉과 동시에 VOD도 공개했다. 극장가와 넷플릭스의 갈등을 지켜보며 극장 편을 들었던 메이저 스튜디오들이 코로나19를 핑계로 거침없이 스트리밍 개봉을 시도한다. 극장들은 강하게 반발했지만 코로나 상황에서 속수무책으로 당할 수밖에 없었고, 결국 스튜디오들과 타협점을 찾을 수밖에 없었다. 결국 유니버설 스튜디오는 최대 극장 체인 AMC와 극장 의무 상영 기간을 17일로 단축하기로 합의했다. 이미 둑은 무너졌다. 넷플릭스는 변화를 주도했고, 변화를 거부한 레거시 미디어들은 하나둘 서서히 무너졌다. 프랑스의 칸은 언제까지 자존심을 지킬 수 있을까?

02 M&A 글쎄? 우리는 다른 길을 간다
넷플릭스의 글로벌 콘텐츠 파이프라인

> 젖을 쥐어짜야 하는지, 새 판을 짜야 하는지,
> 기민하게 판단하라.
> _리드 헤이스팅스, 넷플릭스 **창업자**

넷플릭스, 진정한 넷플릭스는 진정한 첫 번째 미디어 제국이다. 미국
미디어 제국의 탄생 의 여러 글로벌 미디어 기업들은 세계 미디어 산업
을 주도하지만 미국 외 국가에서 산업을 좌지우지하는 주류 미디어는 아니
었다. 영화는 점유율이 50%가 넘는 경우가 많지만 방송은 문화·언어적 장
벽, 정책, 규제 등 여러 복합적인 이유로 글로벌 미디어 기업이 채널 산업의
주류가 되지는 못했다. 하지만 지금 넷플릭스는 미국과 영국, 호주 등 영미
권은 물론 유럽, 남미 스트리밍 시장에서 압도적 점유율을 확보하고 있다.
중국을 제외한 아시아 시장에서도 넷플릭스는 독주하고 있다. 채널 시장에
진출하지 않았지만 미디어 산업에서 스트리밍 서비스의 비중이 높아지면
서 넷플릭스는 이미 주요 채널 이상의 위치를 확보했다.

국내 시장만 봐도 넷플릭스는 중요한 시청 창구이고 드라마 산업의 중요 플레이어다. 넷플릭스는 2020년 3억 달러, 2021년 5억 달러를 콘텐츠에 투자해 연간 10여 편의 독점 판권에 투자하고 10여 편의 오리지널 드라마와 영화를 제작한다. 연간 약 30편을 제작하는 스튜디오드래곤 다음으로 많은 제작비를 투자하는 기업이다. 그런데 스튜디오드래곤도 넷플릭스에게 받는 판권 수익의 비중이 커 국내 드라마 시장에서 넷플릭스의 실질적인 영향력은 매우 크다. 특히 텐트폴 드라마들은 넷플릭스의 판권 투자 없이는 제작될 수 없는 게 현실이다. 〈미스터 션샤인〉, 〈사랑의 불시착〉, 〈이태원 클라쓰〉, 〈빈센조〉 등 다수의 텐트폴 드라마들이 넷플릭스의 판권 투자를 받아 제작됐다. 〈킹덤〉, 〈스위트홈〉, 〈오징어 게임〉 등 대작 오리지널 드라마들까지 제작해 넷플릭스는 한국 드라마를 실질적으로 주도하고 있다. 동남아 시장에서도 훅(Hooq), 아이플릭스(iflix) 같은 로컬 OTT들이 사라지면서 점점 더 넷플릭스의 천하가 돼 가고 있다.

**넷플릭스로 인해 시작된 M&A 태풍,
넷플릭스는 시큰둥**

넷플릭스는 미국 미디어 산업도 재편했다. 미디어 기업들은 생존을 위해 본격적인 몸집 불리기에 나섰다. AT&T는 약 190조 원을 투자해 위성방송 디렉TV, 타임워너, 디스커버리를 인수했다. 디즈니는 픽사, 마블, 루카스필름 인수 이후 폭스까지 약 100조 원을 들여 인수했다. 컴캐스트도 드림웍스와 유럽의 위성방송 스카이를 인수했다. 바이어컴은 2016년 CBS와 두 번째 합병을 단행한다. 아마존은 MGM 인수에 나섰다. 넷플릭스에 맞서는 대부분의 미디어 기업들은 규모의 경제를 갖추기 위해 공격적인 M&A에 나선다. 구글은 2010~2011년에 매주 한 개꼴로 기업을 사들였다. 페이스북도 인스타그램과 왓츠앱을 비롯해 89개의 기업을 사들였다.

넷플릭스를 제외한 모든 미디어, 테크 기업들이 M&A를 선택했다.

하지만 정작 넷플릭스는 M&A에 시큰둥한데, 그 이유는 무엇일까? 현재 넷플릭스가 직면한 문제는 콘텐츠다. 2012년 에픽스, 스타즈로부터 시작해 2016년 디즈니까지 메이저 콘텐츠 기업들은 더 이상 넷플릭스에 콘텐츠를 제공하려고 하지 않는다. 그렇다고 100% 오리지널 콘텐츠로만 운영할 수도 없기 때문에 안정적인 콘텐츠 확보가 중요하다. 이를 위해 넷플릭스가 할 수 있는 선택 중 하나는 시가총액이 크지 않은 '소니·컬럼비아 픽처스' 또는 '바이어컴CBS'처럼 라이브러리를 보유한 미디어 기업을 사는 것이다. 콘텐츠 라이브러리를 단기간에 확보할 수 있는 방법이다. 하지만 넷플릭스는 공식적으로 밝히지는 않지만 넷플릭스와 맞지 않는, 수많은 직원과 인프라를 보유한 레거시 기업을 사는 것을 원하지 않는다고 알려졌다. M&A 이후의 사후 관리(PMI)로 인한 혼란이 현재 넷플릭스가 추진하고 있는 전략들을 수행하는 데 오히려 방해가 된다고 보기 때문이다. 넷플릭스는 M&A를 통해 라이브러리 확보에 나서기보다는 안정적으로 콘텐츠를 수급할 솔루션을 구축한다.

넷플릭스의 글로벌 콘텐츠 팜과 파이프라인 구축 넷플릭스의 접근은 두 가지로 보인다. 첫 번째는 콘텐츠의 글로벌 파이프라인 구축 전략이다. 넷플릭스 콘텐츠 라이브러리에서 영어 콘텐츠 비중은 55%다. 여전히 다수지만 디즈니+, HBO맥스의 영어 콘텐츠가 절대 다수인 것과 비교하면 상대적으로 매우 적다. 넷플릭스의 비영어권 콘텐츠 비중은 무려 45%로 힌디어(인도)가 10%, 스페인어 6%, 일본어 4%, 한국·중국어 3% 등이다. 넷플릭스는 이미 수년간 로컬 마켓에 공을 들여 각 지역·국가별로 다양한 로컬 콘텐츠를 수급하고 있다. 즉 직접 대규모 스튜디오를 보유하고 있지 않지만 전 세계에 콘텐츠 팜(Content farm)을 구축해 안정적인 콘텐츠 파이프라인을 구축한 것이다. 이제 스타즈나 에픽스, 디즈니 같은 스튜디오가 콘텐츠 공급을 일시에 중단해도 영향을 받지 않는 콘텐츠 수급 시스템을 확보한 셈이다.

넷플릭스의 2억이 넘는 가입자 중 미국, 캐나다 가입자의 비중은 7,400만 명으로 34%에 불과하다. 호주와 캐나다, 영국 등 영어권 국가들을 포함하더라도 50%를 넘지 않는다. 게다가 영어권 시장은 이미 포화 상태로 2017년부터 해외 가입자가 미국 가입자를 추월했고 최근 가입자 증가는 글로벌에서만 이뤄지고 있다. 미국·캐나다의 연간 가입자 증가율은 1%(2021년 3분기 기준)에 불과하다. 2021년 2분기에는 4만 3,000명이 감소하기도 했다. 하지만 유럽·중동 지역은 가입자 증가율이 13%, 라틴아메리카는 7%, 아시아태평양 지역은 무려 28%다. 유럽·중동과 아시아가 넷플릭스의 성장을 이끌고 있다. 즉 넷플릭스는 더 이상 미국 메이저 스튜디오가 절실히 필요한 단계를 넘어섰다.

이런 상황에서 〈오징어 게임〉은 비영어 콘텐츠의 확장성과 파괴력을 보여 줬다. 스페인의 〈종이의 집(Money Heist)〉, 일본 지브리 스튜디오의 콘텐츠들도 영어 콘텐츠 못지않게 큰 인기를 얻고 있다. 게다가 수급 비용은 미국 콘텐츠에 비해 매우 싸다. 2021년 가장 흥행한 오리지널 드라마는 〈브리저튼〉으로 8,200만 명이 시청했는데 회당 제작비는 700만 달러. 〈오징어 게임〉은 1억 3,000만 명이 시청해 1조 원 이상의 가치를 창출했지만 회당 제작비는 240만 달러(총 253억 원)로 〈브리저튼〉의 절반도 안 된다. 엄청난 가성비를 보여 줬다.

〈오징어 게임〉뿐 아니라 글로벌 콘텐츠들이 큰 인기를 얻고 있다. 스페인의 〈종이의 집〉은 스페인에서 방송 성적은 신통치 않았지만 넷플릭스를 통해 전 세계적인 인기를 얻으며 큰 성공을 거둬 시즌 5까지 제작

넷플릭스의 비영어권 인기 오리지널 콘텐츠

됐다. 그리고 한국판 리메이크까지 나올 예정이다. 그 외 프랑스의 〈연예인 매니저로 살아남기(Call My Agent!)〉가 시즌 4, 핀란드의 〈보더타운(Bordertown)〉과 인도의 〈꽃들의 집(The House of Flowers)〉이 시즌 3까지 제작되는 등 글로벌 콘텐츠들도 인기를 얻으며 글로벌 가입자를 모으는 데 큰 기여를 하고 있다.

넷플릭스에서 글로벌 콘텐츠의 중요도와 비중이 크게 높아지자 한국을 포함해 주요 권역별로 콘텐츠 제작 및 수급 네트워크를 구축하고 있다. 특히 한국은 코로나19 상황에서도 안정적으로 콘텐츠를 제작해 뛰어난 공급능력과 퀄리티를 보여 줬기 때문에, 한국을 글로벌 콘텐츠 제작 기지로 육성하고 있다. 대표적으로 파주와 연천에 스튜디오 시설을 장기 임대해 장기적인 제작 기반을 다지고 있다. 유럽에서는 영국 런던과 스페인 마드리드에 프로덕션 허브를 구축했다. 마드리드의 경우 히스패닉 오리지널 콘텐츠의 제작 전초 기지의 역할을 하고 있다. 인도에서는 VFX(Visual Effects) 스튜디오인 NetFX를 설립하고 뭄바이에 포스트 프로덕션 시설을 구축했다. 멕시코시티와 토론토에도 스튜디오 시설을 확보해 안정적으로 오리지널 콘텐츠를 제작하고 있다. 향후 파주 스튜디오에서 〈종이의 집〉 한국판이, 마드리드에서 〈오징어 게임〉 스페인판이 제작되고, 인도 뭄바이에서 VFX와 포스트 프로덕션이 이뤄질 수 있을 것이다.

디즈니와 AT&T가 100조 원이 넘는 돈을 써가며 M&A를 하고 스타워즈 〈만달로리안〉에 회당 제작비 1,500만 달러를 써 가며 제작비 경쟁을 벌이고 있을 때, 넷플릭스는 글로벌 콘텐츠 팜을 구축하고 파이프라인을 깔았다. 넷플릭스는 미국의 대형 미디어 기업을 인수하는 대신 훨씬 적은 돈으로 전 세계에 콘텐츠 팜과 파이프라인을 구축하고 안정적으로 더 많은 콘텐츠를 확보할 수 있는 시스템까지 구축했다.

이제 넷플릭스는 콘텐츠의 원천인 IP에 주목하고 있다. M&A에 관심이 없던 넷플릭스는 최근 로알드 달 스토리(Roald Dahl Story Co.)와 집잡(Jibjab)이라는 키즈 애니메이션 회사, 크리에이터 마크 밀러가 보유한 밀라월드(Millarworld)라는 코믹북 회사를 인수했다. 이는 키즈 콘텐츠를 위한 IP 확보가 주목적이다. 또 주요 영화들의 IP도 사들이고 있다. 〈왕좌의 게임〉 제작자 데이비드 와이스와 손잡고 중국 SF 소설 《삼체》를 시리즈로 개발할 예정이고, 2019년 액션 블록버스터 〈레드 노티스〉의 판권도 사들였다. 감독들에게도 적극적으로 투자하고 있는데 라이언 존슨 감독의 영화 〈나이브스 아웃〉의 2편과 3편의 권리를 4억 5,000만 달러(약 5,000억 원)에 사들였다. 2012년 〈새벽의 저주〉를 제작한 잭 스나이더 감독과는 후속작 〈아미 오브 더 데드〉를 제작하고 프리퀄 〈아미 오브 더 데드: 도둑들〉과 〈아미 오브 더 데드: 로스트 베이거스〉를 애니메이션으로 개발하고 있다. 최근에는 비디오 게임 기업 나이트 스쿨 스튜디오(Night school studio)를 인수했다. 넷플릭스는 확보한 IP를 프랜차이즈 IP로 육성해 드라마, 영화, 애니메이션은 물론 책, 만화, 비디오 게임으로 확장되는 콘텐츠 비즈니스 선순환 구조를 만들고 있다.

초기 레거시 미디어와 스튜디오들은 자신들의 콘텐츠를 빼면 넷플릭스가 타격을 받을 거라 생각하고 콘텐츠를 빼기 시작했다. 그러나 넷플릭스는 2013년 〈하우스 오브 카드〉로 오리지널 콘텐츠에 성공한 후 더욱 오리지널 콘텐츠 제작에 매진했고 전 세계에서 로컬 오리지널 콘텐츠를 만들었다. 레거시 미디어들은 넷플릭스에 맞서기 위해 콘텐츠 제공도 끊고 M&A로 몸집도 불리고 자체 OTT도 만들었다. 하지만 넷플릭스는 레거시 미디어들이 몸집을 불릴 때 전 세계에 콘텐츠 팜과 파이프라인을 만들어 전 세계에서 콘텐츠를 수급하는 시스템을 만들었다. 경쟁자들의 대응을 보면 겨우 디즈니+ 정도가 아시아와 라틴아메리카에 진출하며 로컬 콘텐츠 수급에 공을 들이고 있지만 이미 넷플릭스는 로컬 시장에서 2~3년분의 콘텐츠 라인업을 확보한 상태다. 경쟁 OTT 서비스들이 넷플릭스 수준의 로컬 오리지널 콘텐츠를 수급하기까지는 상당한 시간이 걸릴 것이다. 그동안 넷플릭스는 또 한발 앞서 나갈 것이다.

구글은 어떻게 UGC 시장을 장악했을까?

구글의 유튜브 인수

> 세르게이와 나는 어떻게 해야 할지 확신이 서지 않았습니다.
> 그러나 우리 아이들이 "다시 틀어 주세요!"라고 외쳤을 때
> UGC가 글로벌로 확산될 거라는 것을 깨달았습니다.
>
> _수전 워치츠키, 유튜브 CEO

구글이 저작권 침해로 문제가 될 유튜브를 산 이유는? 구글이 2006년 10월 16억 5,000만 달러(약 1,900억 원)에 유튜브를 인수한다고 발표한다. 당시 유튜브는 폭발적인 성장을 했지만, 동시에 일반 이용자들이 업로드한 동영상들의 저작권 침해 문제도 같이 커져 큰 법적 이슈가 잠재돼 있었다. 2000년대 초반 냅스터라는 음원 공유 서비스는 인터넷에서의 저작권 침해 문제로 거액의 소송 끝에 폐업했다. 인터넷에서 디지털 콘텐츠에 대한 저작권 문제는 해결될 기미가 보이지 않았고 레거시 미디어 기업들은 저작권 문제에 매우 보수적이고 강경하게 대응했다. 인기 서비스지만 저작권 문제로 향후 기업의 운명이 어떻게 될지 모르는 유튜브를 구글은 왜 인수한 것일까?

구글의 인수 후 그 이유들이 하나씩 밝혀진다. 유튜브는 구글과 인수에 합의하기 전 CBS, 유니버설 뮤직 그룹, 소니 BMG 등과 계약을 체결해 이들이 보유한 뮤직비디오 및 콘텐츠를 유튜브에서 서비스하는 데 합의한다. 주요 미디어 기업들이 파트너로 참여하면서 본격적인 합법 서비스가 시작된다. 인수 다음 해인 2007년 프랑스 파리에서 열린 '구글 프레스데이 2007'에서는 국가별 현지화 서비스를 시작한다고 발표한다. 유럽 9개국에 현지 서비스 페이지를 공개하고 본격적인 글로벌 서비스를 개시한다. 구글은 글로벌 동영상 광고 시장 장악이라는 큰 그림 아래 유튜브를 인수하고 하나하나 문제를 풀어 나간다. 그럼 유튜브는 어떻게 시작됐고 왜 구글에 회사를 넘겼을까?

성장과 침해가 동시에 폭발한 위기의 유튜브 유튜브는 2005년 4월 페이팔 동료들인 채드 헐리(Chad Hurley), 스티브 첸(Steve Chen), 자웨드 카림(Jawed Karim)이 공동 설립한 서비스로 'Me at the zoo'라는 첫 비디오를 올리며 동영상 공유 서비스를 시작했다. 설립하자마자 유튜브는 큰 인기를 얻으며 6개월 만에 하루 이용자 200만 명, 일일 업로드 동영상 2만 건으로 폭풍 성장한다. 설립 1년 만인 2006년에는 1,000만 달러가 넘는 투자를 받으며 MAU(월간 활성 이용자) 2,000만 명이 넘는 전 세계 5위 웹사이트로 급부상한다.

그러나 빠른 성장과 함께 리스크도 커지고 있었다. 공유 사이트의 근본적인 문제인 저작권 침해가 크게 증가하면서 법적 리스크도 함께 늘어나고 있었다. 기술적으로도 폭발적으로 늘어나는 이용자와 동영상을 처리할 서버 등 인프라 문제에 직면하고 있었다. 공동 창업자들은 유튜브를 시작할 때만 하더라도 하루에 업로드 100만 건 정도면 충분할 것으로 예상했는데

1년도 채 안 돼 1억 건의 업로드가 발생하자 덜컥 겁이 나기 시작한다. 폭발적인 서비스를 감당할 자본과 기술 부족을 느끼게 된다. 자본이나 기술 면에서 모두 자신들의 역량만 가지고는 서비스 확장이 어렵다고 판단하고 구글이 가진 막강한 서버 운영 기술과 자본의 힘을 빌리기로 한다.

동영상 광고 시장 장악을 위한 구글의 큰 그림 구글은 검색 엔진 회사다. 창업자인 래리 페이지(Larry Page)는 "구글 테크놀로지의 궁극적 목표는 검색에 대한 정의의 확장과 동시에 구글의 비즈니스 영역의 확장"이라고 말했다. 즉 구글의 사업 확장 전략은 검색의 확장과 이를 통한 광고 수익의 증가다. 검색 엔진의 최강자가 된 구글은 광고 서비스인 애드센스를 개시하고, 텍스트 기반 검색 광고에서 이미지와 의미 기반 검색으로 확장하기 위해 관련 서비스와 기업들을 인수해 왔다. 유튜브 인수도 검색 확장 전략의 일환으로, 동영상으로의 검색 확장이 목적이다.

당시 구글은 자체 동영상 서비스인 구글 비디오 스토어(Google Video Store)를 서비스하고 있었지만 유튜브에 크게 뒤지고 있었다. 스타트업인 유튜브의 시장 점유율이 45%인 데 비해, 구글 비디오 스토어는 11%에 불과했다. 경쟁 서비스인 마이스페이스 비디오가 2위로 유튜브를 추격하고 있었는데 루퍼트 머독의 뉴스코퍼레이션이 2005년 5억 8,000만 달러에 인수한다. 클릭 앤 모타르(Click and Mortar, 오프라인 기업이 온라인을 강화하는 것) 전략으로 전통 미디어 기업이 온라인 기업을 인수해 온라인 시장에 속속 진출하고 있었다.

당시 구글 비디오 스토어를 담당하던 수전 워치츠키(Susan Wojcicki)는 유튜브가 구글 비디오보다 낫다고 판단하여 창업자들에게 유튜브를 인수하도록 설득한다. 수전 워치츠키는 집에서 아이들이 유튜브 영상을 계속 틀어 달라고 하는 것을 보며 UGC가 글로벌로 확산될 수 있다는 확신을 갖게 된 것이다. 당시 미래 성장 동력으로 온라인 동영상이 주목을 받고 있었고, 구글은 텍스트 광고에 집중된 광고 매출을 동영상으로 확대하기 위해 유튜브를 인수한다.

15년 만에 100배가 성장했다고? 구글의 유튜브 인수는 M&A 역사에서 가장 성공적인 M&A 중 하나로 평가받는다. 2021년 현재 유튜브의 성공 여부를 논하는 것은 무의미하다. 각종 성과 지표들이 유튜브의 엄청난 성공을 말해 주고 있다.(2020년 기준)

- 유튜브는 페이스북 다음으로 이용자가 많은 사이트다.(Alexa 기준)
- 유튜브 다운로드 횟수는 50억 회 이상이다.
- 월간 활성 이용자(MAU)는 23억 명이다.
- 유튜브 프리미엄 가입자는 3,000만 명이 넘는다.
- 분당 500시간의 콘텐츠가 업로드되고 있다.
- 유튜브의 광고 수익은 197억 달러다.
- 유튜브의 단독 기업 가치는 약 1,600억~3,000억 달러다.

유튜브는 구글에 포함돼 있어 단독 기업 가치는 알 수 없다. 몇몇 증권사들의 추정을 보면 2018년 모건 스탠리는 유튜브의 기업 가치를 1,600억 달러로 평가했고 2020년 니담 앤 컴퍼니(Needham & Company)는 로쿠(ROKU)의 밸류에이션을 적용해 약 3,000억 달러로 평가하기도 했다. 모건 스탠리의 평가 적용 시(2018년 말 기준) 유튜브는 시가총액 15위로 엑슨 모빌, 뱅크 오브 아메리카보다 높다. 유튜브와 기업 가치가 비슷한 회사를 보

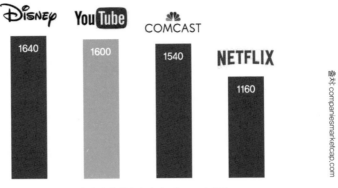

출처: companiesmarketcap.com

유튜브와 미디어 기업 가치 비교(2018년 기준)

면 디즈니가 1,640억 달러, 컴캐스트는 1,540억 달러로 전 세계 1위 미디어 기업인 디즈니, 2위 컴캐스트와 대등한 수준이다. 글로벌 OTT 기업인 넷플릭스(1,168억 달러)보다 한참 위다. 유튜브는 미국 최대 미디어 기업으로 성장해서, 구글의 16억 5,000만 달러 투자가 15년 만에 100배로 돌아온 것이다. 이보다 더 성공한 M&A가 있을까?

**유튜브 광고 수익이
한국 방송 산업 전체보다 크다고?**

구글 유튜브 인수 이후 수년간 광고 수익을 발표하지 않았다. 그러다 2020년에 처음으로 광고 수익을 발표했는데 유튜브의 광고 매출이 197억 달러, 우리 돈으로 환산하면 약 22조 원이다. 한국 방송 산업 전체 규모인 18조 원보다 더 크고 성장률은 연평균 38%나 된다. 하지만 유튜브가 처음부터 탄탄대로를 달렸던 것은 아니다. 유튜브는 인수 후 수년간 거의 수익을 내지 못했고 2009년에는 5억 달러의 손실을 내기도 했다. 2010년부터 수익을 내기 시작했지만 구글 전체 매출에서 차지하는 비중은 매우 적었다. 초기 동영상과 광고를 매칭하는 기술이 제대로 구현되지 못했고 잠재되어 있던 저작권 침해 문제가 본격적으로 제기되기 시작했다.

유튜브가 초기 경쟁 동영상 서비스들과 달리 지금의 성공을 거둔 결정적인 차이 중 하나는 저작권 문제 해결이다. 인터넷 시장에서 유튜브가 독보적 기술 또는 서비스를 가진 것은 아니다. 당시 마이스페이스닷컴이나 야후도 충분한 기술과 서비스 경쟁력이 있었다. 당시 유튜브에 대한 평가는 냅스터처럼 저작권 문제로 침몰할 것이라는 게 미디어 업계의 중론이었다. 마이크로소프트의 CEO 스티브 발머는 "유튜브가 저작권의 함정에 걸려서 결국 냅스터처럼 문을 닫게 될 것이다."라고 공언했다.

인터넷의 등장 이후 영화, TV, 음반 업계는 저작권 침해로 안절부절못하고 있었다. 불법 사이트에서 매달 10억 곡이 다운로드되고 있었고 2005년 한 해에만 69억 달러의 매출을 잃고 있다고 추산했다. 저작권 침해를 통제할 수 없는 가운데 뉴미디어로의 진출도 주저하며 유튜브와 같은 인터넷 서비스를 탓하기에 급급했다. 유튜브는 UGC 서비스의 특성상 유저 업로드 영상 중에 주요 미디어 기업들의 영상들이 많았다. 불법 동영상들로 인해 유튜브는 불법의 숙주가 되었고 많은 방송, 영화 저작권자들과 분쟁을 계속했다. 구글 인수 전까지 유튜브는 스타트업이라는 이유로 거대 미디어 기업들로부터 대형 저작권 침해 소송을 피할 수 있었다. 하지만 구글이 인수하자 주요 방송사, 영화 스튜디오들은 더 이상 참지 않았다.

구글은 주요 미디어 기업들과 협상을 시도했지만 협상은 수평선을 달렸다. 저작권자들은 콘텐츠를 사용하려면 기존 업계 관행대로 사용료 또는 선불금을 내라고 요구했다. 또 저작권 단속의 책임도 유튜브가 지라고 요구했다. 유튜브에 불법으로 올라온 영상이 이후 마이스페이스닷컴이나 고릴라 등 타 인터넷 서비스로 확산되기 때문에 확산 자체를 막으라는 것이다.

반면 수익이 없는 구글은 광고 수익의 대부분을 제공하겠다고 했다. 또 저작권 단속 주체와 관련해 디지털 밀레니엄 저작권법(DMCA, Digital

Millennium Copyright Act)[2]에 따라 불법 단속에 대한 책임은 저작권자에게 있고 플랫폼의 의무는 불법 저작물을 삭제하는 것으로 구글은 이를 잘 수행하고 있다고 주장하며 팽팽히 맞섰다.

유튜브와 싸운 자, 손잡은 자, 승자는?

미디어 업계와 구글의 입장 차이는 좁혀지지 않았고 결국 소송으로 이어졌다. 대표적으로 파라마운트 픽처스, MTV를 소유한 바이어컴이 10억 달러 규모의 저작권 침해 소송을 제기한다. 바이어컴의 섬너 레드스톤 회장은 '콘텐츠가 곧 왕'이라는 강한 신념을 갖고 있었고 콘텐츠를 지키기 위해 강경한 법적 대응에 나섰다. 2006년부터 바이어컴에 저작권이 있는 콘텐츠 10만 개를 내리라고 유튜브에 요구했고, 소송에서는 유튜브가 16만 개의 동영상을 훔쳤고 15억 회 이상 시청되도록 방치했다고 주장했다. 그러나 법원은 인터넷 비디오 스트리밍 콘텐츠 역시 디지털 밀레니엄 저작권법 원칙을 적용할 수 있다고 판결함으로써 유튜브의 손을 들어 준다. 구글의 주장대로 플랫폼 사업자의 의무는 사전 단속이 아닌 저작권자의 신고 후 삭제라는 것이다.

소송이 진행되는 동안 구글은 CBS 이외에도 NBA, 소니 같은 대형 스튜디오와 AP통신, 프랑스 AFP통신, 영국의 UK통신 등 뉴스 저작권자들과 계약을 체결해 합법 서비스로 전환하면서 법적 리스크를 제거해 나갔다. 동시에 디지털 밀레니엄 저작권법에 따른 불법 영상의 삭제와 함께 콘텐츠 ID(Content ID, 이후 CID)라는 저작권 보호 솔루션을 제공해 저작권 문제를 해결하려고 노력했다.

이 때문에 모든 미디어 기업이 바이어컴처럼 대응하지는 않았다. 그중 가장 눈에 띄는 기업은 CBS다. 바이어컴과 CBS 모두 섬너 레드스톤 회장

바이어컴과 구글의 소송은 2심까지 바이어컴이 패소했고 10년 만에 합의로 마무리되었다.

이 실소유주인데 바이어컴은 소송을 택했고, CBS는 가장 적극적인 디지털 전략을 택한 것이다. CBS는 유튜브와 광고 수익 배분 계약을 체결하고 매일 800여 개씩 영상을 업로드했다. 물론 야후 등 다른 인터넷 서비스에도 적극적인 디지털 배포 전략을 펼쳤다. CBS는 구글이 개발한 CID의 시범 사업자로 참여해 유튜브를 홍보 창구이자 젊은 세대 시청자들과의 접점으로 활용했다.

디즈니도 스티브 잡스와 손잡고 미디어 기업으로는 처음으로 애플의 아이튠즈 서비스에 디즈니와 ABC의 콘텐츠를 제공해 첫해부터 1억 달러 이상의 신규 수익원을 만들어 낸다. 이후 수익은 기하급수적으로 증가한다. 다른 기업들이 저작권 대응을 위해 돈을 쏟아붓는 동안 신규 수익원을 만들어 낸 것이다. 바이어컴은 무려 10년이나 소송을 진행하느라 빠르게 변하는 미디어 환경과 디지털 전략에서 시간을 허비하며 도태의 길을 걸었다.

Content ID claims

Copyright owners with access to Content ID can claim videos that contain their property and take one of three actions on it.

Original work is uploaded as a reference file by **Content Owner**

Creator's video is matched to reference file

Content owner chooses to

$ **Monetize the video**
Earn money by keeping the video up and enabling ads to run on it

⊘ **Block the video**
Disable viewing on country by country basis

📊 **Track the video**
Monitor video performance/market data and leave video on the site

유튜브의 CID는 저작권자가 자신의 콘텐츠를 등록하면 콘텐츠의 특장점을 이용한 DNA를 만들어 저작권 침해 시 저작권자에게 통보해 준다. 저작권자는 침해 저작물의 광고 수익을 갖는 수익화, 차단의 옵션을 통해 저작권을 관리한다.

CID, 유튜브의 신의 한 수 유튜브의 CID는 타 동영상 서비스와 결정적 차이를 만들어 낸다. 유튜브의 주장대로 디지털 밀레니엄 저작권법에 따라 신고한 불법 영상을 삭제해 주기만 했다면 저작권자들의 신뢰를 얻지도 못했을뿐더러 경쟁 서비스들과 차별화하지도 못했을 것이다. 유튜브의 CID는 비디오의 특장점을 추출해 저작권자가 아닌 이용자가 동영상을 올리면 저작권자의 영상과 대조해 불법 영상은 업로드 자체를 차단하거나, 불법 영상이 벌어들인 광고 수익을 원 저작권자가 가져오는 옵션을 선택할 수 있다. 저작권자들은 저작권 보호 시스템을 믿고 유튜브에 영상을 게시하고 홍보도 하고 광고 수익까지 얻게 된다.

CID는 결국 신뢰를 구축한 것이다. 그러자 유튜브는 미디어 기업들의 PGC(Professionally Generated Content)와 일반 이용자들의 UGC(User Generated Content) 모두가 모여드는 진정한 플랫폼이 된다. 이후 구글의 강력한 광고 시스템과 투명한 수익 배분은 수많은 크리에이터들이 참여하는 MCN(Multi Channel Network, 다중 채널 네트워크)이라는 새로운 미디어 비즈니스를 만들어 낸다. 소송에서의 승리와 주요 저작권자들과의 계약, CID라는 저작권 보호 솔루션을 통해 저작권 문제를 해결한 유튜브에게 더

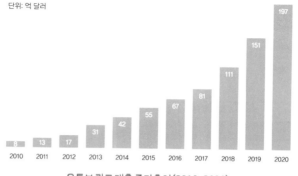

단위: 억 달러

출처: Statista

유튜브 광고 매출 증가추이(2010~2020)

이상 장애물은 없었다. 유튜브는 날개를 달고 승승장구하며 전 세계 최고 의 동영상 플랫폼으로 성장한다.

2010년부터 의미 있는 광고 수익이 발생해 손실이 줄어들기 시작했다. 이후 유튜브 광고 매출은 연평균 38% 이상 성장해 2018년 100억 달러를 넘어섰고 2020년에는 약 200억 달러에 육박한다. 더 무서운 것은 성장세 다. 코로나19 팬데믹 위기에서 다른 미디어 기업들은 광고 수익이 급감했 지만 유튜브는 더 가파르게 성장해 2021년 1분기는 전년 대비 49% 증가 해 최고의 성장세를 보인다.

다음은 TV? 유튜브는 이제 단순한 인터넷 동영상 서비스가 아니다. 미국인 의 미디어 이용에서 이미 기존 TV채널들을 밀어내고 거의 전 연 령대에서 넷플릭스와 함께 1, 2위를 차지하고 있다. TV를 보지 않는 MZ세 대에게는 이미 유튜브가 TV다. 실제 미국인 다수는 유튜브를 TV로 시청하 고 있다. 유튜브는 2020년 말 기준 1억 2,000만 명의 시청자가 유튜브를 TV를 통해 시청하고 있다고 발표했다.

게다가 유튜브는 유료 방송과 동일한 실시간 방송 서비스인 '유튜브TV'

출처: 유튜브TV

유튜브TV는 85개 채널과 무제한 DVR을 제공하면서도
100달러가 넘는 유료 방송보다 낮은 가격에 유튜브TV 서비스를 제공하고 있다.

도 서비스하고 있다. 85개 인기채널과 무제한 DVR을 유료 방송의 절반 남
짓한 가격에 제공하며 유료 방송과 직접 경쟁하고 있다. 아직은 가입자가
300만 명 수준이지만 유튜브가 유료 방송을 직접 대체하고 있고, 유튜브에
익숙한 MZ세대는 유튜브TV를 실시간 방송 서비스로 선택하는 데 주저하
지 않을 것이다. 실제 2020년 케이블TV 사업자들은 수백만 가입자를 잃었
지만 유튜브TV는 2020년 6월 250만에서 2020년 말 300만으로 오히려
50만이 늘었다. 유튜브 프리미엄 가입자가 어느덧 3,000만에 이르러 자연
스럽게 음악 스트리밍 서비스를 장악해 나가고 있듯이, 유튜브TV도 시나
브로 TV 시장을 장악할 것이다. 그리고 어느 순간 자연스럽게 국경을 넘어
우리나라에도 진출해 있을 수도 있다.

유튜브는 광고 수익을 기반으로 하는 콘텐츠 제작 생태계를 구축해, 수

많은 크리에이터들이 끊임없이 더 많은 콘텐츠를 제작하여 더 많은 트래픽과 광고 수익이 발생하는 선순환을 이루었다. 거대해진 생태계는 네트워크 효과로 신규 경쟁자가 진입할 수도 없다. 경쟁자의 출현마저도 불가능한 독과점 체제인 것이다. 유튜브가 만일 독립 기업이었다면 이미 구글, 페이스북, 아마존에 이어 세계 4위의 디지털 광고 업체로 평가받았을 것이다. 관전 포인트는 이제 유튜브가 어디까지 확장하고 레거시 미디어 업계를 얼마나 빠르게 잠식할 것인가다.

유튜브가 광고 시장을 평정한 비결은?

더블클릭 인수

> 광고 부문에서 구글의 진정한 철학은
> 정말 연관성 있는 정보를 사용자들에게 제공해
> 광고주와 고객의 사이에 윈윈 전략을 만드는 것입니다.
> _세르게이 브린, 구글 창업자

더블클릭이 어떤 회사길래 구글은 2007년 4월 온라인 광고 회사
마이크로소프트와 격돌했을까? 더블클릭을 31억 달러에 전액 현금 인
수한다고 발표한다. 마이크로소프트와의 치열한 인수전에서 승리해 더블클
릭을 인수했지만 구글은 초기 약 20억 달러로 예상되던 인수가보다 50%
이상 많은 31억 달러를, 그것도 모두 현금으로 지불해야 했다. 구글의 M&A
중 가장 큰 규모였던 유튜브(16.5억 달러)보다 거의 2배나 되는 인수가로,
구글로서는 매우 큰 규모의 인수다. 업계는 구글의 광고 시장 독점에 우려
를 제기하며 강하게 반발했다. 미 연방거래위원회(FTC, Federal Trading
Commission)로부터 합병 승인을 받기는 했지만 합병 심사 과정도 길었고
관련 업계의 반발도 심했다. 이 합병으로 구글은 검색 기반의 애드워즈, 롱

테일 광고 플랫폼 애드센스에 이어 디스플레이 광고의 더블클릭까지 결합함으로써 온라인 광고 시장의 원스톱 솔루션을 완성한다. 그리고 독보적인 온라인 광고 1위 사업자에 등극한다. 더블클릭이 도대체 어떤 회사길래 당시 독보적인 1등 IT 기업인 마이크로소프트를 꺾고 구글이 인수에 성공했고, 관련 업계는 왜 강하게 반발한 것일까?

더블클릭, 어차피
구글에 먹힐 테니 빨리 팔자
더블클릭은 1995년 케빈 오코너(Kevin O'Connor)와 드와이트 메리맨(Dwight Merriman)이 설립한 인터넷 광고 전문 회사다. DART(Dynamic Ad Reporting and Targeting)라는 고유 기술을 보유해 타기팅(targeting) 디스플레이 광고(배너 광고) 분야에서 가장 경쟁력 있는 회사였다. 마이크로소프트, 마이스페이스닷컴, 코카콜라, 모토롤라, 나이키 등을 주요 고객으로 확보해 북미 주요 웹사이트에 광고 솔루션을 제공하고 있었다. 그런데 2005년 사모펀드에 인수되었고 사모펀드가 마이크로소프트에 20억 달러의 판매가를 제시하며 매각이 진행됐다. 매각이 공개되자 구글이 더블클릭 인수전에 참전한다. 당시 더블클릭 CEO인 데이비드 로젠블랫은 잡지나 TV 등에서 가장 덜 읽히고 시청률이 낮은 콘텐츠에 판매하는, 약 30% 정도의 잉여 광고에 점점 더 많은 비용이 소요되고 있었다고 밝혔다. 그런데 구글의 롱테일 솔루션 애드센스가 너무 막강해 결국 고객사들을 뺏길 수밖에 없게 될 것으로 전망했다. 더블클릭 자체적으로는 이 문제를 해결할 방법이 없고 조만간 구글이 전천후 광고 에이전시가 될 것이 자명하기 때문에 그전에 더블클릭을 매각하는 것이 최선이라고 판단하게 된다.

애드워즈, 애드센스 그리고 더블클릭. 퍼즐의 완성

구글은 더블클릭 인수 이전에 이미 '애드워즈'와 '애드센스'라는 광고 솔루션을 가지고 있었다. 구글이 검색 엔진의 최강자가 되면서 자연스럽게 애드워즈 솔루션은 텍스트 검색 광고 시장의 최강자가 된다. 애드센스는 롱테일 광고 시장의 최강자였다. 애드센스는 대형 미디어와 대형 광고주가 아닌 중소형 미디어와 광고주를 대상으로 한다. 중소 광고주는 거액의 광고비, 제작비 때문에 TV 방송 광고와 같은 대형 미디어 기업 광고를 하기 어려웠다. 반면 영세 미디어들은 별도로 광고 영업을 할 수 없어 광고를 수주하는 데 어려움을 겪고 있었다. 애드센스는 이들 중소 광고주와 중소 미디어를 연결해 주는 솔루션이다. 광고가 클릭되었을 때만 광고비를 지불하는 성과급 형태로, 광고주가 큰 부담 없이 광고를 내고 효과가 나면 광고비를 지불할 수 있다. 영세 미디어도 애드센스가 광고를 배포해 줘 크지는 않더라도 광고 수익을 얻을 수 있었다. 구글은 광고 수익의 3분의 2를 미디어들에게 배분해 많은 영세 미디어가 애드센스에 참여할 수 있게 했고, 인터넷 사이트 전체를 구글의 광고 플랫폼으로 만드는 데 성공한다.

애드센스가 등장과 함께 돌풍을 일으키며 수많은 영세 광고주와 미디어가 구글 경제권에 참여하자, 과거에는 없었던 광고 시장까지 새롭게 만들어졌다. 구글이 수익 배분 구조를 투명하게 보여 주면서 관리해 나가자 구글 경제권은 더욱 커져 갔다. 2004년부터 애드센스 수익이 구글 수익의 절반을 차지하며 구글은 세계 최대 광고 회사로 발돋움한다. 더블클릭의 우려대로 구글이 잉여 광고 시장을 장악하는 것은 시간문제였다. 광고라는 수익 모델을 장착한 구글은 풍부한 자금을 바탕으로 구글이 부족한 것들을 사들이기 시작한다.

2006년 유튜브를 사들여 동영상으로 검색의 범위를 확장했고 2007년 디스플레이 광고에서 독점적인 기술력과 경쟁력을 가지고 있던 더블클릭

구글의 광고 패키지. 애드센스, 애드워즈, 더블클릭으로 원스톱 서비스를 제공할 수 있게 된다.

인수에 나선다. 애드워즈, 애드센스에 더블클릭이 결합되면 구글은 광고주들에게 원스톱 쇼핑몰을 제공할 수 있게 된다. 광고주와 소비자를 연결해주는 광고 거래소(Ad exchange)가 완성되는 것이다.

당연히 구글의 광고 독점에 대한 우려가 나올 수밖에 없었다. 구글이 막대한 자금을 가지고 시장 점유율이 높은 사업자를 사들여 온라인 광고 시장을 독과점하려는 의도라며 비난이 쏟아졌다. 레거시 미디어 광고에 종사하는 종사자와 기업들은 구글이 각 회사의 미디어 기획팀과 영업팀, 제작팀까지 제거해 버릴지 모른다며 공포심을 갖게 되었다.

구글의 온라인 광고 시장 장악에 대한 공포는 경쟁 기업들의 대응으로 이어진다. 구글에 더블클릭을 뺏긴 마이크로소프트는 AT&T와 함께, 구글이 개인들의 데이터를 너무 많이 얻게 될 것이라며 연방규제위원회에 거래를 막아 달라고 요청한다. 하지만 부시 행정부는 자유 시장이 자체적으로 규제할 것이라는 원칙을 견지해 마이크로소프트가 원하는 대로 대응하지 않는다. 그러자 마이크로소프트, 야후, AOL 등의 인터넷 기업들은 디지털 광고 회사를 경쟁적으로 인수한다. 마이크로소프트는 인수전에서 패배한 이후 큰 위기의식을 느껴 불과 한 달 만에 에이퀀티브(aQuantive)라는 온라인 광고회사를 인수한다. 인수가가 60억 달러로 더블클릭의 약 2배나 된다. 마이크로소프트 등의 인터넷 기업들이 제각기 광고 회사를 사들이자 경쟁자들이 제기한 구글의 경쟁 제한 논리가 무너진다. 어차피 부시 행정부는 규제 의사도 없었고 FTC도 합병을 승인하지 않을 이유가 자연스럽게 사라졌다.

더블클릭 인수,
2007년 최고의 M&A

정보 제공 업체 딜로직에 따르면 인터넷 광고 회사 '더블클릭'을 31억 달러에 인수한 구글의 당해 매출은 60% 증가한다. 매출 166억 달러, 영업 이익 42억 달러로 역대 최고의 실적을 올린다. 주가도 인수 당시 230달러에서 340달러로 47%나 오른다. 더블클릭 인수로 구글은 단기적으로 높은 성과를 거두었고, 딜로직은 구글의 더블클릭 인수를 '올해 최고의 M&A 사례'로 선정한다. 구글은 더블클릭 인수 전까지 디스플레이 광고 시장에서 야후, 마이크로소프트, AOL에 밀리고 있었다. 그러나 더블클릭 인수 후 구글의 디스플레이 광고 수익은 가파르게 증가해 2009년 마이크로소프트와 AOL을 따라잡고, 2010년 중반에는 야후, 2012년에는 페이스북마저 제치며 1위를 차지하고 이후 격차를 더 벌리게 된다.

원스톱 광고 솔루션을 완성한 구글은 전체 온라인 광고 시장 매출의 약

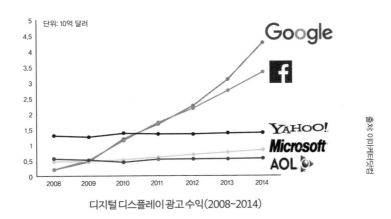

디지털 디스플레이 광고 수익(2008~2014)

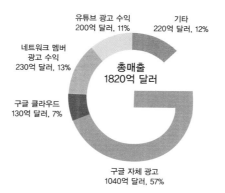

출처: 2020년 구글 사업보고서 재구성

2020년 구글의 부문별 매출 구조.
구글 사이트 내 광고, 외부 제휴 광고, 유튜브 광고 등 80% 이상이 광고 수익이다.

30%를 차지하고 있다. 2020년 총매출 1,825억 달러 중 광고 수익 비중
은 80%가 넘는다. 수십만 개의 인터넷 사이트가 있는 인터넷 생태계에서
구글이라는 한 기업이 30%를 점유한다는 것은 엄청난 독과점이다. 구글
의 광고 수익이 한국 전체 광고비(12조 원)의 140배에 달하니, 얼마나 엄
청난 규모인지 짐작할 수 있다. 구글은 이후 모바일 광고 회사 애드몹을 인
수하며 모바일 시대에도 승승장구하고 있다. 코로나19 팬데믹에도 불구하
고 2021년 2분기 광고 수익이 전기 대비 무려 69%나 증가하는 어닝 서프
라이즈를 보여 줬고, 2021년 총 광고 매출은 전년 대비 32.6% 증가해 높은
성장세를 이어 갔다.

페이스북은 왜 인스타그램을
살 수밖에 없었나?

인스타그램 인수

> 우리가 페이스북을 죽일 것들을 만들지 않으면
> 다른 누군가가 만들 것입니다. 인터넷은 우호적인 곳이 아닙니다.
> 존재감을 유지하지 못하면 폐허를 남기는 사치조차
> 누릴 수 없습니다. 흔적 없이 사라지고 맙니다.
> _마크 주커버그, 페이스북 CEO

주커버그는 왜 그렇게   2012년 4월 페이스북이 인스타그램을 10억
인스타그램을 사려고 했나?   달러에 인수한다. 페이스북의 인스타그램
인수 시도는 이번이 처음이 아니었다. 2011년에도 페이스북 CEO 마크 주
커버그(Mark Zuckerberg)는 인스타그램에 인수를 제안했지만 거절당했
다. 하지만 주커버그는 포기하지 않았고 1년 만에 인스타그램 인수에 성공
한다. 주커버그는 20억 달러를 요구한 인스타그램의 공동 창업자 겸 CEO
인 캐빈 시스트롬(Kevin Systrom)을 자신의 집으로 초청해 사흘간 열성적
으로 설득해 10억 달러에 독립 경영을 보장하는 조건으로 인수하는 데 합
의한다. 당시 페이스북의 이용자는 9억 명을 돌파하며 승승장구하고 있었
다. 인터넷 업계의 스포트라이트를 한 몸에 받으며 남부러울 게 하나 없던

주커버그는 왜 그렇게 인스타그램을 사려고 한 것일까?

셀럽의 SNS,　　인스타그램 창업자 시스트롬은 페이스북의 마크 주커버
폭풍 같은 성장　　그와 비슷하게 대학 시절 사진 서비스에 관심이 많아 사
진 공유 서비스 '버븐(Burbn)'을 개발한다. 이후 공동 창업자 마이크 크리
거(Mike Krieger)를 만나 사진 공유에만 초점을 맞춘 인스타그램(Instant+
Telegram)으로 리뉴얼해, 2010년 10월 애플의 앱스토어에 등록하며 인스
타그램은 시작됐다. 인스타그램 이용자는 1년 반 만에 4,000만 명을 돌파했
고 하루 500만 장의 사진이 업로드되며 인기 앱으로 급성장했다.

　저스틴 비버와 같은 젊은 팝스타들이 인스타그램에 사진을 업로드하기
시작하면서 서비스는 폭발적으로 성장한다. 이용자가 600만 명에 불과했
을 때 저스틴 비버가 사진을 업로드하자 10대 소녀 팬들이 몰려들어 서버
가 수시로 다운됐다. 인스타그램이 서버의 절반을 저스틴 비버 계정에 할
애할 정도였다. 이후 킴 카다시안, 테일러 스위프트, 리아나 등의 셀럽과 선
거 캠페인 중이었던 버락 오바마 대통령 후보까지 인스타그램에 가입하자
이용자는 폭발적으로 늘어났다. 실리콘밸리의 유명 벤처 캐피털인 세쿼이
아 캐피털(Sequoia Capital)이 700만 달러를 투자했고 트위터 CEO인 잭
도시(Jack Dorsey)는 엔젤 투자자로 참여한다. 잭 도시는 페이스북이 인스

타그램을 인수하기 한 달 전 인스타그램에 지분 인수를 제안하기도 했다.

직감한 위협,   주커버그는 급성장하는 인스타그램을 보며 위기감

주커버그의 선택은?   을 느낀다. 주커버그의 위기감은 인수 8년 후 공개

된 마크 주커버그의 이메일에서 그 내용이 밝혀지며 세상에 알려졌다. 이

메일은 2020년 7월 미국 하원 사법위원회 반독점소위원회가 개최한 공청

회를 통해 공개됐다. 이메일에 의하면 주커버그와 경영진은 인스타그램과

패스(Path) 같은 SNS가 급성장하고 있는데 이들 사업은 아직 초기 단계지

만 네트워크가 확립되어 있으며 대기업으로 성장할 경우 자사에 파괴적 영

향을 미칠 수 있다고 봤다. 주커버그는 인스타그램 등 서비스 인수 계획에

서 M&A의 목적이 잠재적 경쟁자 무력화와 서비스 통합이라고 밝혔다. 잠

재적 경쟁 기업을 인수해 서비스를 존속시키면서 시간이 지나면 이들이 만

든 소셜 생태계를 자사 핵심 사업에 통합하겠다는 것이다. 페이스북은 인

스타그램을 비즈니스의 위협으로 간주해 경쟁을 원천적으로 막기 위해 인

수해 버린 것이다.

    인스타그램 창업자들을 3년간 밀착 취재한 사라 프라이어의 책《노 필

터(No Filter)》에 의하면 주커버그는 2008년 트위터를 5억 달러에 인수하

려고 시도했다. 그러나 트위터가 거부했고 트위터는 페이스북의 주요 경쟁

자로 성장했다. 반대로 2006년 야후가 성장 초기의 페이스북에게 10억 달

러의 인수를 제안했다. 마크 주커버그는 야후의 제안을 거절하고 페이스

북은 야후의 경쟁자로 성장했다. 이와 마찬가지로, 인스타그램이 지금처럼

성장하면 조만간 페이스북의 경쟁자가 될 것을 직감한 것이다.

    당시 인스타그램의 이용자는 2,500만 명으로 페이스북에 비하면 미미

한 수준이고 수익은 단 한 푼도 없는 상황이었다. 하지만 인스타그램의 이

용패턴 분석 결과 페이스북의 뉴스피드와 유사하고 광고를 접목하면 빠르게 수익화할 수 있다고 판단했다. 또 급성장하고 있는 모바일 서비스에 페이스북은 아직 제대로 대응하고 있지 못하고 있는데, 인스타그램은 모바일 중심 서비스로 모바일 시대에 페이스북의 강력한 경쟁자가 될 것으로 예상했다.

페이스북의 기업 가치 1%로 인스타그램을 샀다고? 마크 주커버그는 페이스북 기업 가치의 1%를 지불하기로 계획하고 일사천리로 인수 협상을 진행한다. 페이스북이 기업 공개를 앞두고 실시한 자산 평가 결과 페이스북의 기업 가치는 1,000억 달러로 인스타그램 인수가를 10억 달러로 정한다. 인스타그램의 경영자들이 외부의 조언을 듣거나 이미 친분이 있는 트위터 CEO 잭 도시가 인수에 참여하는 것을 막기 위해, 주커버그 자신의 집에서 인수 협상을 진행했다. 인스타그램의 자산과 기술 평가도 전화로 진행됐다.

인수 논의가 시작되자 시스트롬은 20억 달러의 인수가와 현금 지불을 요구했다. 하지만 주커버그는 향후 기업 공개를 통해 주식 시장에 상장되고 페이스북이 더 성장함에 따라 인수 가치도 증가할 수 있다며 페이스북 주식 1%(약 10억 달러)를 제안했고, 시스트롬은 이를 받아들였다. 결과적으로 페이스북 주가는 상장 시 30달러에서 약 2년 만에 70달러를 넘으면서 2배 넘게 증가했으니, 케빈 시스트롬이 요구했던 인수가 20억 달러 이상의 보상을 받은 셈이다.

한편 인스타그램 경영자들 사이에서는 인수에 대해 이견이 있었다. 불과 한 달 전 트위터의 제안을 거절했고, 며칠 전 벤처 캐피털로부터 5,000만 달러를 투자받아 돈이 급하지도 않으니 더 성장시킨 뒤 인스타그램을 매각할 경우 50억 달러도 받을 수 있다는 반론이 제기된다. 하지만 시스트롬은 페이스북이 인스타그램의 카피 서비스를 내놓고 직접 경쟁하게 될 상황을 우려했다. 시스트롬은 인스타그램을 매각하지 않으면 페이스북과 주커버그가 어떻게 나올지 직감한 것이다. 실제 직원 수가 13명밖에 안 되고 기술력도 부족했던 인스타그램이 페이스북의 전면 공세에 맞서는 것은 거의 불가능했다. 대신 시스트롬은 독립 경영을 보장받고 페이스북 엔지니어링팀의 기술과 인프라를 이용해 더 빨리 성장하는 길을 택한 것이다.

10억 명이 쓰는 최고의 마케팅 플랫폼 페이스북의 인스타그램 인수는 구글의 유튜브 인수 못지않은 성공적인 M&A 사례로 꼽힌다. 성공의 결과는 수많은 수치로 증명된다. 인스타그램의 주요 성과 지표들은 다음과 같다.

- 월간 이용자 10억 명 이상으로 전 세계 6위다.
- 매일 1억 개의 사진이 업로드된다.
- 서비스 시작 이후 4조 개의 사진이 공유됐다.
- 2020년 광고 수익은 138억 달러(약 16조 원)다.
- 50만 명 이상의 인플루언서가 활동 중이다.
- 39%의 브랜드가 인플루언서 마케팅에 20%의 예산을 집행한다.
- 인스타그램의 단독 기업 가치는 1,000억 달러 이상으로 평가된다.
  (Bloomberg intelligence)

출처: 비즈니스오브앱스

한편 인스타그램의 이용자는 10억 명으로 페이스북의 25억 명과는 차이가 크지만 인스타그램은 디지털 마케팅 분야에서는 최고의 서비스다. 인스타그램은 단순한 사진 공유 SNS가 아니라 비즈니스의 기준이 되는 서비

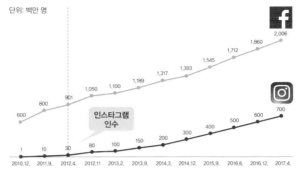

출처: 페이스북 사업보고서 재구성

단위: 백만 명

페이스북과 인스타그램 가입자 추이

스다. 모든 비즈니스는 인스타그램 계정을 만들고, 카페, 식당 등의 소비자 기반의 사업은 인스타그램의 핫 플레이스가 되기 위해 매장 인테리어와 서비스, 음식 플레이팅 등을 인스타그램 감성에 맞춰 바꾼다. 수십만 명의 인플루언서들은 인스타그램에서 새로운 비즈니스 마케팅과 비즈니스 생태계를 만들어 가고 있다.

한편 페이스북의 인스타그램 인수와 독립 경영은 실리콘밸리 기술 기업 M&A의 중요한 레퍼런스가 된다. 다수의 미디어 기업들은 인수한 기업들을 내부화하고 인사를 통해 지배하는 것이 일반적이다. 하지만 페이스북이 인스타그램과 왓츠앱 등을 독립 경영시킨 이후 트위터는 바인(Vine)과 페리스코프(Periscope)를, 구글은 네스트(Nest)를, 아마존도 홀푸드(Whole Foods)를 인수한 후 독립 경영하게 한다. 스타트업의 성공과 대기업 내에서의 독립 경영이라는 선례가 기술 기업의 M&A를 활성화시켰다는 평가도 받는다. 결과적으로 페이스북의 인스타그램 인수는 주커버그의 직감이 정확히 맞아떨어진 매우 전략적 M&A였다. 성과도 훌륭해 페이스북이 투자한 10억 달러는 6년 만에 100배가 넘는 가치가 되었고, 페이스북과 인스타그램을 위협할 SNS는 여전히 나타나지 않고 있다.

광고 수익이 전부인 페이스북이 광고를 혐오하는 왓츠앱을 인수했다고?

왓츠앱 인수

> 왓츠앱에 바로 돈을 벌라고 하지 않을 것입니다.
> 이번 합병을 통해 왓츠앱은 향후 5년간
> 온전히 사람들을 연결하는 일에만 집중할 수 있을 것입니다.
>
> _마크 주커버그, 페이스북 CEO

왓츠앱을 두고 구글과 페이스북의 한판 승부. 승자는?

페이스북 수익의 97%는 광고다. 글로벌 온라인 광고 시장 점유율은 2위로 구글 다음이다. 그런데 광고를 싫어하는 것으로 유명한 왓츠앱을 2014년 2월 190억 달러에 인수한다고 발표한다. 우리 돈으로 20조 원이 넘는 페이스북 인수 사상 최대 금액이자 인터넷 기업 인수 사상 최대 금액이다. 현금 45.9억 달러, 주식 114억 달러에 왓츠앱 직원들에게 양도 제한 조건부 주식(RSU) 30억 달러를 별도로 제공하는 조건이다.

그런데 페이스북의 인수 전 구글도 왓츠앱을 인수하려고 했다. 인수가 100억 달러를 제안했지만 왓츠앱이 요구한 이사회 멤버 참여 조건을 수용하지 않아 딜은 성사되지 않았다. 그런데 페이스북이 거의 2배의 인수가와 함께 독립 경영과 이사회 참여 조건을 수용한 것이다. 놀란 구글 CEO 래리 페이지는 왓츠앱 CEO를 찾아가 설득했지만 실패한다. 그리고 왓츠앱의 투자자인 세쿼이아 캐피털을 찾아가 페이스북보다 무조건 더 많은 돈을 내겠다는 의지를 밝히고 인수전에 뛰어든다. 하지만 왓츠앱은 구글이 오직 페이스북을 견제하기 위한 목적으로 인수전에 뛰어들었다고 판단하고 제안을 거절한다. 왓츠앱 창업자 얀 쿰(Jan Koum)은 45%의 지분(85.5억 달러)을 받고 주커버그와 함께 1달러의 연봉을 받으며 페이스북 이사회 멤버가 된다. 인수가 완료된 시점에 페이스북 주가는 40% 올라, 결과적으로 왓츠앱은 220억 달러(약 25조 원)라는 엄청난 매각 대금을 받게 된다. 왓츠앱이 어떤 기업이길래 페이스북와 구글이 25조 원이 넘는 돈을 베팅하며 격돌했을까?

광고를 싫어하는 세계 1위 메신저? 왓츠앱은 2009년 얀 쿰(jan Kuom)과 야후 시절 동료 직원 브라이언 액튼(Brian Acton)이 만든 모바일 메신저 서비스다. 당시 건별로 과금되던 문자메시지를 연간 0.99달러만 내면 무제한 공짜로 이용할 수 있게 했다. '공짜 문자', 이 두 단어는 왓츠앱을 세계 1위 모바일 메신저로 만들어 줬다. 놀라운 성장세에 세쿼이아 캐피털은 2011년 800만 달러를 투자했고, 2013년에는 5,000만 달러를 추가로 투자했다. 이용자가 2억 명까지 늘어 기업 가치도 15억 달러로 증가했기 때문이다. 투자금을 기반으로 왓츠앱은 스카이뫼비우스(SkyMobius), 영상통화 서비스(video and voice calling app) 등을 인수하며 2013년 말에는 이용자 4억 명을 돌파한다. 세쿼이아 캐피털은 왓츠앱의 성장세가 페이스북에 근접하고 있고, 모바일에서는 24개월 내에 페이스북을 추월하고 전 세계 이용자도 10억 명에 도달할 것으로 전망했다. 장래가 촉망되는 최고의

왓츠앱의 메모. 광고 없고, 게임 없고, 장난치지 않는다는 기업 철학으로 유명하다.

유니콘 기업이었다.

　페이스북 인수 당시인 2014년에는 월간 이용자는 4억 5,000만 명, 하루 메시지 건수는 540억 건으로 전 세계 문자메시지 사용량에 맞먹었다. 매일 왓츠앱에 올라오는 사진은 6억 건으로 당시 인스타그램의 5,500만 건을 압도하고 있었다. 이런 압도적인 사용량과 성장세는 무광고 전략이 한몫했다. 쿰은 "광고는 미적인 혼란을 안겨 줄 뿐만 아니라 소비자의 생각에 장애를 부르며 모두의 지적 수준에 대한 모욕이다."라고 말할 정도로 광고를 싫어했다. 왓츠앱의 기업 철학을 잘 요약한 것으로 유명한 왓츠앱 메모 "No Ads! No Games! No Gimmicks!"에서 드러나듯이 광고를 싣지 않는 것이 제1의 경영 전략이었다.

수익의 97%가 광고인 광고를 사랑하는 페이스북　페이스북은 매출의 97%가 광고일 정도로 광고 중심 회사인데 왜 광고를 싣지 않는 서비스를 인수한 것일까? 그리고 왓츠앱은 이미 독자적으로 빠르게 성장하고 있고 수익 모델에 대한 가치관도 완전히 다른데 왜 페이스북에 회사를 매각했을까?

　페이스북이 왓츠앱을 인수한 명확한 이유가 공개되지는 않았다. 많은 매체가 무려 25조 원이 넘는 돈을 주고 메신저 앱을 구매한 이유를 유추했다. 의견이 분분했으나 페이스북이 젊은 세대들로부터 멀어지고 있어 젊은 세대를 포섭할 서비스의 인수에 공을 들였다는 점에서 대체로 일치했다. 페이스북 이용자들의 자녀인 젊은 세대가 부모와 같은 소셜미디어를 사용하는 것을 기피해 페이스북에서 이탈하는 상황을 심각하게 생각하고 있었다. 그래서 젊은 세대들과 연결될 수 있도록 페이스북이 아닌 다른 서비스가 필요했다.

페이스북은 먼저 10대들에게 인기 있는 모바일 메신저 스냅챗을 2013년 30억 달러에 인수하려고 시도했지만 성사되지 않았다. 다음 타깃은 왓츠앱이었다. 왓츠앱은 18~29세의 97%가 이용하고 있어 페이스북의 전략에 적합했다. 게다가 하루에 100만 명씩 늘어나는 이용자와 페이스북이 자랑하는 이용자 고착도(stickiness) 지표에 있어서도 왓츠앱은 약 70%로 페이스북의 62%를 상회하고 있었다.

또 한편 글로벌 전략 차원에서도 왓츠앱은 매력적이었다. 왓츠앱의 미국 내 이용률은 높지 않다. 미국 내에서는 페이스북 메신저 이용 비중이 더 높고, 캐나다, 호주, 프랑스 등에서도 페이스북은 1등 메신저였다. 반면 왓츠앱은 영국, 독일, 러시아, 인도, 중·남미 1위로 글로벌 시장을 장악하고 있었다. 이미 포화 단계에 접어든 미국 시장을 넘어 글로벌 시장을 공략하는 데 왓츠앱은 페이스북에게 중요한 교두보가 될 수 있었다.

한편 수성 전략 차원에서도 왓츠앱 인수는 필수적이었다. 당시 구글이 왓츠앱의 인수를 시도하고 있었고 급성장 중인 유튜브와 결합할 경우 왓츠앱은 페이스북의 강력한 라이벌이 될 가능성이 컸다. 또 왓츠앱의 무서운 성장세를 보면 페이스북이 왓츠앱을 잠재적인 경쟁자로 보기에 충분했다. 국내에서 카카오톡이 메신저 서비스를 장악하고 카카오톡을 기반으로 다양한 플랫폼 비즈니스를 확장한 것처럼 왓츠앱은 무서운 경쟁자가 될 수 있었다. 이런 전략적 차원과 방어적 차원이 복합적으로 작용해 2012년부터 주커버그는 쿰에게 왓츠앱의 매각을 제안했지만 쿰은 지속적으로 거절했다. 하지만 주커버그는 포기하지 않고 인수 제안 후 2년간 쿰과 식사도 하고 하이킹도 같이하며 관계를 이어 나갔다. 그리고 2014년 2월 주커버그는 식사를 하며 쿰에게 다시 인수를 제안한다. 쿰을 설득한 주커버그의 핵심 메시지는 '파트너십'이었다. 왓츠앱을 단순한 스타트업 기업처럼 인수하려는 게 아니라 완전한 파트너가 되고자 한다며 페이스북 이사회 참여를 제안한다. 두 사람은 밸런타인 데이에 주커버그의 집에서 인수가와 주요 조건들에 합의한다. 두 공동 창업자가 소중히 여기던 사용자 데이터 독립과 보호 정책의 유지를 포함한 독립 경영까지 보장받는다. 독립 경영에는 광고를 싣지 않는다는 조건도 포함된다.

25조 원에 산 완전 무료 서비스, 그 성과는?

페이스북의 왓츠앱 인수는 왓츠앱에 단기적으로 제대로 된 수익 모델도 없고 창업자들이 광고도 싣지 않겠다고 해 성과를 낼 수 없는 구조였다. 게다가 인수 1년 후 연 1달러의 이용료도 받지 않기로 정책을 전환해 완전 무료 서비스가 됐다. 수익을 낼 수 없는 딜이었다. 그럼에도 불구하고 왓츠앱이

- 왓츠앱은 전 세계 20억 명의 이용자들이 이용하고 있다.
- 인도는 3.9억 명으로 가장 많이 이용하는 국가다.
- 왓츠앱은 180개 국가에서 60개 언어로 서비스되고 있다.
- 100개가 넘는 국가에서 가장 인기 있는 앱이다.
- 하루에 650억 건이 넘는 메시지가 공유되고 있다.
- 왓츠앱의 매출은 2020년 55억 달러다.

출처: 비즈니스오워스

이뤄 낸 성과는 눈부시다.

페이스북의 왓츠앱 인수는 소셜미디어 시장에서 점유율을 단기간에 빠르게 확대하는 데 성공한 M&A로 평가받는다. 아래 이용자 증가 그래프에서 보듯이 페이스북은 네트워크 효과로 가입자가 폭발적으로 증가하는 초기에, 달리는 말의 등에 올라탄 것이나 다름없다. 왓츠앱의 이용자는 인수 1년 반 만에 두 배인 9억 명에 도달했고 2020년 2월 20억 명을 돌파했다. 2020년 4월 기준 페이스북 이용자는 25억 명, 왓츠앱 이용자는 20억 명으로 경쟁 SNS인 트위터와 스냅챗의 약 4억 명을 압도하고 있다. 현재 왓츠앱보다 이용자가 많은 서비스는 페이스북이 유일하다.

재무적인 측면에서 190억 달러, 우리 돈으로 22조 원이 넘는 인수가가 비싸다는 평가도 있었다. 구글이 1년 전 100억 달러 인수를 제안했는데 1년 만에 두 배가 됐기 때문이다. 왓츠앱의 인수가는 가입자당 가치로 비교해 볼 수 있는데 왓츠앱의 가입자당 가치는 약 42달러(MAU 4억 5,000만 기준)로 1년 전 인수한 인스타그램의 약 30달러에 비하면 높다. 하지만 링크드인 153달러, 트위터 140달러, 중국 위챗 95달러에 비하면 낮은 수준이다. 페이스북에 포함돼 정확한 기업 가치를 평가할 수는 없지만 왓츠앱의

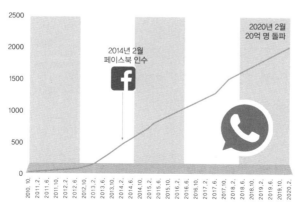

왓츠앱 가입자는 인수 당시 4억 6,500만 명에서 2020년 2월 20억 명을 돌파하며 급성장한다.

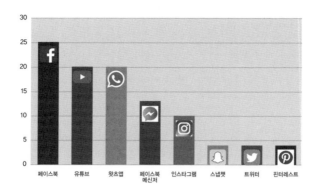

주요 SNS 서비스 이용자 수(MAU, 2020년 4월)

출처: Statista

기업 가치는 위챗과 비슷한 수준인 1,000억 달러 또는 트위터 기준 적용 시 1,250억 달러까지 평가된다. 20조 원의 투자가 인수 6년 만에 5~6배의 이익으로 돌아온 것이다.

적수가 없는 SNS 제국, 페이스북 2012년 인스타그램과 2014년 왓츠앱의 인수로 페이스북은 SNS의 지배자가 되었다. 2020년 기준 유튜브를 제외한 1, 3, 4, 5위 서비스가 모두 페이스북 서비스다. 총 이용자는 68억 명에 달한다. 경쟁자였던 트위터와 스냅챗은 소수 사업자로 전락해 잠재적인 적수조차 없는 상황이다. 인스타그램과 왓츠앱이라는 두 개의 성장 엔진을 단 페이스북의 주가도 고공 행진해 2021년 7월 시가총액 1조 달러를 돌파해 미국 5위 기업이 되었다.

그러나 이런 엄청난 성공에는 반작용도 있기 마련이다. 2020년 미국 연방거래위원회(FTC)와 48개 주가 페이스북에 대한 반독점 소송을 제기한다. 연방거래위원회는 페이스북이 인스타그램과 왓츠앱 인수를 통해 시장 독점적 지위를 확보했다며 이 회사들의 분할 명령을 내려 달라고 법원에 요

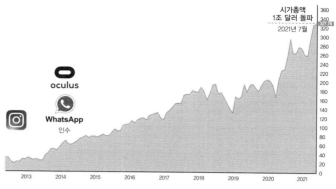

페이스북 주가 추이. 2021년 7월 시가총액 1조 달러를 돌파했다.

청한다. 미국 정부는 "페이스북이 인스타그램과 왓츠앱이 소셜미디어 시장에서 위협적인 상대라는 것을 인식하고 경쟁을 피하기 위해 이들을 인수하는 방식으로 경쟁을 피해 갔다."라고 주장했다. 잠정적 경쟁 상대를 아예 인수하는 전략으로 시장의 경쟁을 저해했다는 것이다.

페이스북이 인수한 92개 기업 중 46개가 경쟁 기업이라는 분석이 있다. 2012년 인스타그램, 2014년 왓츠앱 인수를 통해 미래의 잠재적 경쟁자를 사들였고 넥스트스톱(Nextstop), 고왈라(Gowalla), 벨루가(Beluga), 라이트박스(Lightbox) 같은 경쟁 서비스는 사들여 제거해 버렸다. 그러나 페이스북은 92개 업체를 인수하면서 단 한 번도 제재나 제지를 받지 않았다. 재판의 결과는 수년이 걸릴 것이므로 당장 페이스북에 큰 영향은 없을 것이다. 역설적으로 페이스북의 인스타그램, 왓츠앱 M&A는 독과점을 완성한 최고의 M&A로 평가된다. 페이스북은 사명을 '메타'로 변경하고 새롭게 열릴 메타버스 세상에서도 독점을 꿈꾸고 있다. 메타버스 세상을 페이스북이 또 어떻게 장악해 나갈지 궁금하다.

Global Media
Giants ▶

PART 2

준비는 끝났다!
디즈니의 반격

"우리는 그저 몸집을 키우기 위해 다른 회사들을 인수하거나 단순히 새로운 사업 분야 진출을 시도해 보기 위해 인수하지 않을 것입니다. 우리가 인수를 하는 이유는 오로지 빠르게 변화하는 시장에 지혜롭고 빠르게 대응하기 위함입니다."

_로버트 밥 아이거, 디즈니 CEO

가입자 2억 명이 넘는 넷플릭스의 뒤를 바짝 쫓고 있는 사업자는 단연 디즈니다. 디즈니의 OTT 서비스인 디즈니+의 가입자는 1억 2,980만 명이다. 디즈니가 보유한 훌루와 ESPN+까지 합치면 1억 9,640만 명에 달한다.(2021년 12월 기준) 이 수치는 2019년 11월 디즈니+ 출시 이후 약 2년 만에 달성한 성과다. 디즈니+는 출시 16개월 만에 1억 명을 모았다. 넷플릭스가 13년이 걸려 달성한 수치를 불과 1년 반도 안 돼 달성한 것이다. 이것도 불과 45개국(2021년 10월 기준)에서 달성한 성과로, 2021년 11월 아시아와 라틴아메리카 지역에 대대적으로 론칭해 2022년 말에는 1억 5,000만 명까지 늘어날 것으로 전망된다. 넷플릭스 턱밑까지 추격하고 있는 형세다.

2019년까지 넷플릭스가 독주해 온 OTT 시장이 디즈니+로 다시 한 번 판이 바뀌고 있다. 넷플릭스와 함께 Top 2 서비스로 등극한 디즈니는 레거시 미디어의 새로운 희망이자 롤 모델이 되고 있다. 디즈니는 시가총액이 3,000억 달러(약 350조 원)가 넘는 세계 1위 미디어 기업이다. 영화, 방송, 애니메이션, 테마파크, 캐릭터, 스트리밍 서비스로 이어지는 막강한 비즈니스 포트폴리오를 가지고 있다. 영화는 전 세계 시장의 45%를 점유하고 있다. 〈어벤져스〉 시리즈로 유명한 마블 스튜디오(Marvel Studio), 〈스타워즈〉의 루카스필름(Lucasfilm), 〈겨울왕국〉의 디즈니 애니메이션, 〈토이스토리〉의 픽사(Pixar)를 모두 거느리고 있다. 방송 부문은 3대 지상파 방송인 ABC,

최대 스포츠 네트워크인 ESPN과 내셔널지오그래픽을 비롯한 수십 개의 케이블 채널을 보유하고 있다. OTT 서비스도 디즈니+뿐만 아니라 ESPN+, 훌루, 스타 라인업을 보유하고 있다. 디즈니는 어떻게 이런 다각화된 사업 포트폴리오와 콘텐츠 라인업을 보유하게 됐을까?

2010년대 들어 디즈니 같은 레거시 미디어 기업들은 넷플릭스, 유튜브, 페이스북 같은 파괴적 혁신 기업들의 등장으로 수세에 몰리고 있다. 디즈니와 함께 미디어 산업을 주도했던 CBS, 바이어컴, 타임워너 등의 미디어 기업들은 점점 존재감을 잃어 가고 있었다. 디즈니도 한동안 새로운 캐릭터와 애니메이션을 만들어 내지 못하며 오랜 기간 부진에 시달렸다. 하지만 1990년대 지상파 방송사 ABC를 인수하고, 2000년대에는 픽사, 마블 스튜디오, 루카스필름의 3개 스튜디오를 인수하며 위기를 극복하고 두 번의 퀀텀 점프를 한다. 디즈니는 빠르게 변화하는 시장에 지혜롭고 빠르게 대응하기 위해 필요한 기업들을 적기에 인수했다. 현재 디즈니의 성장을 주도하는 사업 대부분이 인수합병을 통해 새 가족이 된 마블 스튜디오, 루카스필름, 픽사, ABC, ESPN이다.

위대한 콘텐츠 기업 인수에 성공한 디즈니는 넷플릭스, 유튜브와 같은 파괴적 혁신 기업들의 위협 속에서 여전히 최강의 콘텐츠 기업으로 건재함을 과시하고 있다. 디즈니가 어떻게 지상파 방송사 ABC와 최대 스포츠 네트워크인 ESPN을 인수하고, 미키마우스가 어떻게 아이언맨, 어벤져스, 엑스맨, 스타워즈 제다이와 한 가족이 되었는지 하나씩 살펴보자.

넷플릭스 기다려라!

디즈니+ 출격 완료

> 디즈니+에 절대적인 자신감을 느낍니다.
> 의심의 여지가 없습니다. 이것은 미디어의 미래예요.
> _로버트 밥 아이거, 디즈니 CEO

독주하는 넷플릭스와   2019년 11월 디즈니+가 론칭하며 넷플릭스가 독
디즈니+의 한판 승부   주하는 스트리밍 서비스 시장에 화려하게 등장한
다. 디즈니는 넷플릭스를 따라잡기 위해 3년 이상을 준비했다. 론칭 전 디
즈니는 방대한 콘텐츠 라이브러리의 계약을 정리해 모두 긁어모았다. 일부
국가에서는 디즈니 채널도 없애는 초강수를 두며 디즈니+로 콘텐츠를 집
중시켰다. 이에 더해 스타워즈 〈만달로리안〉 등 블록버스터 오리지널 콘텐
츠와 수십 편의 신규 마블 영화 라인업도 준비했다. 가입자 모객을 위해 미
국 1위 이동통신사 버라이즌(Verizon)과도 제휴를 맺었다. 글로벌에서는
폭스(FOX)를 인수하면서 확보한 인도 1위 OTT 핫스타(Hotstar)를 통합하
여 단숨에 4,000만 명의 가입자를 확보하고 '스타(Star)'라는 글로벌 전용

디즈니는 디즈니+와 훌루, ESPN+의 3개 OTT 라인업을 보유하고 있다.

브랜드도 준비했다.

3년간 준비하고 등장한 디즈니+는 막강했다. 넷플릭스가 13년이 걸려 모았던 가입자 1억 명을 불과 16개월 만에 모은다. 디즈니+에 스포츠 전문 OTT ESPN+, 미디어 기업의 연합 서비스 훌루, 글로벌 OTT 브랜드 스타를 더한 OTT 라인업을 갖춰 넷플릭스와는 다른 전략을 취하고 있다. 그리고 이 OTT 라인업은 불과 2년 만에 약 2억 명의 가입자를 확보하면서 넷플릭스의 독주를 저지할 강력한 경쟁자로 등장했다. 이런 디즈니의 OTT 전략은 무엇이고 넷플릭스와는 어떻게 다른지 하나하나 살펴보자.

디즈니의 OTT 라인업 전략 디즈니는 '디즈니+' 하나가 아닌 OTT 라인업 전략을 취하고 있다. 메인 서비스인 디즈니+, 스포츠의 ESPN+, 연합 OTT인 훌루, 글로벌 성인 타깃의 스타까지 네 개의 라인업으로 서비스한다. 이들 OTT 라인업을 이용해 시청 타깃과 지역, 장르별로 여러 OTT를 단독으로 또는 조합해 서비스한다.

대표 서비스인 디즈니+는 가족 시청자 타깃 서비스다. 수위가 높거나 폭력성이 높은 성인 취향 콘텐츠(adult friendly content, 19세 콘텐츠가 아닌 비가족용 콘텐츠를 의미함)의 경우, 미국에서는 '훌루'가 서비스하고 미국 외지역에서는 '스타'라는 브랜드에서 서비스한다. 스포츠의 경우, 스포츠 중계권 특성상 국가 단위 서비스가 가능해 미국 내에서는 ESPN+로 서비스하고 그 외 국가에서는 '핫스타' 또는 '스타'에서 서비스한다. 여러 OTT 서비스를 이용해 전 연령과 장르, 국가 맞춤형 서비스를 하고 이들 서비스를 묶은 번들 상품도 제공한다.

각 상품들을 자세히 살펴보면 디즈니+는 디즈니, 픽사, 마블, 스타워즈, 내셔널지오그래픽 같은 대표적인 디즈니 콘텐츠들을 서비스한다. 미국에서는 6.99달러로 시작했지만 지금은 7.99달러로 1달러 올랐다. 가족용 콘텐츠를 중심으로 서비스하고 있고 2019년 11월 미국, 캐나다, 네덜란드에서 론칭해 호주, 뉴질랜드, 영국 등 영어권 국가와 유럽 국가로 순차적으로

디즈니의 OTT 서비스 라인업

	주요 타깃 및 콘텐츠	서비스 형태	가격	가입자 수 (2021년 12월)
디즈니+	패밀리 콘텐츠 디즈니, 픽사, 마블, 스타워즈, NGC	SVOD TVOD	미국 $7.99 한국 9,900원	1억 2,980만 명
핫스타	인도 타깃 크리켓, 디즈니+	AVOD SVOD LIVE	슈퍼: 연 899RS (12달러) 프리미엄: 연 1,499RS (20달러)	
스타 · 스타+	성인용 콘텐츠 스포츠 중계	SVOD LIVE	유럽: 2유로	
훌루	성인 타깃 훌루 오리지널, ABC, FOX, NBC, 워너미디어 등	AVOD SVOD LIVE	$5.99 $11.99(광고 없음) Live TV $54.99 Live TV $60.99(광고 없음)	4,530만 명
ESPN+	스포츠 전문 MLB, NHL 등 스포츠 중계	SVOD	$4.99 $5.99	2,130만 명
번들	디즈니 + 훌루 + ESPN+		$13.99	

확대했다. 아시아에서는 2020년 8월 일본에서 가장 먼저 론칭했고 2021년 2월 싱가포르를 시작으로 대만, 한국, 홍콩에 순차적으로 론칭했다. 아시아와 함께 브라질, 아르헨티나 등의 중남미 국가에도 11월 대규모 론칭을 했다. 2022년에는 중동, 아프리카 국가들에 론칭할 계획이다.

디즈니+가 가지고 있지 못한 성인용 콘텐츠는 훌루에서 주로 서비스된다. 훌루는 디즈니, 타임워너, NBC유니버설, 뉴스코퍼레이션(21세기폭스 승계)가 합작해 설립한 서비스로, 디즈니가 67%의 지분을 가진 자회사다. 컴캐스트가 나머지 지분을 가지고 있지만 운영권은 디즈니가 가지고 있다. 미국의 주요 방송사의 라이브 채널과 TV 시리즈, 영화, 오리지널 콘텐츠를 서비스한다. 훌루 가입자는 약 4,530만 명이다. 미국에서는 디즈니+와 훌루, ESPN+를 번들링해 13.99달러에 제공하고 있다.

미국 외 국가에서는 '스타' 브랜드를 활용해 성인용 콘텐츠를 서비스하는데 유럽에서는 디즈니+에 '스타' 메뉴를 별도로 두어 추가 요금(2유로)을 지불하고 이용하는 방식이다. 인도에서는 인도 1등 OTT인 '핫스타'와 결합한 '디즈니+ 핫스타' 브랜드로 서비스한다. '디즈니+ 핫스타'는 인도의 국민 스포츠인 크리켓 스포츠 중계와 HBO 등 비(非)디즈니 콘텐츠까지 제공하고 요금 체계도 유료와 무료 서비스를 모두 제공한다. 광고 기반 무료

디즈니+ 서비스 현황

항목	세부 사항
요금	미국 $7.99, 한국 9,900원
주요 콘텐츠	디즈니 + 픽사 + 마블 + 스타워즈 + 내셔널지오그래픽 영화 및 TV 시리즈
주요 오리지널 콘텐츠	〈만달로리안(The Mandalorian)〉 〈완다비전(WandaVision)〉 〈팔콘과 윈터 솔져(The Falcon and the Winter Soldier)〉 〈로키(Loki)〉
가입자	1억 2,980만 명(2021년 4분기)

서비스는 크리켓 경기 중계 시 최대 3억 명이 시청할 정도로 인기가 많다.

동남아시아에서도 핫스타 브랜드를 론칭하고 있다. 2020년 9월 인도네시아를 시작으로 2021년 7월 말레이시아, 필리핀, 태국에 론칭했다. 중남미에서는 '스타+'라는 브랜드로 론칭했다. 남미에서 인기 스포츠인 축구를 중계해 타 지역과는 차별화된 서비스를 제공한다. 넷플릭스처럼 일원화되어 있지 않고 복잡하다. 하지만 '스타' 브랜드를 탄력적으로 활용해 넷플릭스가 커버하지 못하는 각 지역의 인기 스포츠 중계와 문화별, 권역별 콘텐츠를 서비스해 가입자의 니즈를 충족하고 저변을 확대하기 위한 전략으로 보인다.

대표적인 오리지널 콘텐츠는 스타워즈의 〈만달로리안〉, 마블의 〈완다비전〉, 〈팔콘과 윈터 솔져〉, 〈로키〉, 어린이용 애니메이션 〈몬스터 근무일지〉, 〈미키마우스의 멋진 대모험〉 등이다. 무엇보다 경쟁력 있는 마블과 스타워즈의 블록버스터 영화들이 두세 달 간격으로 업데이트되는 게 강점이다. 또 극장 개봉 영화는 PPV 형태로 29.99달러에 서비스하고 일정 기간 경과 후 디즈니+에 SVOD로 독점 서비스된다.

한국에서는 LGU+, KT와 제휴해 통신사 유통망을 이용해 빠르게 진출했다. 넷플릭스가 13년이 걸려 달성한 1억 가입자를 무려 16개월 만에 돌

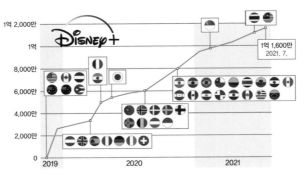

디즈니+ 글로벌 론칭과 가입자 증가 추이

출처: 스태티스타

파한 데는 초기 미국 1위 이동통신 사업자인 버라이즌과의 제휴가 큰 역할을 했다. 디즈니+는 버라이즌의 무제한 요금 가입자에게 12개월 이용권을 제공해 3,000만 가입자를 단기에 확보했고 그 외 국가들에서도 통신사와 제휴를 맺어 빠르게 가입자를 늘렸다.

　단기적으로 한국을 포함한 아시아태평양 지역의 성장세가 높을 것으로 보고 있다. 디즈니+의 아시아태평양 지역 사업 분석 보고서에 의하면 아시아태평양 지역 가입자는 5,650만 명까지 증가할 것으로 예측된다. 3,690만 명(2021년 1분기)인 아시아태평양 지역 가입자는 분기당 450만 명씩 증가하고 있어 향후 1~2년 내 2,000만 명 이상 증가할 것으로 전망된다. 2021년 11월 대규모로 론칭한 아시아 지역과 함께 중남미 국가에서도 가입자가 크게 늘어 2022년에는 1억 5,000만 명까지 증가해 넷플릭스를 더욱 위협할 것으로 보인다.

디즈니+가 바꿀 미디어 비즈니스　디즈니에게 디즈니+는 단순한 콘텐츠 유통 창구가 아닌 D2C(Direct to Consumer)·디지털 트랜스포메이션(Digital Transformation, DT) 전략의 핵심이다. 디즈니는 콘텐츠 중심 기업으로 경쟁사인 컴캐스트, AT&T와 달리 유료 방송 플랫폼과 극장이 없어 디즈니 콘텐츠를 시청자들에게 직접 전달할 수 없다. 그러나 디즈니+를 통해 유료 방송 또는 극장을 거치지 않고 시청자들을 직접 만날 수 있게 된 것이다.

　콘텐츠 사업자는 시청자와 접점을 가진 유료 방송사 또는 극장 체인들과 수익 배분, 서비스 시기, 방식 등을 두고 늘 어려운 협상을 한다. 넷플릭스가 서비스와 관련된 모든 것을 직접 정할 수 있는 데 반해 디즈니에게는 서비스와 관련된 직접 결정권이 없다. 예를 들면 디즈니가 애니메이션 영화를 방학 시즌에 맞춰 7월에 1,000개 극장에서 개봉하고 싶어도 경쟁 스튜디오도 성수기에 맞춰 대작 콘텐츠를 내놓기 때문에 AMC와 같은 영화관 체인과 협상을 통해 수익률을 조정하거나 개봉관 수, 개봉 시기를 조정해야 한다. TV 부문에서는 경쟁사인 컴캐스트와 ABC 등 채널의 채널 사용료 협상을 해야 한다. 콘텐츠 왕국도 콘텐츠의 유통 전략을 제3자에 의존할 수밖에 없고, 시청자들이 지불하는 요금의 50~60%밖에 배분받지 못하는 구조적인 문제를 OTT를 통해 해결할 수 있게 된 것이다.

실제 디즈니는 2020년 애니메이션 영화 〈뮬란〉 개봉 당시 코로나19로 개봉을 계속 연기하는 극장 체인들에 끌려다닐 수밖에 없었다. 결국 디즈니는 미국에서 극장 개봉을 포기하고 디즈니+에서 29.99달러에 유료 서비스를 했다. 〈블랙 위도우〉도 극장 개봉 일주일 후 디즈니+에서 서비스했다.(물론 이로 인해 주연 배우인 스칼렛 요한슨으로부터 소송을 당하기도 했다.) TV 시리즈도 TV 채널을 통해 방송할지 디즈니+에서 서비스할지 디즈니가 결정할 수 있게 됐다.

물론 아직 수익을 내지 못하는 OTT가 가장 큰 수익원인 광고 매출을 훼손할 수 있기 때문에 단기간에 디즈니가 넷플릭스처럼 'OTT only'로 급격하게 전환하지는 않을 것이다. 하지만 디즈니는 시청자와 직접 만날 수 있는 D2C 창구를 마련함으로써 유료 방송 및 극장 사업자들에 대한 높은 협상력을 확보하게 됐다. 이런 구도의 변화는 미디어 비즈니스 전반에 큰 영향을 미치게 될 것이다. 이는 한국도 예외가 아니다.

한국에 공들이는 디즈니+, 복잡해질 역학 관계　　디즈니는 아시아태평양 시장 중 콘텐츠 시장 규모가 큰 일본과 한국 콘텐츠 수급에 공을 들이고 있다. 디즈니+는 출시 이전부터 스튜디오앤뉴와 향후 5년간 매년 한 편 이상의 작품을 제공하는 장기 파트너십 계약을 체결했다. 웹툰 원작의 드라마 〈무빙〉과 강다니엘 주연의 〈너와 나의 경찰수업〉, JTBC 〈설강화〉 등 여러 편의 오리지널 콘텐츠가 동시다발적으로 제작되고 있다.

디즈니+의 국내 진출 후 국내 콘텐츠 시장은 큰 변화가 예상된다. 디즈니+는 실시간 방송을 제외한 모든 VOD 서비스 권리를 디즈니+가 독점하는 형태로 콘텐츠를 수급한다. 반면 넷플릭스는 글로벌 권리를 10년간 독점하지만 국내에서는 기존 유통 창구는 비독점으로 허용한다. 그래서 넷플릭스에 공급된 국내 방송사의 드라마는 넷플릭스와 함께 모든 IPTV를 포함한 TV VOD 서비스와 티빙, 네이버 등에서 서비스된다. 반면 디즈니+는 드라마를 공급하는 방송사의 실시간 방송을 제외한 나머지 모든 VOD 서비스를 허용하지 않는다. 대신 더 높은 콘텐츠 판권료를 지불한다. 디즈니+에 콘텐츠를 제공하면 적절한 수익률이 보장되고 리스크가 없기 때문에 상당히 매력적인 조건이다. 방송사와 외주 제작사들은 넷플릭스와 디즈니+를 두고 매우 깊은 고민에 빠질 수밖에 없을 것이다.

이런 디즈니+의 콘텐츠 수급 방식은 국내 콘텐츠 산업에 큰 갈등과 분쟁을 불러올 것이 자명하다. 방송사가 유료 방송사에는 콘텐츠를 제공하지 않고 디즈니+에만 제공할 경우 TV 플랫폼들은 크게 반발할 수밖에 없다. 방송사는 가장 많은 콘텐츠 유통 수익(채널 사용료와 VOD 수익 합산)을

넷플릭스와 디즈니+ 국내 서비스 허용 여부(JTBC 〈설강화〉 사례)

		넷플릭스	디즈니+
TV	실시간 방송	○	○
	TV VOD	○	×
OTT	티빙 · 웨이브	○	×
	네이버(PPV only)	○	×
	왓챠플레이	×	×
	쿠팡플레이	×	×

제공하는 유료 방송사와의 관계가 불편해질 수밖에 없고 여러 협상에서 난감한 처지에 처하게 될 가능성이 크다. 넷플릭스가 유료 방송을 잠식했다면 디즈니+는 유료 방송을 파괴할 수도 있기 때문에 유료 방송의 긴장도는 더 높아질 것이다. 디즈니+의 국내 진출로 시청자 편익은 증가하겠지만 기존 미디어 산업의 거래 관행과 질서에 큰 변화를 가져와 방송사-유료 방송-OTT 간의 역학 관계는 더욱 복잡해질 것이다. 디즈니+ 진출 이후 한국 미디어 산업이 어떻게 변화 또는 진화할지도 중요한 관전 포인트다.

망해 가는 디즈니는 왜 ABC를 인수했나?

지상파 방송 ABC 인수

> '1+1'이 4가 되는 시너지 효과를 기대한다.
>
> _마이클 아이스너, 디즈니 CEO

20조 원이 넘는 역사적 합병이 불과 열흘 만에 이뤄졌다고? 1995년 2월 디즈니가 미국 3대 지상파 방송사인 ABC를 인수한다고 발표한다. 인수가는 무려 190억 달러(약 22조 원)로 당시 역대 두 번째로 큰 규모의 인수합병이다. 미국을 대표하는 두 미디어 기업의 합병이라는 점과 합병 규모 못지않게 관심을 끈 것은 이런 대규모 합병 협상이 1995년 2월 1일부터 10일까지 불과 단 열흘 만에 이루어졌다는 사실이다. ABC 인수를 계기로 디즈니는 오랜 침체에서 벗어나 다시 성장 궤도에 복귀하고 글로벌 미디어 기업으로 성장하기 시작한다. 20조 원이 넘는 이 역사적 합병이 이루어진 열흘간 무슨 일이 있었던 것일까?

잘 알려진 것처럼 디즈니는 1923년 월트 디즈니 형제가 설립한 애니메

이션 영화 제작사로, '미키마우스'로 유명해졌다. 그 후 애니메이션과 영화의 인기를 바탕으로 디즈니랜드라는 테마파크 사업을 확장해 나갔다. 하지만 1970년대 후반부터 애니메이션과 영화들이 잇따라 흥행에 실패하면서 디즈니는 경영난에 빠진다. 디즈니의 박스오피스 점유율은 1979년 4%까지 추락해 대형 영화 제작사 중 꼴찌로 전락했고 캘리포니아 디즈니랜드 입장객 수도 절반으로 줄어든다. 설상가상으로 지상파 방송사 CBS가 디즈니 프로그램의 방송을 중단하면서 디즈니는 한물간 브랜드로 전락한다. 당시 디즈니에 대한 평가는 냉혹했다. 디즈니는 테마파크를 운영하면서 실속 없는 만화 영화나 만드는 그저 그런 기업이라는 평가를 받았고 당연히 주가도 약 70%나 하락하며 큰 위기를 맞는다.

　디즈니는 위기를 타개하기 위해 파라마운트 픽처스 CEO인 마이클 아이스너(Michael Eisner)를 CEO로 영입한다. 마이클 아이스너는 먼저 5년 중장기 계획을 세우고 창의적인 인재가 일할 수 있는 환경을 만들기 위해 노력한다. 동시에 제프리 카젠버그(Jeffrey Katzenberg)[5] 같은 인재를 영입해 〈미녀와 야수〉, 〈라이온 킹〉, 〈인어공주〉 등의 히트작을 만들어 내며 다시 전성기를 맞는다. 마이클 아이스너는 창의적인 인재 영입과 함께 적극적인 M&A도 추진한다.

마이클 아이스너는 케이블 채널이 늘어나며 미디어 산업의 중심축이 방송으로 전환되고 있다고 봤다. 중심축의 변화에 따라 애니메이션과 영화 매출은 감소할 수밖에 없어 단순히 더 좋은 콘텐츠를 만드는 것만으로는 문제를 해결할 수 없다고 판단한다. 미디어의 미래는 결국 영화관이 아닌 '홈 엔터테인먼트'에 있다고 판단한 마이클 아이스너는 영화, 애니메이션, 캐릭터, 테마파크와 시너지를 창출할 수 있는 방송 사업 진출을 추진한다.

마이클 아이스너는 ABC 인수에 앞서 1994년 GE가 보유하고 있는 NBC 인수를 추진한다. 하지만 GE가 51%의 지분 유지를 주장해 딜은 성사되지 못한다. 그리고 오랜 기간 우호적 관계를 맺어 오던 ABC 인수합병에 나선다. ABC는 1953년 디즈니의 오랜 숙원 사업이었던 디즈니랜드를 완공할 수 있도록 디즈니의 주식을 매수한 뒤 디즈니가 재무적으로 안정될 때까지 보유해 줘 큰 도움을 줬다. 또 1955년에는 디즈니의 첫 텔레비전 시리즈인 〈미키마우스 클럽〉을 ABC에서 방송했다. 디즈니의 새로운 시리즈가 ABC에서 방송되고 디즈니랜드의 광고는 주로 ABC에서 집행되는 식의 교차 프로모션을 할 정도로 두 회사는 상호 우호적 관계를 오랫동안 이어 왔다. 두 회사의 이렇게 우호적인 관계가 단 10일 만에 190억 달러라는 역사상 두 번째 규모의 인수합병을 가능하게 한 것이다.

워런 버핏이 ABC 인수에 투자했다고? 한편 ABC는 1985년 캐피털 시티즈 커뮤니케이션스(Capital Cities Communications, 이하 캐피털 시티즈)라는 회사에 인수된다. 당시 거대 지상파 방송사인 ABC가 매출 규모가 10분의 1밖에 안 되는 회사에 인수되자 어떻게 이런 일이 일어난 건지 시장은 크게 놀란다. 당시 ABC는 기업 사냥꾼들의 공격을 받고 있었는데 ABC는 캐피털 시티즈의 톰 머피에게 ABC의 합병을 요청했고,

캐피털 시티즈는 워런 버핏의 지원을 받아 ABC를 인수한다. 캐피털 시티즈는 뉴욕주 올버니에서 작은 TV 방송국으로 시작해 회사들을 인수합병하며 성장한 회사인데, 창업주의 친구인 워런 버핏에게 35억 달러를 투자 지원금으로 ABC를 인수한 것이다. 이 때문에 워런 버핏은 캐피털 시티즈의 이사로 간접적으로 ABC의 경영에 참여하기도 했다. 캐피털 시티즈의 인수 후 ABC는 안정을 찾고 ESPN까지 급성장해 10년 만에 155억 달러라는 큰 수익을 내고 ABC를 디즈니에 넘긴다.

디즈니와 ABC와 같은 거대 미디어 기업 간의 합병은 정부의 까다로운 합병 심사를 받기 마련이지만, 때를 잘 만난 두 회사의 합병은 일사천리로 진행된다. 원래 방송 산업은 허가 산업인데, 1996년 전기통신법 개정이 미국 방송 산업의 전환점이 됐다. 이 개정안을 발표하기 직전은 미국 역사상 방송 관련 규제가 거의 무장 해제당한 시기였다. 1995년 외국 방송 기업과의 경쟁에서 국내 방송사의 경쟁력을 강화하기 위해 만든 재정 이익 규칙(FIN-Syn Rule)[6]이 폐기됐고 1996년에는 주시청 시간대 의무 편성 규제(PTAR, Prime Time Access Rule)[7]도 폐기됐다. 두 규제가 있었으면 합병은 물론 합병 시너지도 상당 부분 제약됐을 텐데 두 규제가 폐기됨으로써 양사의 합병은 쉽게 진행됐다.

M&A 역사상 '신의 한 수'라고 평가받는 이유는? ABC를 인수한 디즈니는 기존의 크리에이티브 콘텐츠, 방송, 공원·리조트(Parks and Resort)의 3개 사업 부문을 미디어 네트워크, 스튜디오 엔터테인먼트, 소비자 상품, 공원·리조트의 4개 사업 부문으로 확장 개편한다. 포트폴리오 다양화와 함께 ABC 중심의 미디어 네트워크 부문은 디즈니의 새로운 성장 동력이 된다. 인수 당시 4억 달러였던 미디어 부문의 매출은 다음 해

디즈니 사업부문별 포트폴리오

65억 달러로 약 14배나 증가해 합병 성과가 바로 나타난다.

전략적 성과도 컸다. 첫 번째 성과는 디즈니의 콘텐츠와 ABC 네트워크 유통망의 결합으로 인한 시너지다. 디즈니는 많은 애니메이션과 영화 콘텐츠를 보유하고 있었지만 이 콘텐츠를 배포할 유통 채널은 디즈니 채널밖에 없었다. 제한된 유통 채널로 인해 영화와 만화 영화는 흥행에 따라 변동성이 컸고 글로벌 유통도 쉽지 않았다. 그런데 ABC 인수를 통해 지상파와 케이블 양쪽의 유통 창구가 크게 확대되었고 제작과 유통의 결합을 통해 비용 절감, 효율 증가라는 수직 결합의 효과를 얻었다. ABC도 디즈니의 제작 스튜디오를 이용해 지상파 방송사 중 자체 제작 비율이 가장 높아졌다. 또 디즈니의 애니메이션, 영화, 드라마를 낮은 비용으로 제작 및 확보함으로써 경쟁력과 수익성의 두 마리 토끼를 잡는다.

두 번째는 글로벌 진출의 확대다. 디즈니 애니메이션과 영화의 해외 진출은 흥행 여부에 따라 변동성이 컸고 직접 배급이 아닌 라이선싱 방식으로 이루어졌다. 디즈니만으로는 규모가 작아 직접 글로벌 시장에 진출하지 못했던 것이다. 그런데 ABC의 TV 시리즈와 스포츠 콘텐츠까지 더해지자 디즈니는 충분한 물량을 기반으로 독자적인 글로벌 진출이 가능해졌다. 디즈니랜드도 도쿄, 파리, 상하이 등 글로벌 시장으로 동반 진출하며 시너지는 극대화된다.

세 번째는 광고 매력도 상승에 따른 수익성 개선이다. 디즈니와 ABC는 거의 전 분야를 아우르는 콘텐츠 라인업을 갖추게 됨으로써 광고 매력도가 크게 높아진다. 디즈니 콘텐츠만으로도 광고주들이 선호하는 타깃 라인업 구성이 가능해져 어떤 광고주에도 대응할 수 있는 규모의 경제를 갖추게 된다. 다양한 콘텐츠 라인업과 유통 구조의 선순환으로 수익 구조는 좋아지고 비용은 절감되자 자연스럽게 매출도 급성장한다.

1997년부터 2010년까지의 실적을 보면, 미디어 네트워크 부문의 성장세가 가장 돋보인다. 미디어 네트워크 부문은 한 해도 성장을 멈추지 않고 급성장한다. 2010년 기준 미디어 네트워크 부문의 매출은 177억 달러, 점유율은 45%로 명실상부한 디즈니의 주력 부문이다. 반면 기존 1위 사업 부문이었던 스튜디오 엔터테인먼트 부문은 등락을 거듭하며 1997년 7억 달러에서 2010년 6.7억 달러로 오히려 역성장한다. 디즈니가 ABC와 합병

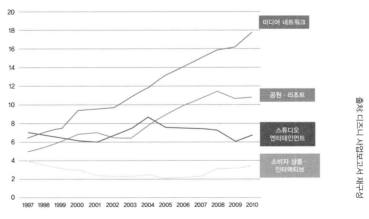

출처: 디즈니 사업보고서 재구성

디즈니 4개 사업 부문 매출 증가 추이(1997~2010). 인수한 ABC가 중심이 된 미디어 네트워크 부분은 20년간 급성장해 디즈니의 핵심 부문이 되었다.

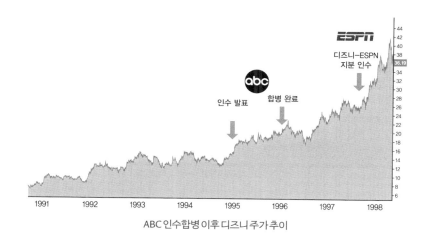

ABC 인수합병 이후 디즈니 주가 추이

하지 못했다면 디즈니의 침몰은 가속화됐을 것이다.

주가도 ABC 인수 발표 이후부터 꾸준히 올라 1년 만에 2배나 올랐고 1998년 ESPN의 잔여 지분 인수 후에는 주가는 더 고공 행진한다. 디즈니의 ABC 인수는 그 자체로도 큰 성공이지만, 미디어 산업 전반에도 큰 영향을 미친다. 이후 전자 제품 회사인 웨스팅하우스사가 지상파 방송 CBS를 인수하고, 타임워너가 CNN의 모회사인 터너 브로드캐스팅(Turner Broadcasting)을 인수하는 등 1990년대 후반 벌어진 대규모 미디어 산업 재편에 큰 영향을 미쳤다.

스티브 잡스가
디즈니 애니메이션을 살렸다고?

픽사 인수

> 과거에 집중해서는 안 됩니다. 애니메이션과 관련해 과거의 잘못된
> 의사 결정과 이미 출시된 실망스러운 작품들에 대해 지금 우리가 할 수
> 있는 것은 아무것도 없습니다. 그러나 미래를 변화시키기 위해서라면
> 할 수 있는 일이 무궁무진합니다. 그런 일을 지금 당장 시작해야만 합니다.
>
> _로버트 밥 아이거, 디즈니 CEO

스티브 잡스가 디즈니의   디즈니는 2006년 1월 스티브 잡스의 애
개인 최대 주주가 된 사연은?   니메이션 스튜디오 픽사(Pixar)를 74억
달러에 인수한다고 발표한다. 그런데 흥미로운 점은 인수 대금 지불이 주
식 교환 방식으로 이루어져, 당시 픽사의 지분 50.1%를 보유하고 있던 스
티브 잡스가 디즈니 주식 7%를 받게 돼 디즈니의 개인 최대 주주가 된 것
이다. 스티브 잡스는 개인 최대 주주뿐만 아니라 디즈니 이사회 멤버가 돼 이
사회 운영에도 참여하게 된다. 스티브 잡스가 디즈니와 한 가족이 된 것이다.

     스티브 잡스뿐만 아니라 인수된 회사인 픽사의 사장 에드 캣멀(Ed
Catmull)이 디즈니-픽사 애니메이션 스튜디오의 사장으로 선임된다. 84년
의 역사와 전통을 자랑하는 디즈니 애니메이션의 선장이 피인수사의 사장

으로 바뀌었다는 소식에 업계가 크게 놀란다. 디즈니가 픽사를 인수하는
데 무슨 일이 있었던 것일까?

밥 아이거, 디즈니를 부활시키다

픽사 인수를 살펴보기 전에 인수를 주도한 CEO 밥 아이거에 주목할 필요가 있다. 전임 CEO 마이클 아이스너가 ABC 인수를 통해 디즈니를 회생시켰다면, 후임 CEO인 로버트 밥 아이거(Robert Bob Iger)는 픽사, 마블 스튜디오, 루카스필름으로 이어지는 3건의 M&A를 통해 디즈니를 콘텐츠 왕국으로 부활시킨다. 그중 첫 번째인 픽사 인수는 인수 자체의 성공과 함께 거대 미디어 기업에서 이상적이지만 실현되기 힘든, 독립 경영의 성공 사례로 이후 마블 스튜디오와 루카스필름으로 이어지는 M&A의 시금석(touchstone)이 된다.

ABC 인수 이후 마이클 아이스너는 디즈니의 기존 사업 부문인 스튜디오와 테마파크, 리조트의 운영을 맡고, ABC 출신의 밥 아이거는 미디어 네트워크와 소비자 상품, 월드디즈니 인터내셔널 부문을 맡아 운영한다. 밥 아이거는 자서전《디즈니만이 하는 것(The ride of a lifetime)》에서 당시 미디어 및 엔터테인먼트 분야에서 대대적인 지각 변동이 일어나고 있음을 느꼈다고 밝힌다. 애플이 아이팟을 들고 나와 '훔쳐라, 섞어라, 구워라(Rip, Mix, Burn)' 캠페인을 하면서 저작권법을 무력화시키며 음악과 미디어 산업을 뒤흔들고 있었다. 이런 변화가 곧 TV와 영화 산업을 위협하리라는 예측은 자명했다. 밥 아이거는 당시의 미디어 기업들의 대응에 대해 "전통 미디어 기업들이 급변하는 세상에서 자신의 위치를 알아내려고 노력하면서도 용기를 내기보다 두려움에 휩싸여 있었고 상전벽해와 같은 변화의 소용돌이 속에서 생존 가능성이 전혀 없는 기존 모델을 보호하는 데 고집스럽게 매달리고 있다."라고 평했다. 애니메이션 왕국이던 디즈니도 다를 바 없었다.

**픽사가 디즈니랜드
퍼레이드를 독차지했다고?** 당시 스티브 잡스가 CEO를 맡고 있던 픽사
는 〈토이 스토리〉, 〈벅스 라이프〉, 〈몬스터
주식회사〉를 연달아 성공시키며 쇠락하는 디즈니 애니메이션의 자리를 대
체해 나가고 있었다. 디즈니 애니메이션은 1994년 〈라이온 킹〉의 대성공
이후 이렇다 할 히트작을 만들어 내지 못하고 있었다. 반면 1995년부터 디
즈니와 협업을 시작한 픽사는 〈토이 스토리〉 이후 〈벅스 라이프〉(1998),
〈토이 스토리 2〉(1999), 〈몬스터 주식회사〉(2001), 〈니모를 찾아
서〉(2003), 〈인크레더블〉(2004) 등 연이어 흥행작들을 만들어 내며 디즈니
보다 더 사랑받는 브랜드로 성장했다. 게다가 기술적으로도 훨씬 앞서가고
있었다. 픽사의 성공으로 디즈니랜드의 상징인 캐릭터 퍼레이드에서도 픽
사 작품의 캐릭터들이 앞자리를 차지하게 된다. 디즈니 캐릭터는 90년대
이전에 만들어진 애니메이션 캐릭터들이었다. 디즈니 애니메이션은 살아
날 기미가 없이 실패를 거듭하고 있었다.

이런 상황에 2001년 9·11 테러가 터진다. 관광 산업이 직격탄을 맞으
며 디즈니랜드의 매출 비중이 큰 디즈니의 주가도 폭락해 며칠 만에 시가총
액의 4분의 1이 사라진다. 주주들의 마진콜로 인해 주가는 한 차례 더 급락
해 2000년 4월 43달러였던 주가는 15달러까지 폭락한다. 경영이 악화되
자 디즈니 내부는 책임 논쟁의 블랙홀에 휘말린다. 특히 로이 디즈니 등 이
사회 멤버와 경영진인 마이클 아이스너 간에 불화가 격화되면서 서로를 내
보내기 위한 이전투구가 벌어진다.(PART 4 '04 디즈니가 컴캐스트에 먹힐 뻔했
다고?' 참조) 일부 이사진은 컴캐스트와 손잡고 디즈니 매각까지 시도한다.
실제 컴캐스트가 적대적 합병을 공개적으로 선언하고 나선다. 디즈니는 절
체절명의 위기에 처한다. 극단의 위기와 내분 속에 디즈니 이사회는 마이클
아이스너를 내보내고 밥 아이거를 새로운 CEO로 선임한다.

밥 아이거는 디즈니를 살리기 위해 3대 핵심 원칙을 세우고 실행한다.

3대 원칙은 다음과 같다. 첫째는 고품질의 브랜드 콘텐츠를 만드는 데 회사의 시간과 자본을 집중 투자해야 한다. 둘째, 최대한의 신기술 수용이다. 셋째, 진정한 글로벌 기업으로의 변모다. 첫 번째 원칙인 고품질 브랜드 콘텐츠 확보를 위한 첫 시도가 바로 픽사 인수다.

췌장암이 재발한 스티브 잡스의 선택은? 오랜 기간 픽사와 디즈니는 계약을 맺고 공동 작업을 해 왔다. 시나리오 개발 등의 제작 과정은 픽사가 담당하고 디즈니가 배급과 홍보를 담당하고 있었다. 〈토이 스토리〉등 많은 작품이 성공했지만 후속작의 공동 작업을 논의하는 과정에서 디즈니의 마이클 아이스너와 픽사의 스티브 잡스의 관계는 최악으로 악화돼, 계약서상으로만 존재하고 있었다. CEO가 교체되자 밥 아이거는 최근 10년간 디즈니에서 흥행시킨 애니메이션과 캐릭터가 전무한 상황을 파악하고는 자체 회생은 거의 불가능하다고 판단하고 픽사의 인수를 검토한다. 픽사를 직접 방문해 픽사 경영진, 직원들과 만나 픽사의 기술력과 라인업을 확인하고 픽사에 매료돼 인수에 확신을 갖는다. 동시에 픽사를 인수하지 못하면 디즈니는 픽사와의 경쟁에서 밀려 도태될 수밖에 없다는 위기감을 느낀다.

디즈니가 픽사를 인수하는 데 큰 역할을 한 것은 밥 아이거와 스티브 잡스의 개인적인 친분이다. 괴팍하고 고집불통인 성격으로 알려진 스티브 잡스가 애플에서 쫓겨나 맨손으로 성공시킨 픽사를 디즈니에 쉽게 매각할 가능성은 거의 없었다. 게다가 픽사는 〈토이 스토리〉 등의 연이은 성공으로 승승장구하고 있었다. 디즈니와 장기 계약에 묶여 있었지만 이제 디즈니 도움 없이도 충분히 독자 생존할 수 있었다. 게다가 스티브 잡스와 마이클 아이스너 간의 관계는 서로에 대한 불신과 반감으로 최악이었다.

하지만 마이클 아이스너가 물러난 이후 디즈니의 수장이 된 밥 아이거와 스티브 잡스의 개인적 친분을 바탕으로 애플 비디오팟과 디즈니의 제휴가 이루어졌고 디즈니와 픽사의 인수 논의도 시작될 수 있었다. 스티브 잡스는 픽사의 두 경영자가 동의하면 인수 논의를 할 수 있다는 입장이어서, 예상과 달리 쉽게 인수 논의가 시작된다. 밥 아이거는 픽사의 두 경영자인 존 래시터와 에드 캣멀이 픽사를 독자 경영하면서 디즈니 애니메이션을 살려달라고 요청했다. 20년 전 디즈니에서 일한 적이 있던 존 래시터는 전 세계 대표 애니메이션 브랜드인 디즈니를 이끌 수 있다는 점에 매료되었고, 이에 합병 논의는 급물살을 탄다. 74억 달러의 인수가와 픽사의 독자 경영을 보장하는 '사회 계약'을 포함한 합의안이 도출된다.

문제는 디즈니다. 디즈니 이사회는 강하게 반발한다. 디즈니라는 역사와 전통의 애니메이션 회사가 자체 회생을 포기하고 픽사를 인수한다는 데 감정적인 반발이 컸다. 전임 CEO인 마이클 아이스너도 공개적으로 반대하며 여론 몰이에 나선다. 하지만 이제 막 선출된 CEO가 추진하는 첫 전략을 반대할 수 없어 논의 진행을 허락한다. 밥 아이거는 우여곡절 끝에 이사회를 설득해 인수 승인을 받아 낸다. 그런데 합병의 공식 발표 행사 30분 전 스티브 잡스는 밥 아이거에게 췌장암 재발 사실을 밝히고 합병을 철회해도 된다고 말한다. 밥 아이거는 스티브 잡스 변수에도 불구하고 픽사 인수를 밀어붙인다.

픽사는 어떻게 디즈니를 살려 냈을까? 디즈니는 디즈니 애니메이션의 부활을 위해 내부에서 답을 찾는 대신 가장 잘할 수 있는 파트너인 픽사에서 답을 찾았다. 그리고 그 결과는 대성공이었다. 픽사 인수의 성과는 재무적 성과와 전략적 성과라는 두 가지 측면에서 살펴볼 수 있다.

픽사를 인수한 것은 디즈니지만 디즈니 애니메이션을 부활시킨 것은 픽사다.

먼저 재무적인 측면에서 보면 9·11 테러 이후 위기에 처한 디즈니를 구해 낸 1등 공신은 픽사라고 해도 과언이 아니다. 인수 후 개봉한 〈라따뚜이〉와 〈월-E〉 모두 5억 달러가 넘는 수익을 올린다. 〈토이 스토리 3〉도 전작들의 성공을 이어 10억 달러가 넘는 대성공을 거둔다. 〈라따뚜이〉, 〈월-E〉, 〈업〉, 〈메리다와 마법의 숲〉 같은 작품들도 모두 흥행에 성공하고 아카데 미 애니메이션 작품상까지 받는 성과를 거둔다. 픽사의 애니메이션 영화는 대부분 흥행과 작품성, 두 마리 토끼를 모두 잡았다.

디즈니 역대 최대 수익 작품 중 5편이 픽사 작품일 정도로 픽사의 성공 은 눈부시다. 픽사는 자체적인 성공만 거둔 것이 아니라 디즈니 애니메이 션도 부활시킨다. 픽사의 우수한 인력들이 디즈니 애니메이션을 부활시킨 것이다. 2013년 개봉한 〈겨울왕국〉이 대표적인 작품으로 1994년 〈라이온 킹〉 이후 20년 만에 디즈니는 다시 애니메이션 왕좌에 오른다. 픽사의 진 보한 기술력이 디즈니의 스토리와 만나 〈겨울왕국 1, 2〉, 〈주토피아〉라는 메가 히트작을 연달아 탄생시켰다. 2019년에는 〈라이온 킹〉 실사판이라 는 픽사 기술의 결정판을 보여 줬다. 디즈니 인수 이후 픽사는 애니메이션 영화만으로 약 100억 달러의 수익을 기록하고 있다. 역대 애니메이션 영화 흥행 Top 10에서 8편이 디즈니 작품인데, 그중 픽사의 작품이 절반이다.

픽사 애니메이션 영화 흥행 및 수상 실적

작품명	연도	글로벌 흥행수익($)	아카데미상
라따뚜이	2007	6.2억	애니메이션작품상
월-E	2008	5.2억	애니메이션작품상
업	2009	7.3억	애니메이션작품상 음악상
토이 스토리 3	2010	10.6억	애니메이션작품상 주제가상
메리다와 마법의 숲	2012	5.3억	애니메이션작품상
몬스터 대학교	2013	7.4억	
인사이드 아웃	2015	7.4억	애니메이션작품상
굿 다이노	2015	3.3억	
도리를 찾아서	2016	10.3억	

출처: 더넘버스닷컴(the-numbers.com)

이 숫자들만으로도 M&A의 성공 여부에 대한 평가는 충분하다.

디즈니와 애플,   2005년 10월 애플이 비디오 아이팟을 발표하는 무대에
동맹의 시작   밥 아이거와 스티브 잡스가 나란히 무대에 섰다. 밥 아이
거는 〈위기의 주부들〉, 〈로스트〉, 〈그레이 아나토미〉 등 당시 가장 인기 있
던 디즈니 프로그램 5편을 아이튠즈를 통해 다운로드할 수 있고 비디오 아
이팟에서 시청할 수 있다고 발표한다. 디즈니는 미국 최초로 애플의 아이튠
즈에 영화와 ABC TV 시리즈를 제공한다. 마이클 아이스너 시절 디즈니는
애플의 디지털 음악 서비스를 맹비난했고, 디지털 유통에 대해 매우 보수적
인 저작권 정책을 가지고 있었다. 그런데 디즈니가 가장 먼저 나서 디지털
콘텐츠 유통을 하며 기존의 아날로그 미디어 기업에서 디지털 미디어 기업
으로 새롭게 포지셔닝한 것이다. 디지털 플랫폼에 콘텐츠를 공급하는 것에

글로벌 애니메이션 역대 흥행 순위

순위	연도	영화명	수익($)	제작사
1	2019	겨울왕국 2	14억	디즈니
2	2013	겨울왕국	12.6억	디즈니
3	2018	인크레더블 2	12.4억	픽사
4	2015	미니언스	11.5억	유니버설
5	2019	토이 스토리 4	10.7억	픽사
6	2010	토이 스토리 3	10.6억	픽사
7	2017	슈퍼배드 3	10.3억	유니버설
8	2016	도리를 찾아서	10.2억	픽사
9	2016	주토피아	10억	디즈니
10	1994	라이온 킹	9.8억	디즈니

출처: 더넘버스닷컴(the-numbers.com)

ABC 관계자들과 영화관들은 크게 항의하고 격렬하게 저항했다.

그러나 밥 아이거는 디지털에 폐쇄적으로 대응했다 실패한 음반 업계의 실수를 따르지 않겠다고 결심한다. 디즈니와 ABC 모두 본질적으로 방송 네트워크 사업이나 영화관 사업이 아닌 콘텐츠 사업을 하고 있고, 컴퓨터나 모바일 기기를 통해 시청하는 젊은 층에 다가가려면 디즈니도 ABC도 낡은 습관을 버려야 한다고 판단한다.

이런 디지털 정책의 대전환이 가능했던 데는 픽사와 스티브 잡스의 역할이 크다. 픽사의 인수로 디즈니의 이사회 멤버가 된 혁신 기업가 스티브 잡스가 디즈니의 경영에 참여해 가장 전통적인 기업을 기술 기반 기업으로 전환시키는 데 힘을 보탰다. 스티브 잡스가 이끄는 애플이라는 디지털 플랫폼은 디즈니의 경쟁사가 아닌 파트너이기 때문에, 디즈니는 신뢰를 기반으로 이 디지털 플랫폼에 진입할 수 있었다. 불법 다운로드가 범람해 디지털 기술을 탓하거나 경계하던 시기에, 애플과의 밀접한 관계 덕분에 디즈니는 디지털 유통 시장에 진입하고 디지털 콘텐츠 시장을 개척하는 퍼스트 무버(first mover)가 될 수 있었다. 애플도 디즈니와의 협력을 통해 디지털 콘텐츠 유통 플랫폼이 조기에 시장에 안착하는 상호 윈-윈의 성과를 거둔다.(김종하, 2009)

디즈니의 디지털 진출 이후 대형 스튜디오들도 앞다퉈 아이튠즈에 콘텐츠를 공급하기 시작한다. 디즈니가 디지털 유통을 시작한 첫해 수익은 4,400만 달러로 매출의 1%에 불과했지만 다음 해인 2006년 아이튠즈 매출은 1억 2,200만 달러로 3배나 증가하며 디즈니 콘텐츠 매출의 3%까지 늘어났다. 추가 비용 없이 매출이 증가하면서 디즈니의 수익성은 더 좋아졌다.

디즈니의 픽사 인수는 픽사 자체로도 성공적인 M&A다. 게다가 픽사의 인력과 기술력은 20년간 침체된 디즈니 애니메이션을 부활시켰고, 디즈니를 디지털 미디어 기업으로 전환시키기까지 했으니 전략적으로도 매우 성공한 M&A다. 픽사의 인수로 디즈니의 본업인 애니메이션이 회생하자 자연스럽게 테마파크 사업도 살아난다. 디즈니는 애니메이션, 테마파크, TV(미디어 네트워크)라는 세 개의 심장이 동시에 뛰기 시작하고 부활을 넘어 도약을 준비한다.

아이언맨이 어떻게 미키마우스와 한 가족이 됐을까?

마블 스튜디오 인수

> 디즈니가 지금의 마블을 인수해서
> 마블이 아닌 다른 무언가로 바꿔 놓는다면
> 이 세상에 그것만큼 어리석은 짓거리는 없을 겁니다.
>
> _로버트 밥 아이거, 디즈니 CEO

마블 인수가 M&A 역사상 가장 성공한 M&A로 평가받는 이유는?

부활에 성공한 디즈니가 도약을 위해 선택한 회사는 마블 스튜디오다. 디즈니는 2009년 8월 40억 달러에 마블 스튜디오를 인수한다고 발표한다. 미키마우스와 프린세스 시리즈와 같은 대표적인 가족 애니메이션 회사가 대표적인 폭력 히어로 캐릭터 중심의 마블을 인수한다는 발표에 업계는 물론 디즈니 팬들도 크게 놀라고 반발한다. 인수 소식에 디즈니 주가가 3%나 하락할 만큼 시장의 반응은 좋지 않았다. 하지만 지금은 디즈니의 마블 스튜디오 인수를 역사상 가장 성공한 M&A 중 하나로 꼽는다. 디즈니는 마블을 인수함으로써 5,000개가 넘는 마블 캐릭터와 마블 시네마틱 유니버스(MCU, Marvel Cinematic Universe)를 확보해 향후 10년 이상을 이어

갈 콘텐츠의 보고를 확보했다. 전혀 어울리지 않는 미키마우스, 백설공주와 아이언맨, 헐크가 어떻게 한 가족이 됐고 그 가족의 성과는 어땠을까?

디즈니와 마블 모두 반발한 합병　픽사 인수를 통해 디즈니 애니메이션을 부활시킨 디즈니는 위대한 브랜드 콘텐츠 확장의 다음 타깃을 마블 스튜디오와 루카스필름으로 정한다. 이 중 〈스타워즈〉의 아버지인 조지 루카스 감독이 대표로 있는 루카스필름 인수는 쉽지 않을 것으로 판단하고 마블 스튜디오를 먼저 시도한다. 디즈니의 첫 번째 성장 전략인 고품질 브랜드 콘텐츠의 양을 늘리는 데는 5,000개의 IP를 가진 마블만 한 회사가 없기 때문이다. 이미 경쟁력이 입증된 수많은 강력한 캐릭터와 스토리들은 디즈니의 고품질 콘텐츠 라인업을 크게 확장하고, 영화, TV 프로그램, 디즈니랜드, 소비자 상품으로 이어지는 디즈니의 사업 포트폴리오와 연결돼 무한 시너지를 낼 수 있다.

　하지만 미키마우스, 백설공주 등 디즈니 캐릭터와 아이언맨, 헐크 등 마블 히어로 캐릭터는 누가 보기에도 어색한 조합이다. 당시 마블 CEO 아이크 펄머터(Ike Pulmutter)는 이스라엘 군인 출신의 은둔형 경영자로 언론에도, 공식 석상에도 자신을 드러내지 않았다. 그가 스스로 키워 낸 마블 스튜디오를 넘길 리 만무했고 이미 〈아이언맨〉, 〈엑스맨〉 시리즈는 최고의 흥행 성적을 거두고 있었다. 마블은 핵심 캐릭터의 판권을 여러 영화사들에 팔아 동시다발적으로 흥행에 성공하고 있었다. 〈스파이더맨〉은 소니의 컬럼비아 픽처스에 매각했고, 〈인크레더블 헐크〉는 유니버설 픽처스가, 〈엑스맨〉 시리즈와 〈판타스틱 4〉는 20세기폭스가 소유권을 가지고 있었다. 〈아이언맨 2〉와 〈토르: 천둥의 신〉도 파라마운트 픽처스를 통한 배급이 확정되어 있었다.

이는 디즈니가 마블을 인수해도 모든 캐릭터를 확보할 수도 없고 각종 저작권과 지분 등을 정리하기 매우 어렵다는 말이다. 당장 디즈니 내부의 반발이 거셌다. 마블의 폭력적이고 전위적인 캐릭터와 스토리가 디즈니 브랜드를 손상시킬 것도 우려했다. 팬덤이 강한 마블 팬들도 디즈니가 마블을 인수해 디즈니화할 것이라며 강한 거부감을 드러냈다. 어느 누구도 상상하지 못했던 이 인수합병 건은 처음부터 쉽지 않았다.

디즈니가 마블 CEO 아이크 펄머터를 만나는 데에만 6개월이 걸렸다. 마블 캐릭터들만큼이나 강한 캐릭터를 가진 아이크 펄머터는 물론 마블 경영진과 직원들도 어려운 위기를 이기고 키워 낸 마블을 남에게 넘길 생각이 전혀 없었다. 밥 아이거는 마블의 독자 경영을 약속하며 설득한다. 더불어 스티브 잡스도 나서서 펄머터와 마블 경영진들을 설득한다. 3년 전 픽사를 매각하고 디즈니의 개인 최대 주주이자 이사회 멤버가 된 스티브 잡스는 디즈니의 픽사 인수 이후에 독립 경영에 대한 약속이 어떻게 지켜지고 있는지, 픽사의 제작 역량과 디즈니의 배급·홍보 역량이 결합하여 어떻게 성공하고 있는지 설명했다. 스티브 잡스라는 당시의 최고의 셀럽이 직접 연락하고 설득하자 마블의 걱정과 우려는 사라지고 마음을 열게 된다. 디즈니의 마블 스튜디오 인수는 일사천리로 진행된다. 그리고 마블은 LA(디즈니 본사)가 아닌 뉴욕에서 독립 스튜디오로 운영된다.

어울리지 않는 조합, 최고의 성과   디즈니가 마블을 인수한 이후 2010년부터 디즈니가 배급을 시작한 〈어벤져스〉, 〈아이언맨 3〉, 〈토르〉, 〈캡틴 아메리카: 윈터 솔져〉 등의 마블 작품들은 초대박 흥행 행진을 이어 간다. 2012년 개봉한 마블 히어로들의 연합 영화인 〈어벤져스〉는 15억 달러가 넘는 놀라운 흥행 실적을 거둔다. 다음 해 〈아이언맨 3〉도 12억 달러 수익을 거두며 글로벌 흥행작이라고 하는 '10억 달러'(관객 1억 명)의 텐트폴 영화를 연속으로 내놓는다. 디즈니 인수 이후 2019년까지 16편의 마블 영화들은 182억 달러(약 21조 원)를 벌어들였다. 소니 등 외부 스튜디오가 제작한 영화까지 포함하면 23편의 마블 영화들은 총 225억 달러를 벌어들였다. 특히 〈어벤져스: 엔드게임〉은 박스오피스 27억 9,000만 달러로 〈아바타〉를 밀어내고 역대 세계 흥행 1위에 등극하기도 했다. 이에 화답하듯 2008년 금융 위기 이후 약 15달러까지 폭락했던 디즈니의 주가도 2년 만에 40달러를 회복하며 부활을 넘어 도약을 시작한다.

슈퍼 히어로들로 연결된 마블 시네마틱 유니버스(MCU)는 끊임없이 스토리를 창조하며 세계관을 확장하고 있다. 〈블랙 팬서〉의 흑인 주인공이나 〈캡틴 마블〉의 여자 주인공은 아이언맨, 캡틴 아메리카, 헐크와 같은 백인 남자 주인공을 뛰어넘으며 캐릭터 확장과 흥행이라는 두 마리 토끼를 모두 잡았다. 이후 아시안 캐릭터의 〈샹치와 텐 링즈의 전설〉과 〈이터널스〉로 MCU를 무한 확장하고 있다. 영화에서의 성공뿐만 아니라 〈에이전트 오브 쉴드〉 등의 TV 시리즈도 큰 성공을 거두었고, 디즈니랜드에 마블 캐릭터들이 더해져 디즈니 캐릭터가 더욱 풍성해지고 흥행이 선순환되고 있다. 마블은 새롭게 시작한 스트리밍 서비스 디즈니+에도 수많은 오리지널 콘텐츠들을 공급하며 OTT 경쟁자인 넷플릭스를 빠르게 추격하는 일등 공신의 역할을 하고 있다.

한편 마블 관점에서 보면 자신들의 성과를 디즈니에 뺏겼다고 볼 수도 있지만 마블도 디즈니를 통해 많은 것을 얻었다. 인수 전 마블 영화들의 평균 제작비는 1억 2,500만 달러였다. 디즈니 인수 이후 제작비는 2억 1,300만 달러로 70%나 증가한다. 흥행 성과도 인수 전 평균 3억 7,600만 달러에서 평균 11억 4,000만 달러로 3배가 넘게 증가한다. 더 많은 제작비를 안정적으로 투자하고 디즈니의 배급망을 통해 훨씬 더 큰 흥행 성적을

디즈니-마블 영화 리스트 및 흥행 실적(2011~2019)

영화명	연도	글로벌 수익($)
어벤져스	2012	15억
토르: 다크 월드	2013	6.4억
아이언맨 3	2013	12억
캡틴 아메리카: 윈터 솔져	2014	7.1억
가디언즈 오브 갤럭시	2014	7.7억
앤트맨	2015	5.1억
어벤져스: 에이지 오브 울트론	2015	14억
닥터 스트레인지	2016	6.7억
캡틴 아메리카: 시빌 워	2016	11.5억
토르: 라그나로크	2017	8.5억
가디언즈 오브 갤럭시 2	2017	8.6억
앤트맨과 와스프	2018	6.2억
블랙 팬서	2018	13.4억
어벤져스: 인피니티 워	2018	20억
캡틴 마블	2019	11억
어벤져스: 엔드게임	2019	27억

출처: 더넘버스닷컴

거둔 것이다.

디즈니 인수 전의 마블은 〈스파이더맨〉과 〈엑스맨〉 시리즈가 큰 성공을 거뒀지만 여러 스튜디오와 배급사를 통하다 보니 수익 편차가 컸다. 소니 픽처스의 〈스파이더맨 3〉는 8.9억 달러의 박스오피스 수익을 거뒀지만 라이온스게이트의 〈퍼니셔 2〉 같은 영화는 글로벌 수익이 1억 달러로, 제작비의 30%도 안 되는 대실패를 한다. 디즈니 인수 이후 〈어벤져스〉라는 첫 '10억 달러' 영화가 나왔고, 〈아이언맨 3〉는 전작 〈아이언맨 2〉(파라마운트 배급) 대비 2배의 수익을 거둔다. 마블 캐릭터와 스토리가 디즈니를 만나 꽃을 피웠다고 할 수 있다. 픽사와 마블만으로도 이미 충분히 성공한 디즈니는 〈스타워즈〉라는 마지막 퍼즐을 맞추는 데 도전한다.

디즈니가 깨운 포스,
제다이까지 디즈니 가족이라고?

루카스필름 인수

> 내가 죽으면 내 부고 기사는 스타워즈의 창시자로 시작될 거요.
> **_조지 루카스, 루카스필름 CEO**
>
> 당신의 뒤를 이어 이끌어 갈 후계자가 아직 없는 상황으로 알고 있습니다.
> 이제 누가 당신의 유산을 보호하고 또 존속시켜 나갈 것인지
> 결정해야 하지 않겠습니까?
> **_로버트 밥 아이거, 디즈니 CEO**

스티브 잡스에 이어 조지 루카스 감독까지 디즈니의 개인 최대 주주가 된 사연은? 디즈니는 2012년 스타워즈의 영화사 루카스필름을 40억 5,000만 달러에 인수한다고 발표한다. 루카스필름의 대표작 〈스타워즈〉를 포함한 모든 IP 소유권이 월트 디즈니로 이전되며, 루카스아츠, 루카스필름 애니메이션 등 루카스필름의 자회사들도 편입된다. 루카스필름 최대 주주이자 CEO인 조지 루카스 감독은 디즈니 주식 4,000만 주를 보유한 10대 주주이자, 스티브 잡스(미망인 로렌 파월 잡스가 스티브 잡스의 지분을 승계했다.)에 이은 두 번째 개인 최대 주주가 된다. 미키마우스 못지않게 미국을 대표하는 문화 아이콘인 스타워즈와 제다이는 어떻게 디즈니의 일원이 되었을까?

디즈니가 고품질 콘텐츠를 보유한 인수 대상 기업을 물색하던 당시에 최우선 대상은 루카스필름과 마블이었다. 마블의 인수가 끝나자 관심은 루카스필름으로 향한다. 미국 대중문화의 신화와 같은 스타워즈는 최고의 '우수한 브랜드 콘텐츠'다. 마블 시네마틱 유니버스보다 먼저 확장 세계관(EU, Expanded Universe)을 구축하고 있었다. 확장 세계관 내에서 '캐넌'이라는 등급별로 수많은 스토리와 콘텐츠가 만들어져 본편 영화뿐만 아니라 스핀오프 시리즈, TV 시리즈, 소설, 코믹스 등이 생산되고 있었다. 마블 못지않은 스토리의 보고였다. 게다가 디즈니랜드에 이미 스타워즈 어트랙션이 자리잡고 있어 디즈니에게 스타워즈는 반드시 확보해야 할 고품질 브랜드 콘텐츠이고, 루카스필름은 다른 경쟁사에게 빼앗겨서는 안 될 기업이었다.

마블 영화에 비하면 한국에서 스타워즈는 인기가 많지 않아 루카스필름 인수가 디즈니에게 왜 그리 중요한지 이해하기 쉽지 않다.[8] 또 디즈니가 왜 루카스필름에 마블보다 더 높은 인수 금액을 지불했는지도 이해하기 어렵다. 하지만 미국에서 스타워즈는 신화 그 자체이자 하나의 사회 문화 현상으로 여겨진다.

첫 스타워즈 영화 〈스타워즈 에피소드 4: 새로운 희망〉은 1977년 관심을 받지 못한 채 개봉했지만 7.7억 달러(worldwide box office 기준)라는 어마어마한 성공을 거두며 스타워즈 신화가 시작된다. 50년 전의 화폐 가치를 고려해 흥행 수익을 환산하면 20억 달러가 넘는다. 주목받지 못한 〈스타워즈 에피소드 4: 새로운 희망〉의 제작비는 1,100만 달러에 불과했다. 하지만 7억 7,000만 달러라는 제작비 대비 70배가 넘는 대성공을 거뒀고 3년 뒤 개봉한 〈스타워즈 에피소드 5: 제국의 역습〉도 10억 달러의 수익을 올린다. 이후 2005년까지 6편의 영화가 5월 메모리얼 데이(한국의 현충일)에 맞춰 개봉되었고 개봉된 영화마다 박스오피스 1위를 차지하며 미국을 대표하는 영화이자 대중문화로 자리 잡는다.

이런 명성을 가진 루카스필름 인수는 쉽지 않았다. 밥 아이거는 자서전에서 그동안 알려지지 않았던, 루카스필름의 자세한 인수 과정을 밝혔다. 당시 루카스필름은 스타워즈의 창시자인 루카스 감독이 CEO를 겸하고 있었다. 루카스 감독에게 루카스필름은 분신 같은 회사로 매각의 대상이 아니었다. 밥 아이거는 디즈니가 스타워즈의 유산 계승자가 되겠다고 설득해 합병을 성사시킨다.

루카스필름은 최근작이 2005년 작품으로, 픽사나 마블처럼 진행 중이거나 개발 중인 영화가 없어 수익화를 빨리 할 수도 없는 상황이어서 인수가를 두고 팽팽하게 맞섰다. 루카스 감독은 픽사와 같은 조건(74억 달러)을 요구했고 디즈니는 약 35억 달러(6년간 3편의 영화 제작을 통해 얻을 수 있는 수익 프로젝션)를 제시해 양측의 간극은 컸다. 디즈니는 픽사 수준의 인수가는 불가능하지만 그래도 마블보다 낮은 인수가를 제시할 수는 없다고 판단해 마블보다 조금 더 많은 40억 5,000만 달러의 인수가를 제시했고 조지 루카스는 이를 수용한다. 인수가 협상 이후에도 운영 방식과 관련한 줄다리기가 이어졌고 협상은 결렬 직전까지 갔다. 스타워즈의 창시자이자 경영자가 건재한 상황에서 스타워즈의 유산을 어떻게 전승하고 루카스 감독의 관여도를 어느 수준으로 할 것인지를 두고 첨예하게 부딪힐 수밖에 없었다. 하지만 미국 양도세법의 변화를 앞두고 합의가 극적으로 이루어진다.

스티브 잡스가 디즈니의 수호천사라고?　디즈니의 소위 '빅3' M&A마다 스티브 잡스가 등장한다. 전혀 관련 없어 보이는 루카스필름 인수에서도 잡스가 등장한다. 스티브 잡스는 애플에서 쫓겨난 후 애플 지분을 처분한 자금으로 루카스필름의 컴퓨터 애니메이션 사업부를 인수해

스타워즈 시리즈 역대 흥행 수익

영화명	연도	글로벌 수익($)
스타워즈 에피소드 4: 새로운 희망	1977	7.7억
스타워즈 에피소드 5: 제국의 역습	1980	5.4억
스타워즈 에피소드 6: 제다이의 귀환	1983	4.7억
스타워즈 에피소드 1: 보이지 않는 위험	1999	10.2억
스타워즈 에피소드 2: 클론의 습격	2002	6.5억
스타워즈 에피소드 3: 시스의 복수	2005	8.4억
스타워즈 에피소드 7: 깨어난 포스	2015	20.6억
스타워즈 에피소드 8: 라스트 제다이	2017	13.3억
스타워즈 에피소드 9: 라이즈 오브 스카이워커	2019	11억

픽사를 시작했다. 오래전부터 조지 루카스 감독과 인연이 있었던 것이다. 인수 논의가 한창 진행될 때 스티브 잡스는 조지 루카스에게 전화해 픽사 딜에 대해 설명하고 설득한다. 조지 루카스가 디즈니에게 픽사와 동일 조건을 요구한 것도 이런 배경이 있었던 것이다. 밥 아이거도 ABC 사장 시절 조지 루카스 감독과 〈인디아나 존스〉 TV 프로그램을 제작하며 같이 일한 경험이 있다. 이런 관계에 기반해 조지 루카스는 스타워즈의 계승자로 밥 아이거의 디즈니만 한 파트너가 없다고 확신한다.

디즈니 인수 이후 첫 작품인 〈스타워즈 에피소드 7: 깨어난 포스〉는 2015년 12월 개봉해 역대 최단 기간 '10억 달러' 수익 기록을 달성했고 총 20.6억 달러(2조 2,000억 원)라는 대성공을 거둔다. 미국 국내 수익만 9억 3,000만 달러로 지금까지도 전체 1위 자리를 굳건히 지키고 있다. 다음 작품인 〈스타워즈 에피소드 8: 라스트 제다이〉는 13억 3,000만 달러, 〈스타워즈 에피소드 9: 라이즈 오브 스카이워커〉는 11억 달러의 흥행을 거두며 디즈니 인수 이후 제작된 시퀄 시리즈[9] 모두 '10억 달러'가 넘는 메가 블록

내셔널지오그래픽
3%

디즈니+ 오리지널
2%

심슨
5%

디즈니 채널
9%

픽사
14%

마블
15%

디즈니 클래식
22%

스타워즈
21%

디즈니+ 콘텐츠 시청 비율

출처: what's on disney plus

버스터 흥행을 기록한다.

디즈니+의 성공에도 스타워즈는 큰 기여를 한다. 스타워즈 〈만달로리안〉은 디즈니+ 오리지널 시리즈로 OTT 콘텐츠에서 수년간 1위 자리를 지켜온 시트콤 〈오피스〉를 제치고 시청률 1위를 차지한다.(닐슨 2020년 12월 셋째 주 기준) 디즈니+의 오리지널 콘텐츠 중 가장 성공한 콘텐츠이자 가입자 유치에 가장 크게 기여한 콘텐츠로 꼽힌다. 또한 디즈니+에서 가장 많이 시청하는 콘텐츠도 스타워즈 프랜차이즈 콘텐츠다.

마블의 〈어벤져스〉, 〈아이언맨 3〉의 흥행에 루카스필름까지 가세해 날개를 달아 주자 디즈니 주가는 고공 행진한다. 2012년 인수 당시 55달러에서 2015년 〈스타워즈 에피소드 7: 깨어난 포스〉 개봉 후 120달러로 2배 이상 오른다. 9·11 테러로 15달러까지 떨어져 위기에 처했던 디즈니는 2006년 픽사에서 시작한 3건의 M&A를 통해 10년 만에 120달러까지 상승해 무려 8배가 오르는 성공을 거뒀다.

CEO 밥 아이거가 추진한 이 3건의 M&A로 디즈니는 명실상부한 콘텐츠 왕국의 자리에 오른다. 역대 영화 흥행 순위 20위 중 11편이 '빅3' M&A

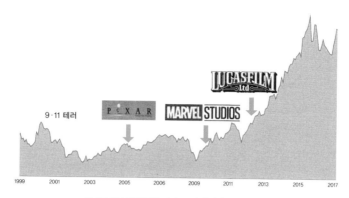

9·11 테러 사태로 주가가 15달러까지 급락했지만
빅 3 회사 인수를 통해 9·11 이전으로 회복함은 물론 본격적인 성장 궤도에 오른다.

로 제작한 영화다. 기존 디즈니 애니메이션과 루카스필름 영화까지 포함하면 15편이 모두 디즈니 작품이다. 이렇듯 디즈니가 콘텐츠 왕국 건설에는 성공했지만 글로벌 진출에서는 성과를 내지 못하고 있었다. 그리고 미디어 업계에는 새로운 위협이 서서히 등장하고 있었다. 넷플릭스가 2013년 오리지널 콘텐츠 〈하우스 오브 카드〉를 성공시키며 등장해 기존 미디어 질서를 송두리째 바꿔 놓기 시작한 것이다. 글로벌 진출이라는 마지막 퍼즐을 맞추고 넷플릭스에 대응하기 위해 디즈니는 새로운 기업을 찾아 나선다.

영화 역대 흥행 순위

순위	연도	영화	제작	배급	전 세계 수익 (억 달러)
1	2009	아바타	20세기폭스	20세기폭스	28
2	2019	어벤져스: 엔드게임	마블	디즈니	28
3	1997	타이타닉	20세기폭스	파라마운트	22
4	2015	스타워즈 에피소드 7: 깨어난 포스	루카스필름	디즈니	21
5	2018	어벤져스: 인피니티 워	마블	디즈니	20
6	2015	쥬라기월드	유니버설	유니버설	17
7	2019	라이온 킹	디즈니	디즈니	17
8	2012	어벤져스	마블	디즈니	15
9	2019	겨울왕국2	디즈니	디즈니	14
10	2015	어벤져스: 에이지 오브 울트론	마블	디즈니	14
11	2018	블랙 팬서	마블	디즈니	13
12	2017	스타워즈 에피소드 8: 라스트 제다이	루카스필름	디즈니	13
13	2017	미녀와 야수	디즈니	디즈니	13
14	2018	인크레더블 2	픽사	디즈니	12
15	2019	스타워즈 에피소드 9: 라이즈 오브 스카이워커	루카스필름	디즈니	11
16	2016	로그 원: 스타워즈 스토리	루카스필름	디즈니	11
17	1999	스타워즈 에피소드 1: 보이지 않는 위험	루카스필름	20세기	10
18	2016	도리를 찾아서	픽사	디즈니	10
19	2008	다크 나이트	워너	워너	10
20	1977	스타워즈 에피소드 4: 새로운 희망	루카스필름	20세기	8

음영은 디즈니가 인수한 픽사, 마블, 루카스필름 작품이다.

넷플릭스를 이기기 위해 인수한 80조 원의 회사는?

21세기폭스 인수

> 디즈니는 21세기폭스의 풍부한 콘텐츠와 재능 있는 크리에이터를
> 융합하는 것으로 세계적인 엔터테인먼트 기업으로 거듭났다.
> 다이내믹한 변화의 시대를 리드할 수 있는 위치에 섰다.
>
> _로버트 밥 아이거, 디즈니 CEO

**언론 재벌 루퍼트 머독은
왜 폭스를 내놓을 수밖에 없었나?** 픽사, 마블, 루카스필름으로 이어지는 빅3 기업의 인수를 마친 디즈니는 마지막 숙제인 글로벌 진출을 위해 21세기폭스(이하 폭스) 인수에 나선다. 디즈니는 인도와 유럽이라는 거대 시장에 상당한 점유율을 차지하고 있던 폭스와 비공개 접촉을 하고 있었다. 비공개 인수 논의가 진행되던 2017년 11월 6일 경제 방송 CNBC에서 디즈니가 폭스의 영화 스튜디오와 TV 프로덕션 사업 인수를 협의하고 있다고 보도한다. 이 보도 후 컴캐스트, 버라이즌, 소니가 모두 폭스 인수전에 참전한다. 여러 회사가 폭스 인수전에 뛰어들었지만 사전에 폭스와 물밑 협상을 진행해 왔던 디즈니는 12월 14일 폭스를 524억 달러에 인수한다고 공식 발표한다. 이 발표로 폭스 인수전은

마무리되는 듯했다. 하지만 당시 최대 미디어 기업이었던 컴캐스트는 인수전에서 물러서지 않았다. 인수 발표 이후 합병 심사 마지막까지 디즈니와 컴캐스트는 엎치락뒤치락하며 손에 땀을 쥐게 하는 인수전을 벌인다.

한편 맨손으로 뉴스코퍼레이션그룹을 일군 미디어 재벌 루퍼트 머독이 왜 폭스를 내놓게 되었는지에 대해서도 미디어 업계의 관심이 집중됐다. 뉴스코퍼레이션은 〈월스트리트저널〉 등을 비롯한 언론, 출판과 TV 네트워크, 영화를 보유한 복합 미디어 기업이다. 특히 뉴스 부문이 강해 50개국에 걸쳐 120개의 신문, 잡지를 보유하고 있었다. TV 부문은 4대 지상파 채널인 폭스, CNN을 따라잡은 폭스뉴스, 내셔널지오그래픽 채널, 폭스스포츠 네트워크(FSN) 등을 보유하고 있었다. 글로벌에서도 인도의 스타 채널, 유럽 최대의 위성방송 스카이(SKY)를 보유해 가장 글로벌화된 미디어 기업이었다. 이렇게 다양한 포트폴리오와 비즈니스 모델, 언론의 영향력을 가진 루퍼트 머독이 자신의 분신과도 같은 폭스를 왜 매각하게 됐을까?

빅테크 기업의 미디어 공습, 급변한 미디어 판도　　폭스의 매각 이유를 이해하려면 합병이 진행되던 2017년 미디어 시장의 구도를 먼저 이해해야 한다. 당시 미디어 시장에 OTT 서비스 넷플릭스가 등장하며 미디어 산업의 판도가 서서히 바뀌고 있었다. 구글이 유튜브를 인수하고 아마존도 아마존 프라임 비디오를 시작하며 테크 기업들이 미디어 산업에 진출했고, 그러면서 미디어 시장에 지각 변동이 일어난다. 미디어 기업들은 변화에 대응해 규모의 경제 갖추기 경쟁에 돌입한다. 디즈니는 앞서 살펴본 여러 건의 합병을 통해 덩치를 키우고 있었다. 컴캐스트도 NBC유니버설에 이어 드림웍스 애니메이션을 인수했고, AT&T는 위성방송 디렉TV와 타임워너를 인수한다.

출처: US security and Exchange commision

폭스의 사업 부문 및 계열사

2015년 시가총액을 보면 컴캐스트가 1,552억 달러로 1위였다. 다음이 디즈니(1,479억 달러), 3위는 타임워너(646억 달러), 폭스는 471억 달러로 4위였다. 1, 2위와 나머지의 격차는 매우 컸고 3위 타임워너마저도 거대 통신사 AT&T가 인수를 발표한 상황이어서 인수가 승인되면 업계는 컴캐스트, 디즈니, AT&T의 빅3로 재편된다. 폭스는 경쟁에서 도태될 수밖에 없는 상황이었다. 규모의 경제에서 뒤처질 수밖에 없는 상황에서 할리우드 비즈니스에 지친 루퍼트 머독은 뉴스 부문을 제외한 미디어 사업 매각을 결정한다. 그리고 디즈니와 인수 협의를 시작한 것이다.

디즈니는 빅3 기업 인수 후 콘텐츠 사업에서는 승승장구하고 있었지만 글로벌 진출 성과는 미진했다. 미디어, 공원·리조트, 스튜디오, 소비자 상품의 4개 부문 중에서 디즈니랜드의 공원·리조트 부문을 제외하면 글로벌 진출은 미미한 상황이었다. 반면 태생적으로 글로벌 미디어 기업이었던 폭스는 인도에서 이미 스타 채널들과 함께 핫스타라는 D2C 서비스를 보유하고 있었고, 유럽에서는 위성방송 스카이를 보유해 글로벌 시장에서만큼

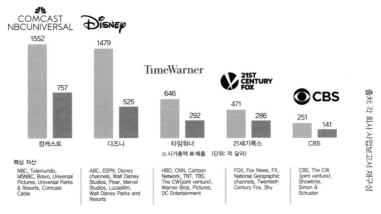

출처: 각 회사 사업보고서 재구성

COMCAST NBCUNIVERSAL	DISNEY	TimeWarner	21ST CENTURY FOX	CBS

컴캐스트: 1552 / 757
디즈니: 1479 / 525
타임워너: 646 / 292
21세기폭스: 471 / 286
CBS: 251 / 141

■ 시가총액 ■ 매출 (단위: 억 달러)

컴캐스트	디즈니	타임워너	21세기폭스	CBS

핵심 자산

NBC, Telemundo, MSNBC, Bravo, Universal Pictures, Universal Parks & Resorts, Comcast Cable	ABC, ESPN, Disney channels, Walt Disney Studios, Pixar, Marvel Studios, Lucasfilm, Walt Disney Parks and Resorts	HBO, CNN, Cartoon Network, TNT, TBS, The CW(joint venture), Warner Bros. Pictures, DC Entertainment	FOX, Fox News, FX, National Geographic channels, Twentieth Century Fox, Sky	CBS, The CW (joint venture), Showtime, Simon & Schuster

2016년 주요 미디어 기업 현황. 컴캐스트와 디즈니의 양강 구도 속에 타임워너, 폭스, CBS가 3위 경쟁을 하고 있었다.

은 디즈니를 한참 앞서 있었다. 따라서 폭스의 영화 부문이 디즈니와 통합될 경우 더 많은 고품질 브랜드 콘텐츠를 확보할 수 있었다. 특히 마블 인수 시 확보할 수 없었던 〈엑스맨〉 시리즈와 〈데드풀〉, 〈아바타〉, 〈심슨〉 시리즈까지 확보하게 된다. 또 훌루 지분 30%를 추가로 확보해 지배적 주주가 됨으로써 스트리밍 서비스의 경쟁력도 강화할 수 있다.

밥 아이거는 폭스 인수를 통해 콘텐츠(영화, TV, 스포츠)와 물리적 엔터테인먼트(테마파크와 상품)를 시청자들과 연결하는 기술이 결합한 미디어 기업을 완성시킬 수 있다고 생각한다. 고품질 콘텐츠와 글로벌, 기술이라는 디즈니 전략을 한층 더 강화시킬 수 있다는 판단하에 본격적인 인수전에 돌입한다. 하지만 폭스 매각 소식에 컴캐스트는 디즈니보다 더 높은 인수가를 제시하며 인수전에 뛰어든다. 인수전은 오리무중에 빠진 가운데 폭스는 양사와 동시에 협상을 진행한다.

폭스는 결과적으로 디즈니를 선택했고 디즈니는 총 524억 달러(주당 28달러)에 인수한다고 공식 발표한다. 컴캐스트의 인수가가 더 높지만 컴캐스트는 NBC라는 지상파 방송과 유료 방송 1위 사업자라서 경쟁 제한성 문제로 규제 당국의 매우 강도 높은 심사를 받을 확률이 컸다. 실제 컴캐스트는 얼마 전 타임워너케이블과의 합병이 법무부의 반대로 무산된 바 있었다. 정부는 거대 미디어 기업의 합병에 부정적이고, 법무부가 AT&T의 타임워너 인수를 저지하기 위해 법원에 소송까지 제기한 상황이었으니 컴캐스트와 폭스 합병도 반대할 것이 자명했다. 반면 디즈니는 ABC를 보유하고 있지만 유료 방송이 없어 법무부의 경쟁 제한성 심사에서 문제가 될 소지가 적었다. 이 때문에 폭스는 컴캐스트의 더 높은 인수가에도 불구하고 정부의 반독점 심사를 고려해 디즈니를 선택한다.

컴캐스트와 디즈니, 양보할 수 없는 한판 승부

하지만 컴캐스트에도 실낱같은 희망이 있었다. 만일 법무부가 AT&T의 타임워너 인수 소송에서 패소하면 컴캐스트의 폭스 인수도 승인될 가능성이 컸기 때문에, 법원만 지켜보고 있었다. 그런데 컴캐스트의 희망대로 법원이 AT&T의 타임워너 인수가 적법하다고 판결한다. 850억 달러의 대규모 인수가 승인되자, 컴캐스트는 즉시 폭스에 640억 달러(주당 35달러)로 인수가를 올리고 현금 지불을 제안한다. 디즈니의 524억 달러(주식 지급)보다 20% 이상 금액도 많고 지불 방식도 현금이라는 매력적인 제안이었다. 디즈니는 궁지에 몰린다.

전략적인 관점에서 보면 디즈니의 폭스 인수는 공성 전략에서 시작됐지만 이제 수성 전략으로 국면이 전환됐다. 공성 전략 차원에서만 보면 너무 비싼 가격에 인수해 승자의 저주에 걸리는 리스크를 감당하느니 물러나는 것이 맞다. 하지만 수성 전략 차원에서 보면 디즈니는 물러설 수 없었다. 컴캐스트가 폭스를 인수하면 NBC유니버설과 폭스의 결합으로 디즈니의 경쟁 우위는 사라지게 된다. 게다가 컴캐스트는 플랫폼 1위 기업으로 콘텐츠와 플랫폼 모두 1위라는 압도적 규모의 경제를 구축하게 된다. 디즈니로서는 승자의 저주를 걱정하기보다는 격차 큰 2위 사업자로 전락되는 것이 더 큰 리스크라 판단한다. 컴캐스트 입장에서도 디즈니가 폭스를 차지하면 콘텐츠 부문에서 압도적인 지위를 선점하게 되니, 두 회사 모두 한 치도 물러설 수 없었다.

디즈니는 결국 컴캐스트가 감당할 수 없을 것이라 예상한 713억 달러(주당 38달러, 주식+현금)를 제시하며 카운터펀치를 날린다. 기존 제안보다 190억 달러, 컴캐스트의 제안보다 63억 달러나 더 많은 인수가다. 감당할 수 있는 규모를 넘어선 디즈니의 인수가에 컴캐스트도 어쩔 수 없이 포기한다. 그렇게 약 19개월간의 인수전이 끝나고 우리 돈 약 80조 원의 메가딜이 완료된다.

한편 컴캐스트는 폭스 인수전에서는 물러날 수밖에 없었지만 폭스가 보유한 유럽의 위성방송 스카이는 포기하지 않고 영국 정부가 주관한 입찰에 참여해 인수에 성공한다. 디즈니는 콘텐츠 부문 대부분의 자산과 인도의 스타 채널과 핫스타를 차지했고, 컴캐스트는 유럽 최대 위성방송을 차지하며 디즈니와 컴캐스트는 강고한 양강 체제를 구축한다.

폭스는 80조 원의 가치를 하고 있을까? 524억 달러에서 시작해 713억 달러까지 무려 190억 달러가 증가한 폭스 인수의 성과는 어떨까? 폭스 인수의 가장 큰 문제는 비싼 인수가다. 막대한 자금을 폭스 인수에 써 버린 디즈니는 인수 다음 해 터진 코로나19 사태로 큰 위기에 직면한다. 대부분의 콘텐츠 제작이 순연돼 많은 극장들이 문을 닫았고 2022년 현재까지도 여전히 코로나 이전 수준을 회복하지 못하고 있다. 코로나 변수로 인수 성과를 평가하기는 다소 이르다.

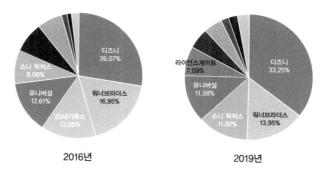

영화박스오피스점유율 2016년 vs 2019년 비교.
합병 전 점유율은 양사 합산 39%지만 합병 후 33%로 낮아진다.

　현재까지의 상황을 살펴보면 폭스 인수의 핵심은 넷플릭스의 대항마로서의 경쟁력 강화와 글로벌 진출이다. 디즈니는 2015년 이후 미디어 부문의 하락 추세를 예상하고 D2C 부문을 준비했고, D2C 서비스의 경쟁력 확보를 위해 폭스가 필요하다고 판단했다. 디즈니는 폭스의 대표 IP인 〈아바타〉를 5편까지 제작하고 폭스의 대표 히어로 시리즈 〈엑스맨〉, 〈로건〉, 〈데드풀〉도 후속편과 스핀오프를 제작한다고 발표했다. 이들 콘텐츠가 흥행에 성공하면 시너지도 발생하고 디즈니+에도 기여할 것이다. 하지만 아직은 시너지가 나지 않고 있다. 영화의 경우 2016년 디즈니의 점유율은 26%, 폭스는 13%, 합산 39%였다. 그런데 합병 후 2019년 점유율은 33.2%로 오히려 낮아졌다. 합병 첫해 폭스의 〈엑스맨: 다크 피닉스〉는 170만 달러의 손실을 안기기도 했다. 코로나19로 제작이 지연돼 성과가 나지 않고 있는데 향후 이들 콘텐츠의 흥행 여부에 따라 폭스 인수의 성공 여부를 판단할 수 있을 것이다.

　제대로 된 가시적인 효과가 나타나지 않아 몸값 비싼 폭스(713억 달러)가 픽사(74억 달러), 마블(40억 달러), 루카스필름(40억 5,000만 달러)에 비해 제값을 못하고 있는 것은 확실하다. 하지만 공성 전략에서 수성 전략으로

미국 미디어 기업 시가총액 순위

2015년		(10억 달러)	2020년	
컴캐스트	155	1위	디즈니	328
디즈니	147	2위	컴캐스트	231
타임워너	64	3위	넷플릭스	226
폭스	47	4위	AT&T-타임워너	214
CBS	25	5위	바이어컴CBS	25

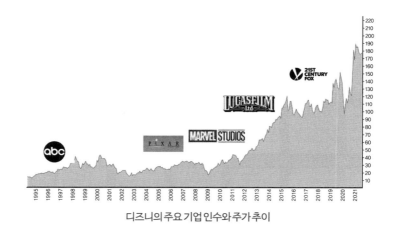

디즈니의 주요 기업 인수와 주가 추이

전환된 폭스 인수전에서 만약 디즈니가 폭스를 인수하지 못했다면 컴캐스트가 강력한 1위 사업자가 돼 디즈니는 넷플릭스와 컴캐스트라는 두 개의 전선에서 치열한 경쟁을 펼쳐야 했을 것이다. 비록 디즈니가 비싼 금액에 폭스를 인수했지만 콘텐츠 시장에서 독보적 1위라는 경제적 해자를 구축했다는 점은 긍정적인 결과다. 그리고 이는 시장에서 인정받고 있다. 2015년 디즈니의 시가총액은 컴캐스트에 이은 2위였고, 2018년에는 AT&T와 타임워너의 합병으로 3위로 밀려났다. 하지만 2020년 디즈니의 시가총액은 약 3,300억 달러로 컴캐스트와 AT&T를 멀리 따돌리고 독보적인 1등에

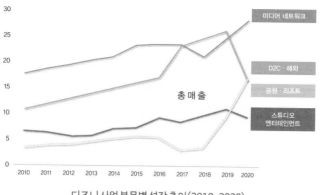

출처: 디즈니 사업부 공시 재구성

디즈니 사업 부문별 성장 추이(2010~2020)

올라섰다. 고품질 브랜드 콘텐츠를 확보한 디즈니는 경쟁사 대비 D2C 부문에서 독보적인 성장을 증명하며 시장에서 평가받고 있다.

폭스 인수 이후 디즈니의 매출 포트폴리오 변화를 보면 흥미롭다. 디즈니를 이끌던 미디어 네트워크 부문의 성장이 2015년 이후 넷플릭스의 성장과 코드커팅 증가로 인해 하락 추세로 반전된다. 그런데 공원·리조트 부문이 높은 성장세로 미디어 네트워크 부문의 하락을 상쇄한다. 동시에 가장 비중이 낮았던 D2C·해외 부문(구 소비자 상품·인터랙티브 부문)은 ESPN+, 훌루와 VOD 수익 증가로 새로운 성장 동력으로 자리 잡기 시작했다. 2019년 약 3배 가까이 급성장하고 2020년에도 81% 성장한다. D2C·해외 부문이 공원·리조트 수익 감소를 상당 부분 상쇄했다. 포트폴리오 다각화로 위기에 더 강해진 것이다. 뭐니 뭐니 해도 향후 관건은 D2C·해외 부문의 성장이다. 디즈니는 2024년까지 2억 6,000만 가입자 달성을 목표로 하고 있다. 현재 넷플릭스의 대항마라고 평가할 만한 OTT 서비스는 디즈니+가 유일한 가운데 디즈니+의 목표 달성에 폭스가 얼마나 기여할지에 따라 폭스 인수에 대한 평가가 내려질 것이다.

Global Media
Giants

PART 3

반격에 나선 미디어 공룡,
성공할 수 있을까?

미디어 산업은 구조적으로 독과점으로 시작했다. 전파의 희소성으로 인해 소수의 사업자들만이 정부로부터 허가를 받아 사업을 했기 때문이다. 허가를 받은 3개 정도의 지상파 방송과 통신사는 구조적인 과점 시장을 구축했다. 그런데 이 과점 구조가 깨지는 결정적인 계기가 있었는데 이는 바로 1996년 미국 전기통신법(Telecommunication Act) 개정이다. 전기통신법 개정안은 커뮤니케이션 사업자 간의 사업 영역에 관한 규제를 철폐하고 자유 경쟁과 균등한 서비스를 촉진하는 것이 주 내용이다. 미디어 소유 집중 규제가 완화되자 미디어 기업들의 인수합병이 폭발적으로 증가하며 본격적인 경쟁 체제로 전환된다.

가장 큰 변화는 지상파 방송의 추락이다. 80년대부터 시작된 케이블 방송의 약진 속에 지상파 방송과 케이블 방송의 시청률이 역전되고 경영난에 빠지자 지상파 방송사들은 속속 팔려 나갔다. ABC와 NBC, CBS 각각 캐피털 시티즈, GE, 바이어컴에 인수된다. 인터넷 기업 AOL은 당시 HBO, CNN을 보유한 최고의 미디어 기업 타임워너를 합병한다. 케이블 MSO 컴캐스트는 130년 전통의 AT&T 브로드밴드를 인수하는 등 이전에 없었던 엄청난 규모의 인수합병으로 미디어 산업의 판이 완전히 재편된다.

일련의 폭풍 같은 인수합병 결과 뉴스코퍼레이션, 컴캐스트–NBC유니버설, 디즈니, CBS, 바이어컴, 타임워너 같은 6대 미디어 자이언트가 미디어 산업을 지배하게 된다. 1983년에는 50개 기업이 90%의 미디어를 소유했는데 2012년에는 6개 기업이 90%의 미디어를 소유하는 엄청난 소유의 집중이 일어난 것이다.

1996년 전기통신법 개정 이후 35년의 시간 동안 수많은 기업이 인수합병을 통해 살아남기도 하고 역사 속으로 사라지기도 했다. 그중 인수합병을 통해 가장 성공한 기업은 컴캐스트를 꼽을 수 있다. AT&T 브로드밴드, NBC유니버설 등 몇 건의 결정적 인수합병을 통해 불과 40년 만에 세계 최대 미디어 기업에 등극했다. 또 미디어 M&A 역사에서 가장 질곡이 많았지만 여전히 미국을 대표하는 콘텐츠 기업은 타임워너(현 워너미디어)다. AT&T가 2018년 합병했지만 불과 3년 만에 워너미디어로 분사하고 지금은 디스커버리와 다시 합병해 새로운 탄생을 준비하고 있다. 한국에서는 조만간 HBO맥스로 만나게 될 것이다.

이번 파트에서는 레거시 미디어 중 디즈니와 함께 Top 3를 형성하며 넷플릭스, 유튜브와 힘겨운 싸움을 벌이고 있는 컴캐스트와 AT&T의 워너미디어 그리고 이들의 OTT 피콕과 HBO맥스에 대해 알아보자.

트럼프가 결사반대한 합병, 그 결과는?

AT&T-타임워너 합병

> 콘텐츠와 플랫폼을 수직 결합하지 못하면
> 실리콘밸리의 FANG 기업들과 경쟁할 수 없을 것입니다.
> _랜달 스티븐슨, AT&T CEO

**FANG과 경쟁하기 위해
100조 원에 사들인 기업은?** 2016년 10월 미국의 대표 통신사 AT&T
는 HBO, CNN, 워너브라더스를 거느린 타
임워너를 인수한다고 발표한다. 인수가는 무려 854억 달러, 우리 돈으로
약 100조 원에 달한다. 2000년 AOL의 인수가 1,680억 달러 다음으로 큰
미디어 기업 인수합병이다. 두 회사가 합병하면 연 매출 1,900억 달러(약
230조 원), 임직원 30만 명의 초거대 통신·미디어 기업이 탄생하게 된다.
합병 소식에 미디어 업계뿐만 아니라 정치권도 놀랐다. 민주당과 공화당
모두 합병에 즉각 반대하고 나선다. 특히 당시 트럼프 공화당 대선 후보는
대통령에 당선되면 인수 합의를 무효화할 것이라며 공개적으로 비판했다.
본인에게 편파적인 보도를 하는 CNN에 대한 보복이었다. 민주당의 버니

샌더스 후보도 "미디어 업계에 힘이 과도하게 집중되면 민주주의를 지킬수 없다."라며 반대한다. 시작부터 많은 난관에 부딪힌 이 합병은 어떻게됐을까?

먼저 타임워너가 어떤 회사길래 AT&T가 약 100조 원이나 되는 돈을 주고 인수했는지부터 알아보자. 타임워너는 1989년 '타임(Time inc.)'과 '워너 커뮤니케이션스'가 합병해 탄생한 회사다. 합병 회사는 영화 부문에서는 워너브라더스를 거느리고, TV 부문에서는 HBO와 CNN 모두 미국을 대표하는 방송으로 성장해 합병 후 10년 만에 미국 1위 미디어 기업이 되었다. 놀라운 성장 속에 2000년 인터넷 기업인 AOL이 1,680억 달러라는 역사상 최고가에 타임워너를 인수한다. 인터넷과 미디어가 결합된 AOL-타임워너라는 거대 기업이 탄생한 것이다. 그러나 닷컴버블 붕괴와 함께 AOL의 거품이 꺼지면서 몰락한다. 2009년 AOL을 매각하고, 케이블 SO 타임워너케이블도 분리한다.(PART 4 '02 세기의 잘못된 만남' 참조) 2013년에는 매거진 그룹인 타임까지 분사하며[10] 인쇄, 방송, 플랫폼, 영화, 인터넷을 모두 아우르던 종합 미디어 기업에서 영화와 TV에 집중한 콘텐츠 기업으로 재탄생한다. 고통스러운 구조조정을 이겨 낸 타임워너는 부활에 성공한다.

타임워너 부활의 힘은 역시 콘텐츠였다. HBO, CNN, 워너브라더스, DC코믹스, 카툰 네트워크와 주요 스포츠 중계권을 보유한 타임워너는 막강한 콘텐츠 포트폴리오를 구축했다. 워너브라더스는 〈해리포터〉 시리즈와 〈배트맨〉, 〈행오버〉 시리즈를 연이어 성공시킨다. 미국 영화 스튜디오 중 가장 많은 영화와 박스오피스 기록을 가진 저력을 보여 줬다. HBO는 〈왕좌의 게임〉, 〈섹스 앤 더 시티〉 같은 킬러 콘텐츠를 히트시키며 프리미엄 유료 채널의 자리를 굳건히 지켰다. 시가총액도 크게 올라 컴캐스트, 디즈니 다음의 3위인 650억 달러까지 오른다.

타임워너가 부활에 성공하자 2014년 뉴스코퍼레이션을 소유한 루퍼

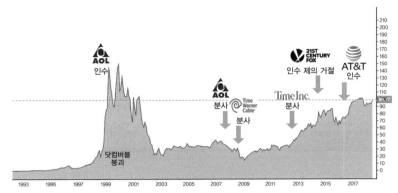

타임워너 주가 추이. AOL과의 합병 실패 이후 폭락한 타임워너의 주가는 2009년 AOL과 타임워너케이블의 분사, 2013년 타임 분사라는 구조조정을 거친 후 주가가 회복하며 과거의 명성을 다시 찾는다.

트 머독이 인수를 제안한다. 인수가는 800억 달러, 21세기폭스와 타임워너가 합쳐지면 디즈니 못지않은 강력한 콘텐츠 미디어 기업이 될 수 있다고 판단한 것이다. 하지만 타임워너 이사회는 거절한다. 공식적으로는 인수가가 낮기 때문이라고 밝혔지만 수년 후 AT&T에 850억 달러에 인수됐으니 800억 달러라는 인수가가 본질적인 문제는 아니었다. 실제는 반독점법 이슈로 타임워너의 대표 뉴스 채널 CNN(진보적 논조)과 뉴스코퍼레이션의 폭스뉴스(대표적인 보수 논조) 중 하나를 분리 매각해야 하는데 그러면 CNN이 분리될 수밖에 없고, 뉴스코퍼레이션이 제안한 지분의 의결권이 없다는 것이 문제였기 때문이다. 또한 타임워너의 몸값은 AOL 인수 때만큼은 아니지만 크게 오르고 있었다.

콘텐츠가 절박하게 필요한 AT&T   AT&T(전 SBC)는 모기업 AT&T 인수에 이어 벨 사우스(Bell South)까지 인수하며 유선 시장 1위가 된다. 회사 규모의 증가와 함께 부채 또한 2,500억 달러까지 증가한 가운데 2008년 금융 위기를 만난다. AT&T는 기존 유선전화 사업을 무선 사업으로 전환하기 위해 구조조정에 들어간다. 소규모 무선전화 회사들을 인수하고 2011년에는 독일계 무선 통신사 'T모바일 USA' 인수를 시도한다. T모바일의 3,300만 가입자를 확보하면 시장 점유율 43%로 1위 사업자가 되기 때문이다. 하지만 연방통신위원회(FCC)가 통신료 인상 우려와 일자리 감소를 이유로 승인을 거부해 결국 T모바일 인수는 실패로 끝난다. 그 후 2014년 위성방송 디렉TV를 485억 달러(부채 포함 시 671억 달러)에 인수한다. 당시는 넷플릭스로 인해 코드커팅이 시작되던 시점으로, 디렉TV 인수로 유료 방송 시장 점유율은 늘었지만 리스크도 같이 커졌다.

반면 경쟁사들은 넷플릭스에 대응하기 위해 콘텐츠와 플랫폼을 수직 결합하거나, 콘텐츠 기업을 인수해 IP와 콘텐츠 라이브러리를 확보한다. 유료 방송과 초고속 인터넷 시장의 강력한 경쟁자인 컴캐스트는 2011년 NBC유니버설을 인수해 유니버설 픽처스와 NBC의 방대한 라이브러리를 확보했고 드림웍스 애니메이션도 인수한다. 비록 실패로 끝났지만 폭스 인수전에도 뛰어들어 적극적으로 콘텐츠 기업 확보에 나섰다. 디즈니는 픽사에 이어 마블 스튜디오와 루카스필름을 인수하며 강력한 콘텐츠 라인업을

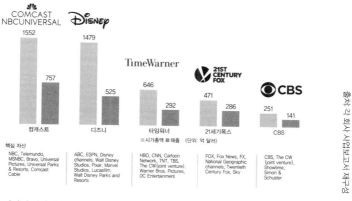

2016년 주요 미디어 기업 현황. 컴캐스트와 디즈니는 이미 다양한 기업의 인수합병을 통해 빅2를 형성하고 다음이 타임워너와 폭스, CBS 순이었다.

확보한다. 뉴스코퍼레이션의 타임워너 인수 시도도 같은 맥락이다. 수직, 수평 결합으로 몸집을 키운 미디어 공룡들만이 살아남을 수 있다는 것이 시장의 컨센서스였다.

미디어 시장의 재편 속에 통신과 유료 방송만 보유하고 있는 AT&T는 코드커팅의 가속화를 눈앞에서 지켜볼 수밖에 없는 덤 파이프[1] 사업자로 전락할 위기에 처해 있었다. SVOD 서비스를 핵심으로 하는 넷플릭스에 대응하기 위해서는 프리미엄 콘텐츠와 스포츠 중계권을 보유한 콘텐츠 미디어 기업이 필요하다고 판단한다.

인수 대상 중 CBS·바이어컴은 섬너 레드스톤 회장이, 21세기폭스의 뉴스코퍼레이션은 루퍼트 머독 회장이 자리를 굳건히 지키고 있어 인수 대상이 아니었다. 3위 미디어 기업인 타임워너는 AOL 합병 실패의 터널을 지나 다시 막강 콘텐츠 기업으로 살아나고 있었다. 타임워너는 킬러 콘텐츠와 스포츠 중계권을 모두 보유한 매력적인 기업이었다. 워너브라더스와 HBO의 〈해리포터〉, 〈왕좌의 게임〉, 〈반지의 제왕〉 같은 프랜차이즈 콘텐츠 라이브러리를 확보하면 메이저 OTT 대열에 낄 수 있었다. 또 타임워너가 보유한 MLB(~2021), NBA(~2025), NCAA(~2032) 등의 장기 스포츠 중계권은 라이브 시장의 핵심 경쟁력이었다. 타임워너가 절박하게 필요했던 AT&T는 850억 달러의 투자를 결정한다.

CNN을 매각하라는 트럼프의 압박이 통했을까?
AT&T와 타임워너는 합병에 합의했지만 험난한 승인 심사가 기다리고 있었다. 대통령 선거 전 트럼프는 대통령에 당선되면 승인을 취소하겠다고 공언했는데 대통령에 당선되자 법무부를 동원해 반대하고 나선다. 미 법무부는 타임워너의 인수 조건으로 대선 기간 내내 트럼프 대통령을 비판했던 CNN을 매각하라고 압박한다. 당연히 AT&T는 이를 거부했고 법무부는 합병으로 인해 경쟁 케이블TV 공급자들에 대해 부당한 경쟁 우위를 갖게 될 것이라며 반독점 소송을 제기한다. 하지만 트럼프 행정부의 의도와는 달리 미국 워싱턴DC 연방지방법원은 합병 회사가 넷플릭스와 페이스북, 구글 등의 글로벌 빅테크 기업들과 경쟁하는 상황에서 생존하기 위한 인수합병으로 경쟁 제한성이 존재하지 않는다고 판결한다. 또 정부가 유료 채널 시청료가 인상될 것이라는 것도 입증하지 못했다며 소송을 기각한다. 트럼프의 참패로 끝난 것이다.

트럼프에 맞서 인수에는 성공했지만 타임워너 인수에 대한 시장의 평가는 냉랭했다. 주가는 인수 발표 당시 40달러에서 합병 승인 후 29달러까지 약 25% 이상 폭락한다. 시장은 AT&T-타임워너 합병에서 AOL-타임워너 합병의 악몽의 그림자가 어른거린다고 했다. 디렉TV 인수 건은 이미 실패로 판명되고 있었고 타임워너 또한 디렉TV의 길을 답습할 것이라는 비관적인 전망이 많았다.

AT&T 또 승자의 저주에 걸리나? 디렉TV 합병 사례를 먼저 살펴보면 2014년 인수 당시는 가입자 2,400만으로 유료 방송 1위 사업자였다. 그러나 2020년 말 가입자는 1,700만 명까지 감소했다. 인수 후 6년 만에 무려 약 800만, 3분의 1이 줄어들었다. 경쟁사 컴캐스트는 300만이 감소할 때 AT&T는 2배도 넘게 감소한 것이다. 무려 485억 달러, 부채 포함 시 671억 달러를 투자했지만 시너지는커녕 불과 6년 만에 약 500억 달러가 넘는 손실을 보며 사모펀드 TPG에 150억 달러에 매각해 버렸다. 엄청난 실패다.

돌이켜 보면 AT&T의 유료 방송 사업은 불운의 연속이었다. 연방통신위원회(FCC)의 강제 분할 후 AT&T는 유료 방송을 새로운 성장 동력으로

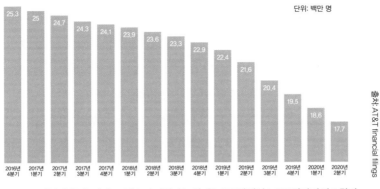

출처: AT&T financial filings

AT&T TV 가입자 추이. 디렉TV 인수 시 가입자는 최대 2,530만에서 1,700만까지 감소한다.

정하고 1998년 1위 케이블 SO 'TCI'를 480억 달러에 인수한다. 1999년에는 컴캐스트가 이미 인수한 계약까지 파기시키면서 SO '미디어원'을 580억 달러에 인수했다. 그러나 승자의 저주에 걸려 수익과 주가 모두 폭락해 유료 방송 부문을 컴캐스트에 매각하고 자회사 SBC에 인수되며 역사 속으로 사라졌다.(PART 4 '01 아들이 엄마를 삼켰다!' 참조) AT&T라는 이름은 SBC에 승계됐지만 디렉TV 인수로 AT&T의 유료 방송 사업에서의 불운이 다시 한 번 확인됐다.

　타임워너 인수 이후 AT&T는 OTT 서비스인 HBO맥스에 집중하는 전략을 펼친다. AT&T의 핵심 사업인 무선전화 시장에서 경쟁 우위를 갖기 위해 HBO맥스를 고가 무제한 요금제와 번들링해 판매한다. 서비스 차별성이 없는 스마트폰 전화 시장에서 HBO맥스는 매력적인 서비스였기 때문에 고가 요금제 가입자가 10% 증가한다. 그러자 AT&T 경영진은 타임워너보다 HBO맥스에 집중해 TBS의 인기 프로그램인 〈코난 오브라이언 쇼〉를 HBO맥스로 옮겨 독점 서비스한다. 영화 〈원더 우먼 1984〉는 극장 개봉과 동시에 HBO에서 스트리밍 서비스한다. 워너브라더스의 인기 프랜차이즈 영화인 〈매트릭스: 리저렉션〉와 HBO의 대표 TV 시리즈 〈소프

타임워너의 OTT 서비스 HBO맥스

라노스〉프리퀄도 HBO맥스에서 스트리밍한다고 발표한다.

반면 타임워너는 구조조정을 단행한다. 타임워너 경영진 절반이 회사를 떠났고 HBO CEO도 경영진 간의 불화로 HBO를 떠난다. 당연히 실적이 좋을 리 없다. 코로나19 사태로 미디어 업계 전반이 어려움을 겪은 영향도 있겠지만 HBO 매출이 전년 대비 1% 증가하는 동안 워너브라더스와 터너 브로드캐스팅은 각각 15%, 4% 감소한다. 타임워너 전체적으로는 14%나 감소한다.

HBO맥스 집중 전략에도 불구하고 HBO 가입자는 인수 당시인 2017년 3,750만 명에서 2019년 3,450만 명으로 오히려 감소했다. 2020년 말에야 4,100만 명, 글로벌 포함 6,100만 명까지 증가했다. AT&T는 사업보고서 에서 HBO맥스 가입자가 계획보다 2년 빠르게 증가했다고 자화자찬했다. 하지만 같은 기간 경쟁자들은 훨씬 더 급성장해 넷플릭스는 1억 5,200만 명에서 2억 300만 명으로 5,100만 명이 늘었고, 디즈니+는 2019년 11월 출시 이후 2020년 말까지 1년도 안 돼 8,680만 가입자를 모았다. HBO맥 스의 성적표는 초라하기 그지없다.

게다가 무선전화 시장의 경쟁자인 버라이즌은 디즈니와 손잡고 디즈 니+를 1년간 무료로 제공해 HBO맥스 번들링 효과는 무력화된다. 버라

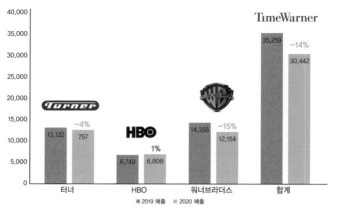

출처: 2020년 AT&T 사업보고서

타임워너 사업 부문별 매출 비교(2019 vs 2020)

이즌의 디즈니+ 번들링 가입자는 3,000만 명이다. 한때 인수하려 했던 3위 사업자 T모바일까지 넷플릭스를 번들링하니, AT&T의 번들링 전략 성과는 미미할 수밖에 없었다. 설상가상으로 T모바일과 스프린트가 합병해 AT&T는 3위로 밀려나고 만다. 월스트리트의 행동주의 헤지펀드인 엘리엇 매니지먼트까지 AT&T 주식 1%를 확보하고 경영에 간섭해 AT&T의 비핵심 사업인 미디어 부문에서 전략적 혼돈을 멈추고 5G 같은 핵심 사업에 집중하라고 압박한다.

타임워너는 막강한 콘텐츠 기업이다. 그런데 플랫폼 기업과 합병만 하면 역효과가 난다. 아직 합병 성과를 평가하기는 이르지만 아직은 성공의 기미가 보이지 않는 가운데 AT&T는 타임워너를 워너미디어로 분사했다. 그리고 또 다른 대형 인수합병 뉴스가 발표된다.

디스커버리까지 합치면 살림살이 좀 나아질까? AT&T는 2021년 5월 워너미디어를 분사해 디스커버리와 회사를 합병한다고 발표한다. AT&T

는 통신 회사의 그늘에서 그 존재감이 옅어진 타임워너의 사명을 워너미디어로 변경하고 디스커버리와 합병해 통신과 미디어를 분리한다. 표면적으로는 주식 시장이 AT&T를 더 이상 성장하지 않는 통신 기업으로 보기 때문에 타임워너의 가치도 함께 저평가되는데 워너미디어와 디스커버리를 분리하면 넷플릭스와 같은 디지털 미디어 기업으로 평가받을 수 있다고 주장한다. 하지만 시장은 콘텐츠와 플랫폼의 수직 결합을 통한 시너지와 비용 절감 효과가 없었음을 자인하는 것이라고 평가한다. 결국 디렉TV, 타임워너 등 13년간 43건의 M&A를 추진한 AT&T CEO 랜달 스티븐슨은 전략 실패라는 비판 속에 2020년 7월 사임했다.

디렉TV 인수는 대실패로 끝났고 타임워너 인수 후 PMI(Post Merger Integration, 기업 인수 후 사후 관리)[12]는 실패했음이 다양한 언론 보도로 드러났다. 향후 워너미디어와 디스커버리의 합병 이후 어떤 성과를 낼지 알수 없다. 하지만 최근 애니메이션 OTT 서비스인 크런치롤을 소니에 매각하고, 워너미디어와 디스커버리의 합병으로 합병 회사로부터 받게 될 430억 달러의 효과를 AT&T의 부채 감소로 평가하는 상황을 보면, AT&T와 타임워너가 분리의 수순으로 가고 있는 것만은 자명하다. 따라서 AOL과 분리후 부활한 것처럼 AT&T로부터 분리된 워너미디어가 다시 살아나기를 기원할 수밖에 없어 보인다.

왕좌의 자리를 되찾을 수 있을까?

HBO맥스

> 콘텐츠, 플랫폼, 마케팅이 스트리밍 서비스 성공의 세 가지 요인이며
> 우리는 이 세 가지 측면에서 모두 유리하다.
> _존 스탠키, AT&T CEO

HBO맥스(HBO max)는 AT&T의 OTT 서비스다. 미국 최고 프리미엄 유료 채널로 전 세계 수십 개국에 진출해 있는 HBO가 OTT 시대를 맞아 HBO맥스라는 OTT 브랜드로 다시 태어났다. 〈왕좌의 게임〉과 같은 HBO의 명품 콘텐츠와 거대 영화사 워너브라더스의 인기 영화 등 디즈니 못지 않은 콘텐츠 라이브러리를 가지고 있다.

2020년 5월 미국과 남미에 론칭해 2021년 말 가입자는 7,380만 명이다. 미국 가입자는 4,680만 명이고 글로벌 가입자는 2,700만 명이다. 요금제는 14.99달러로 OTT 서비스 중 가장 비싸게 시작했다. 광고가 포함된 서비스는 9.99달러다. HBO맥스는 넷플릭스 같은 프라이빗 브랜드 전략의 OTT 서비스와 달리 플래그십 스토어 전략[13]과 다차선 도로 전략[14]을 복합

타임워너의 OTT 서비스 HBO맥스

적으로 펼치고 있다. 방대한 콘텐츠 라이브러리를 보유한 워너미디어(구 타임워너)의 유통 창구이자 기존 유료 방송 서비스와의 번들 서비스로 OTT를 활용하고 있다. 프리미엄 유료 채널인 HBO 채널 가입자와 AT&T의 최고가 스마트폰·인터넷 가입자에게 번들링 서비스로 제공하는 식이다.

HBO맥스의 콘텐츠 라인업은 막강하다. HBO의 〈왕좌의 게임〉, 〈섹스 앤 더 시티〉, 〈체르노빌〉 등의 경쟁력 있는 TV 시리즈들과 100년 역사를 자랑하는 워너브라더스의 〈해리포터〉, 〈매트릭스〉 시리즈, 〈배트맨〉, 〈슈퍼맨〉 등 마블과 쌍벽을 이루는 DC코믹스의 프랜차이즈 작품을 보유하고 있다. 넷플릭스에서 수년간 인기를 끈 인기 시트콤 〈프렌즈〉와 CBS의 인기 시트콤 〈빅뱅 이론〉도 확보해 콘텐츠 라인업에는 경쟁력이 있다.

게다가 영화 〈원더 우먼 1984〉를 비롯해 2021년 워너브라더스 스튜디오의 모든 라인업을 극장과 동시에 HBO맥스에서 개봉한다고 밝혀 전폭적인 지원까지 받고 있다. 물론 영화 업계가 크게 반발해 2022년부터는 동시 개봉을 하지 않고 45일 개봉 원칙을 지키겠다고 합의하기는 했지만, 언제든지 HBO맥스가 극장 개봉을 대체할 수 있다는 점은 분명하다.

글로벌 진출은 HBO가 이미 TV 채널로 진출한 국가들을 우선으로 진행되고 있다. 2021년 중남미 39개 국가와 스페인과 스칸디나비아 국가에서

HBO맥스 서비스 현황

항목	세부 사항
요금	$14.99 $9.99(광고 포함)
주요 콘텐츠	〈왕좌의 게임〉, 〈프렌즈〉, 〈빅뱅 이론〉, 〈사우스파크〉 HBO, TBS, 코미디센트럴 TV 시리즈 워너브라더스 영화 카툰네트워크, DC엔터테인먼트
오리지널 콘텐츠	〈왕좌의 게임〉 프리퀄 〈섹스 앤 더 시티〉 시퀄 워너브라더스 영화 8~10편 등
가입자	7,380만 명(2021년 말 기준)

서비스를 시작했고 2022년부터는 동유럽 국가와 포르투갈 등 일부 유럽 국가에 론칭 예정이다. HBO의 글로벌 진출은 기존 HBO 계약과 제휴 관계가 복잡하게 얽혀 있어 넷플릭스나 디즈니+처럼 공격적으로 진행되지는 않고 있다. 일례로 유럽에서 가장 큰 시장인 영국과 독일 등은 컴캐스트의 위성방송 스카이와의 기존 계약으로 인해 2025년까지 서비스를 할 수 없다. HBO맥스는 2021년 60개국에 진출하고 2025년까지 1.2억~1.5억 명의 가입자를 모을 계획이다. 한국 진출 계획은 2022년 말로 예상된다. 글로벌 진출을 완료한 후에야 성공 여부를 평가할 수 있겠지만 AT&T라는 공룡 통신사에 갇혀 있는 HBO맥스가 당분간 넷플릭스와 디즈니+를 따라잡고 왕좌에 앉기는 힘들어 보인다. HBO맥스의 2025년 목표 가입자는 1억 3,000만~5,000만 명이다. 반면 디즈니의 2025년 가입자는 2억 8,400만 명, 넷플릭스는 2억 7,100만 명으로 예상된다. HBO맥스의 갈 길이 멀어 보인다.

NBC유니버설의 공작은 날 수 있을까?

TV스타일 스트리밍, 피콕

> 한 달에 3억 시간의 콘텐츠 시청이 이루어지는 피콕은
> 광고주들에게 매우 중요한 플랫폼임을 증명했다.
> _브라이언 로버츠, 컴캐스트 회장

TV 스타일 스트리밍 서비스로 디즈니가 콘텐츠 중심 미디어 기업이라
성공할 수 있을까? 면 컴캐스트는 플랫폼 중심 미디어 기업
이다. 우리나라에는 잘 알려지지 않은 회사지만 디즈니가 폭스를 인수하기
전까지 미국 1위, 아니 세계 1위 미디어 기업이었다. 폭스 인수전에서 패하
며 디즈니에 1위 자리를 내줬지만 2004년에는 디즈니를 적대적 합병을 하
려고 했던 거대 미디어 기업이다. 여전히 미국 최대 유료 방송 사업자이자
유럽 최대 위성방송 사업자이고, NBC유니버설을 보유한 대표적인 미디어
공룡이다.

컴캐스트는 플랫폼 기반에 콘텐츠 사업을 같이 하는 기업으로 매출 비
중은 케이블·인터넷 사업이 59%, 위성방송 스카이가 17%, NBC유니

컴캐스트 포트폴리오.
크게 케이블·초고속 인터넷, NBC유니버설, 유럽 위성방송 스카이의 세 부문으로 구성되어 있다.

버설이 25%다. 약 70%가 플랫폼 기반이고 콘텐츠 비중은 30% 수준이
다.(2019년 사업보고서 기준) 콘텐츠 비중이 60%인 디즈니와는 정반대의
포트폴리오를 가지고 있다. 가장 비중이 큰 케이블 사업을 살펴보면, 코드
커팅으로 가입자가 많이 줄어들었지만 그래도 여전히 약 1,900만을 보유
한 1위 유료 방송 사업자다. 우리나라는 케이블이 IPTV에 흡수되고 있지
만 미국은 여전히 케이블이 메인 TV 플랫폼이고 1등 초고속 인터넷 사업
자 자리를 지키고 있다. 그 밖에 유럽 위성방송 스카이와 지상파 방송 NBC
네트워크, 히스패닉 채널 텔레문도를 보유하고 있고 영화 부문에서는 유니
버설 스튜디오와 드림웍스 애니메이션, 글로벌 테마파크 유니버설 스튜디
오를 보유하고 있다. 컴캐스트의 OTT 서비스는 피콕(Peacock)인데 NBC
의 로고인 피콕(공작)을 딴 서비스다. 독점 중계권을 가진 도쿄 올림픽을 염
두에 두고 2020년 7월 론칭했으나 도쿄 올림픽이 1년 순연됨에 따라 오프
닝 효과를 누리지 못하고 서비스가 시작됐다.

　피콕은 넷플릭스, 디즈니+와 달리 무료, 프리미엄, 프리미엄 플러스의 3개
티어로 서비스된다. 무료 서비스는 광고 기반 서비스로 제한된 라이브러리
콘텐츠만 이용 가능하다. 올림픽은 무료로 서비스됐다. 프리미엄 서비스는

컴캐스트 그룹의 OTT 서비스인 피콕.
OTT 1등 콘텐츠인 오피스 등 NBC와 유니버설 픽처스의 콘텐츠를 서비스한다.

모든 라이브러리 콘텐츠를 이용할 수 있지만 광고를 시청해야 한다. 프리미엄 플러스는 넷플릭스와 동일한, 광고 없는 SVOD 서비스다. 하지만 일부 스포츠 중계는 각 종목마다 패스를 구매해 이용해야 한다. 피콕의 가입자 수치 발표는 다소 중구난방이다. 2021년 7월에 5,400만 명이 가입했다고 발표했지만 다수가 무료 서비스 이용자로 보인다. 2021년 말 사업보고서에 공식적으로 발표한 유료 가입자는 900만 명이다. 이 중 다수가 광고를 포함

피콕 서비스 현황

항목	세부사항
요금	무료: 광고 포함, 일부 라이브러리 프리미엄(광고 포함): 월 $4.99, 전 라이브러리 컴캐스트 케이블TV 고객 무료 제공 프리미엄 플러스(광고 없음): 월 $9.99, 전 라이브러리
주요 콘텐츠	40여 개 실시간 방송 뉴스, 스포츠, NBC, USA 등 TV 시리즈 유니버설, 드림웍스 영화
오리지널 콘텐츠	〈닥터 데스(DR. DEATH)〉 〈러더포드 폴스(Rutherford Falls)〉
가입자	5,400만 명(2021년 7월 기준)

한 프리미엄 가입자다. 월간 활성 이용자는 2,450만 명으로 여전히 다수가 무료 서비스 이용자다.

'TV스타일 스트리밍' 서비스　피콕의 콘텐츠는 컴캐스트가 보유한 다양한 콘텐츠와 외부 수급 콘텐츠로 구성된다. 대표 콘텐츠는 유니버설 스튜디오의 영화들이다. 유니버설 스튜디오는 〈쥬라기공원〉, 〈분노의 질주〉, 〈미니언즈〉, 〈본〉 시리즈 등 많은 프랜차이즈 영화를 보유하고 있다. 피콕 서비스를 위해 넷플릭스에서 수년간 1위 자리를 차지하고 있던 NBC의 인기 시트콤 〈오피스〉와 〈팍스 앤 레크리에이션〉 등의 인기 콘텐츠들을 넷플릭스로부터 빼앗아 왔다.

　다른 OTT와 차별화되는 서비스는 실시간 채널과 뉴스, 스포츠 중계다. 〈뉴욕 타임즈〉는 피콕을 'TV스타일 스트리밍' 서비스라고 표현했다. 지상파 방송 NBC와 경제 방송 CNBC, 정치 방송 MSNBC, 유럽의 스카이 뉴스 프로그램을 제공한다. NBC 스포츠 네트워크가 보유한 미식축구, 영국 프리미어리그 등 다수의 스포츠 중계와 올림픽 중계를 방송한다. 국내의 웨이브, 티빙과 유사하다. 오리지널 콘텐츠는 아직 많지 않다. 〈닥터 데스(Dr. Death)〉, 〈러더포드 폴스(Rutherford Falls)〉 등이 있는데 국내에서는 웨이브에서 서비스되고 있다. 피콕의 오리지널 콘텐츠 라인업을 보면 아직까지는 넷플릭스, 디즈니+와 본격적인 경쟁을 준비하고 있지는 않아 보인다.

더딘 글로벌 진출　글로벌 진출도 매우 더디다. 단독으로 글로벌 진출을 한다기보다 컴캐스트의 주력 사업인 케이블과 위성방송 가입자에게 번들 서비스로 제공된다. 코드커팅을 막기 위해 피콕을 이용하는 전략으로, 글로벌 진출도 보유한 위성방송 스카이의 진출 여부에 따라 정해지고 있다. 2021년 7월 스카이(SKY)가 서비스되고 있는 영국, 독일, 오스트리아, 아일랜드, 이탈리아, 스위스에 론칭했다.

한편 컴캐스트는 2021년 8월 바이어컴CBS와 손잡고 '스카이쇼타임(SkyShowtime)' 서비스를 시작했다. 피콕과 파라마운트+를 결합한 서비스로 유럽 20여 개 국가에 서비스될 예정이다. 넷플릭스나 디즈니+와 비교하면 두 서비스 모두 경쟁력이 부족해 연합하는 전략으로 보인다. 다만 글로벌 전체에서 전면적으로 연합하는 것은 아니어서 남미와 호주, 아시아는 피콕 서비스로 진출할 예정이다. 한국 진출은 아직 미정이다.

컴캐스트는 여전히 케이블과 위성방송이 주력 사업으로 디즈니처럼 OTT로 트랜스포메이션을 하기보다는 유료 방송의 가입자를 OTT에 빼앗기지 않기 위한 다차선 도로 전략을 구사하고 있다. OTT 서비스로 돈을 벌기보다 레거시 방송의 주 수익원인 광고와 수신료를 지키기 위해 광고 기반 서비스를 주력으로 하는 것이다. 피콕 이외에도 광고 기반 OTT인 주모(Xumo)를 인수해 서비스하고 있는 것도 같은 전략의 일환이다. 영화 OTT 서비스도 하고 있는데 월마트의 스트리밍 서비스 부두(Vudu)를 인수해 영화 예약 서비스 판당고나우(FandangoNOW)와 통합했다. 주모와 부두를 인수해 나름 적극적으로 OTT에 대응하고 있는 것으로 보이지만 투자 규

컴캐스트는 무료 스트리밍 서비스 주모(Xumo)와 월마트의 부두(Vudu)를 인수했다.

모나 글로벌 진출 속도를 보면 아직 전략의 방향을 가늠하기 힘들다.

하지만 주요 국면마다 대규모 인수합병을 통해 컴캐스트를 세계 2위의 미디어 회사로 키운 브라이언 로버츠 회장이 OTT라는 큰 흐름을 바라보고만 있지는 않을 것이라는 것이 업계의 관측이다. 최근 행보를 보면 유럽 시장에서 제휴한 바이어컴CBS 인수를 통해 피콕과 파라마운트+를 통합해 경쟁력을 키울 수도 있을 것이다. 한편 AT&T가 분사한 워너미디어와 디스커버리가 합병하면 인수해서 HBO맥스와 피콕을 통합할 수도 있을 것이다. 이 경우 전 세계 OTT 시장을 넷플릭스, 디즈니+와 함께 3분할을 할 수도 있을 것이다. 향후 컴캐스트가 어떤 전략으로 어떤 기업을 인수해 산업의 구도를 바꿀지 중요한 관전 포인트다. 미시시피의 작은 케이블 SO에서 시작해서 주요 국면마다 핵심 기업 인수에 성공해 세계 1위 미디어 기업의 자리에까지 오른 컴캐스트가 어떻게 성장해 왔는지 자세히 알아보자.

미시시피의 작은 케이블 회사가
AT&T 브로드밴드라는 공룡을 인수했다고?

AT&T 브로드밴드 인수

> 이 합병은 40년밖에 안 된 컴캐스트를
> 하룻밤 만에 완전히 다른 레벨의 회사로 만들어 주었다.
> _랄프 로버츠, 컴캐스트 창립자 · 의장

130년 전통의 AT&T는 어떻게 케이블 SO에 인수될 수밖에 없었나?   2001년 컴캐스트가 AT&T 브로드밴드를 720억 달러에 인수한다고 발표한다. 가입자 1,400만의 1위 케이블 유료 방송 기업인 AT&T 브로드밴드를 두고 5개월간 공룡 기업 AOL-타임워너, 케이블 경쟁자 콕스(Cox)와의 치열한 인수전 끝에 컴캐스트가 승리한 것이다. 이로써 3위 사업자 컴캐스트는 가입자 2,230만 명, 시장점유율 28.9%의 1등 유료 방송 사업자가 된다. 미시시피의 작은 SO에서 시작한 컴캐스트가 단기간 내에 1등 자리에 오른 것도 놀랍지만 130년 전통의 미국 대표 통신사 AT&T가 미래 성장 동력으로 삼고 야심 차게 인수한 1등 유료 방송을 컴캐스트에 넘길 수밖에 없었던 이유에 더 관심이 집중됐다.

AT&T(American Telephone & Telegraph Company)는 미국을 대표하는 통신 회사다. 그레이엄 벨이 설립한 미국 최초의 통신 회사로 통신 산업의 특성상 초기 시장을 독점했다. 장거리 전화와 지역 전화 시장을 독점해 다른 사업자들이 시장에 진입하기 어려운 구조가 고착됐다. 정부는 여러 시정 명령으로 시장 구조를 바꿔 보려고 했지만 독점 구조는 바꿀 수 없었고 결국 정부는 반독점법 소송을 제기한다. 법원은 1984년 강제 분할을 명령해 AT&T는 사업권역을 구분해 장거리 전화 사업자 AT&T(Mother Bell)와 7개 지역 전화 사업자(Baby Bell)[15]로 분할된다. 그런데 1996년 전기통신법(Telecommunication Act) 개정으로 모회사 AT&T와 7개 자회사가 동일 시장에서 경쟁하는 구도로 바뀐다.

AT&T는 이미 경쟁이 포화된 전화 시장에서 7개 자회사들과 경쟁하는 것은 승산이 없다고 판단하고 케이블TV를 새로운 성장 동력으로 삼는다. 케이블TV를 통해 이용자를 연결하는 라스트 마일(last mile)[16]을 확보함으로써 통신과 방송 모두에서 경쟁력을 얻을 수 있다고 판단한 것이다. AT&T는 1998년 1위 케이블 SO인 TCI를 인수하고 사명을 'AT&T 브로드밴드(AT&T broadband)'로 바꾼다. 다음 해 컴캐스트와의 인수전 끝에 4위 사업자인 미디어원(MediaOne)까지 합병해 전체 케이블TV 시장의 60%를 차지하고 시장지배적 사업자가 된다. 합병에는 성공했지만 미디어원이 보유하고 있던 ISP 로드러너의 지분 등 많은 자산을 매각하고 소유 제한 비율 30% 조건까지 감수한 무리한 합병이었다.

이때 승자의 저주인지 회사의 주 수입원인 장거리 전화 가격이 하락하고, 닷컴버블 붕괴로 미국 경제가 불황에 빠진다. 두 케이블 회사를 인수하며 생긴 부채와 TCI의 인프라 업그레이드 비용이 인수 전 예상보다 더 많이 소요돼 경영난에 빠지게 된다. AT&T는 결국 4개 회사로 분할하고 성장 동력으로 삼았던 케이블 사업 부문을 매각하기로 결정한다. 업계 1등 기업

컴캐스트는 AT&T 브로드밴드를 인수하고 사명을 AT&T 컴캐스트로 바꾼다.

이 매물로 나오자 모든 관련 기업들이 인수전에 뛰어든다. 2위 사업자인 콕스와 역대 최대 규모의 합병으로 탄생한 AOL-타임워너가 인수전에 나선다. 그리고 1963년 미시시피에서 가입자 1,200명으로 시작해 수많은 인수합병을 통해 3위까지 오른 컴캐스트도 인수전에 뛰어든다. 미디어원 인수전에서 AT&T와 치열한 경쟁을 한 적이 있는 컴캐스트에 대해 AT&T CEO인 마이클 암스트롱은 "컴캐스트는 절대 안 돼."라며 공개적으로 반대하고 나선다.

AT&T CEO의 반대에도 불구하고 컴캐스트는 업계 1위라는 왕관을 차지하기 위해 높은 인수가와 부채 승계 카드는 물론 사명 승계 조건까지 제시해 AT&T 브로드밴드를 차지한다. 컴캐스트가 720억 달러(약 80조 원)라는 거액을 지불하는 인수 기업임에도 불구하고 AT&T를 앞에 내세운 AT&T 컴캐스트로 사명을 변경한다. 컴캐스트가 AT&T 브로드밴드를 차지하고자 하는 욕망이 얼마나 컸는지 알 수 있다. AT&T처럼 승자의 저주에 걸릴 만한, 무리한 인수합병의 결과는 어땠을까?

AT&T 브로드밴드 인수,
세계 최대 미디어 기업 도약의 첫발

AT&T 브로드밴드 인수로 컴캐스트는 2001년 미국 케이블TV 1위에 등극하고 20년이 지난 현재까지도 1위 자리를 굳건히 지키고 있다. 시장 점유율 확대 측면에서는 성공적이지만 문제는 인수가다. 2, 3위 사업자들과의 경쟁으로 AT&T 브로드밴드의 인수가가 너무 높아졌고 부채까지 승계해 주가는 부정적으로 반응했다. 인수 전 24달러였던 주가는 인수 후 13달러까지 폭락했고 이후 수년간 하락을 면치 못했다.

컴캐스트의 AT&T 브로드밴드 인수는 실패로 끝났을까? 단기적으로는 재무 부담에 시달렸지만 컴캐스트는 1위 사업자로서 안정적인 수익을 통해 디즈니에 적대적 합병까지 시도할 만큼 성장했다. 그리고 결과적으로 2009년 NBC유니버설을 인수함으로써 최대 미디어 기업으로 성장했다. 미디어 산업에서 디즈니와 같은 콘텐츠 기업은 블록버스터 콘텐츠가 성공할 때 많은 주목을 받지만 콘텐츠 사업은 특성상 변동성이 크다. 다수의 콘텐츠가 적자를 내기 때문에 사업 안정성도 낮다.

반면 유료 방송이라는 플랫폼 사업자들의 산업 내 역할과 비중은 시청자들이 일반적으로 생각하는 것보다 매우 크고 사업은 안정적이다. 콘텐츠 사업처럼 대규모로 실패할 가능성이 거의 없고, 케이블의 경우 지역 독과점 사업 구조에서 안정적인 수익이 발생하며, 인프라 투자에 대한 예측이 가능하기 때문이다. 아래 그림처럼 코드커팅의 심화로 유료 방송 가입자는 줄고 있지만 OTT 서비스 이용을 위한 초고속 인터넷 가입자가 크게 늘어 유료 방송의 하락을 초고속 인터넷 부문이 상쇄하고 있다.

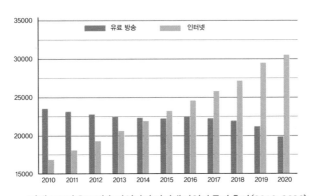

컴캐스트의 유료 방송 가입자와 인터넷 가입자 증가 추이(2010~2020)

2010년부터 10년간 컴캐스트 가입자 추이를 보면 케이블 가입자는 2,300만 명에서 1,900만 명으로 약 20% 감소했지만 초고속 인터넷 가입자는 같은 기간 1,700만 명에서 3,100만 명으로 거의 2배 가까이 증가해 오히려 매출이 3.4% 증가했다.

높은 인수가의 AT&T 브로드밴드 인수를 단기적 관점에서 성공한 M&A로 평가하기는 힘들지만, 컴캐스트가 세계 최대 미디어 기업으로 성장하는 데에는 주춧돌이 된 결정적 M&A였다. AT&T 브로드밴드 인수로 미디어 공룡으로 성장하는 기초를 다졌다면 NBC유니버설 인수는 컴캐스트를 미디어 공룡으로 도약시킨 인수합병이었다. 케이블 SO가 어떻게 미국의 최초 지상파 방송 NBC와 유니버설을 인수했는지 다음 장에서 알아보자.

미국 최초 지상파 방송 NBC가 케이블 회사에 인수된 사연은?

컴캐스트의 NBC유니버설 인수

> 확실한 사실은 사람들이 TV를 사랑한다는 점이다.
> 많은 사람이 TV를 볼 수 있게 하면 우리도 사랑을 받는다.
> _브라이언 로버츠, 컴캐스트 회장

세계 최대 기업 GE는 왜 미국 방송의 자존심 NBC를 케이블 회사에 넘겼나? 2008년 금융 위기로 세계 최대 기업 GE는 위기에 빠진다. GE 캐피털의 대출과 금융 투자 부문이 엄청난 손실을 내며 GE그룹 전체가 무너질 위기에 처한다. GE가 보유하고 있던 NBC유니버설도 금융 위기 여파로 광고 수익이 급감해 어려움에 처한다. 하지만 모기업 전체가 휘청거리고 있어 NBC유니버설을 도와줄 상황이 아니었다. 이때 컴캐스트가 나선다. 미국 최대 유료 방송 사업자인 컴캐스트는 NBC유니버설과 'NBC컴캐스트'라는 합작 법인을 설립해 NBC유니버설의 지분 51%를 인수한다. 말이 합작법인이지 실질적으로는 컴캐스트가 약 300억 달러에 NBC유니버설을 인수한 것이다.

NBC유니버설은 미국 3대 지상파 방송사인 NBC와 히스패닉 채널 텔레문도(Telemundo)를 포함해 MSNBC, CNBC, USA, 사이파이(Sci-fy) 등의 케이블 채널과 영화 제작사 유니버설 스튜디오, 테마파크 등을 보유한 종합 미디어 기업이었다. 디즈니와 유사한 콘텐츠 중심 기업이다. 컴캐스트는 2,380만 명의 케이블 가입자와 1,530만 명의 초고속 인터넷 가입자, 600만 인터넷 전화(VoIP) 가입자를 보유한 미국 내 최대 플랫폼 사업자다. E!, Golf 채널, 홈쇼핑 QVC 등의 케이블 채널도 보유하고 있었다.

1등 플랫폼 기업과 콘텐츠 기업이 수직 결합해 미디어 공룡이 탄생한다. 합병 회사의 자산은 10개의 TV·영화 스튜디오, 20개 케이블 채널, 11개 지역 방송국, 15개 텔레문도 지역 방송국, 9개의 지역 스포츠 채널, 2개의 프로 스포츠팀, 4개의 유니버설 테마파크 등으로 어마어마한 규모다. 합산 매출 512억 달러(약 59조 원)에 달하는 미국 최대 미디어 기업이 탄생한 것이다. 2001년 AT&T 브로드밴드를 인수하며 본격적으로 미디어 산업에 두각을 드러낸 컴캐스트가 어떻게 NBC유니버설까지 인수하며 불과 10년이 안 되는 짧은 기간에 미국, 아니 세계 최대 미디어 기업이 된 것일까?

AT&T를 먹은 컴캐스트, 다음은 지상파 방송? 1996년 전기통신법 개정 후 미디어 산업에서는 각 산업의 경계가 무너져, 통신 사업자는 방송·콘텐츠로 진출하고 케이블 사업자들은 통신으로 진출하는 무한 경쟁이 펼쳐졌다. 컴캐스트도 이 시기에 1등 유료 방송 AT&T 브로드밴드와 아델피아를 인수하며 1위 자리에 올랐다. 하지만 규모가 몇 배 더 큰 통신사들이 미디어 산업에 들어오자 경쟁 구도는 더 복잡해졌다. 통신사들이 콘텐츠 기업을 인수해 대형화될 경우 협상력도 약해지고 경쟁 기업의 콘텐츠를 수급하지 못할 경우 경쟁 열위에 처하게 된다. 게다가 플랫폼 사업자들

컴캐스트와 NBC유니버설 합병 자산

은 콘텐츠 사업자들과 해마다 끊임없는 대가 협상을 해야 한다. 특히 재송신 관련 제도의 변화로 지상파 방송사들과의 재송신료 협상은 갈수록 어려워지고 있었다. 재송신 협상이 결렬되면 방송사들이 바로 방송 송출을 중단하기 때문에, 가입자 이탈이 이어져 가입자 기반 비즈니스의 리스크가 커지고 있었다.

플랫폼만으로는 시장 경쟁력 확보가 어렵다고 판단한 컴캐스트는 사업 포트폴리오 보강을 위해 콘텐츠 기업 확보에 나선다. 품질 높은 콘텐츠를 안정적으로 공급받는 한편 콘텐츠에 대한 권리를 바탕으로 경쟁 플랫폼 사업자들 대비 협상력과 경쟁력 우위를 유지하기 위한 전략적 선택이다. 컴캐스트는 먼저 프랑스 비방디사가 매각하려고 하는 유니버설 스튜디오 인수에 뛰어들었다. 하지만 NBC를 보유하고 있던 GE와의 인수 경쟁에서 고배를 마신다.

다음으로 디즈니 인수에 나선다. 컴캐스트는 550억 달러의 주식과 119억 달러의 부채 상환을 조건으로 디즈니에 합병을 제안했다. 말이 제안이지 적대적 합병 시도다. 당시 디즈니는 CEO인 마이클 아이스너와 디즈니 이사회의 불화로 리더십이 흔들리며 위기에 처해 있었다. 브라이언 로버츠 회장은 마이클 아이스너가 물러날 것을 예상하고 디즈니 이사회에 거액의 인수가를 제시하며 공략한다. 하지만 마이클 아이스너는 제안을 무시하고 이사회에 보고도 하지 않는다. 오히려 경영권 방어 전문 변호사를 선임해 방어에 나선다. 그러자 컴캐스트 주가가 급락하고 주식 교환 방식의 인수 제안가가 동반 하락한다. M&A에 협조할 것으로 예상했던 디즈니 이사회마저 컴캐스트의 인수 제안가가 낮아지자 인수 논의를 거부한다. 디즈니에 대한 M&A 시도는 실패로 끝난다.

이제 남은 것은 NBC유니버설? 다음 타깃으로 불과 수년 전 유니버설 인수전에서 자신을 패배시켰던 GE의 NBC유니버설을 노린다. 거대 기업 GE 산하에 있던 NBC유니버설의 그룹 내 비중은 10% 내외로 크지 않았고 그룹의 중공업, 전자, 금융 등의 사업과 시너지도 크지 않았다. 그런데 2008년 금융 위기로 모기업 GE의 핵심 사업인 GE 캐피털에서 큰 손실이 발생한다. 정부의 구제로 기업 전체가 무너지는 사태는 막았지만 광고 수익 감소로 어려움을 겪고 있는 NBC유니버설을 돌볼 여력은 없었다. GE는 이참에 NBC유니버설 매각을 고려한다. 두 번이나 고배를 마신 컴캐스트에 기회가 찾아온 것이다. 두 회사 모두 서로의 부족한 부분을 채우고 어려움을 타개하기 위해 컴캐스트와 NBC유니버설의 합병이 이루어진다.

하지만 3대 지상파 방송과 1위 케이블 사업자라는 거대 미디어 기업의 결합에는 합병 심사라는 높은 관문이 기다리고 있었다. 우리나라에 비유하면 KT가 SBS와 2위의 영화 배급사(롯데엔터테인먼트), 에버랜드 모두를 인수하는 것보다 더 큰 규모다. 경쟁 기업들은 컴캐스트가 NBC유니버설의 콘텐츠를 독점하거나 차별할 것이라는 우려를 쏟아냈다. ABC, CBS, FOX

등 지상파 방송사들은 컴캐스트가 NBC를 등에 업고 재송신 협상에서 영향력을 행사할 가능성을 제기한다. 재송신 계약이 현물 계약 방식으로 전환되는 과정에서 유료 방송 사업자들과 지상파 방송사들 간의 갈등이 고조되고 있었고 실제 협상 결렬에 따른 블랙아웃도 빈번히 발생해 지상파 방송사들 모두 합병에 반대했다.

연방통신위원회(FCC)도 13개월의 합병 심사를 거쳐 무려 7년간 많은 부과 조건[17]을 준수해야 하는 조건부 승인을 한다. FCC는 네트워크-콘텐츠 사업자의 수직 결합으로 얻어지는 네트워크 부문에서의 시장 지배력을 경쟁 콘텐츠 사업자를 배제하는 수단으로 활용할 개연성이 있지만, 그 개연성만으로 경쟁 저해성을 판단할 수 없다고 봤다. 많은 조건이 부과된 두 회사의 성과는 어땠을까?

일개 케이블 사업자가 아닌 미디어 공룡으로의 도약   컴캐스트와 NBC유니버설의 합병의 성과는 바로 수치로 나타난다. 합병 전 매출은 2010년 379억 달러에서 2012년 625억 달러로 약 64%나 증가한다. 영업 이익도 합병 전 36억 달러에서 62억 달러로 2배 가까이 증가한다. 컴캐스트는 NBC유니버설 인수에 137억 5,000만 달러를 지불했지만 2년 만에 매출이 246억 달러 증가했고, 영업 이익도 26억 달러 증가했다. NBC유니버설도 합병 후 2012년 매출은 12.7%, 영업 이익은 9% 증가해 전년도의 각각 3.7%, 2.3%에 비해 큰 폭으로 성장한다.

단기간에 좋은 성과를 거둔 컴캐스트는 2013년 167억 달러를 마저 지불하고 나머지 지분 49%를 매입해 NBC유니버설 인수를 마무리 짓는다. AT&T 브로드밴드를 높은 인수가에 매입해 떨어진 주가도 2배 넘게 상승해 500억 달러 수준에 머물던 시가총액이 1,000억 달러를 돌파하며 본격

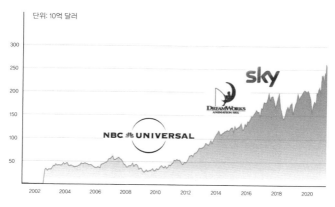

단위: 10억 달러

주요 M&A 시기 컴캐스트 시가총액 증가 추이

적인 성장이 시작된다.

컴캐스트의 막강한 자금력을 등에 업은 NBC유니버설은 적극적인 투자에 나선다. 그리고 콘텐츠와 플랫폼의 수직 결합의 효과가 효율성 향상으로 이어진다. 대표적인 사례는 올림픽 중계다. NBC유니버설은 컴캐스트의 자본력을 바탕으로 올림픽 및 NFL 등 인기 스포츠 중계권에 과감히 투자한다. 2012년 런던 올림픽 중계로 최고 시청률과 광고 수익을 거둔 컴캐스트는 75.5억 달러를 투자해 2032년까지 중계권을 확보한다.

올림픽은   1988년부터 올림픽을 중계해 온 NBC는 올림픽 채널이라는
NBC   명성을 가지고 있었지만, 치솟는 비싼 중계권료 때문에 NBC
만으로는 이익을 내기 어려웠다. 2010년 밴쿠버 동계 올림픽에서는 2억 2,000만 달러가 넘는 대규모 적자를 내기도 했다. 하지만 합병 후 2014년 소치 동계 올림픽에서는 11억 달러의 광고 수익을 거둬 밴쿠버 올림픽과는 반대로 3억 달러 이상의 흑자를 낸다.

2016년 리우 올림픽에서는 NBC 지상파 방송 채널뿐만 아니라 11개의

NBC는 컴캐스트의 자원을 총동원해 다양한 플랫폼에서 올림픽 전 경기를 중계한다.

라이브 채널과 40개의 라이브 스트리밍 방송을 통해 6,000시간이 넘는 올림픽 콘텐츠를 제공한다. 1996년 애틀랜타 올림픽의 270시간 대비 무려 20배 이상 증가한 것이다. 12억 2,000만 달러(약 1조 4,000억 원)나 되는 비싼 중계권료(한국 중계권료는 약 3,300만 달러 수준)에도 불구하고 컴캐스트가 보유한 수십 개의 방송 채널과 올림픽 홈페이지, VOD 서비스를 총동원해 방송 시간을 늘리고 더 많은 광고를 팔 수 있게 된 것이다. 광고 수익도 크게 증가한다. 리우 올림픽의 광고 수익은 12억 3,000만 달러 이상으로 직전 런던 올림픽 대비 20% 증가했고 그 외 각종 디지털 및 SNS와 인터넷 중계를 통해 2억 5,000만 달러의 추가 수익도 거둔다. 또 올림픽 중계로 케이블 가입자도 3만 2,000명이 늘었다. 전년 코드커팅으로 4만 8,000명 감소한 것과 비교하면 상당한 성과다.

영화에도 적극적으로 투자해 인수 이후 제작한 〈미니언즈〉, 〈분노의 질주: 더 세븐〉, 〈쥬라기 월드〉 등의 영화가 연달아 메가 블록버스터의 기준인 '10억 달러'를 넘기는 성공을 거둔다. 이전 모기업 GE는 제조업 기반 기업으로 사업 연관성이 낮아 투자 결정은 보수적이고 너무 신중했다. 하지만 컴캐스트는 사업 연관성이 높아 다방면에서 연관 다각화의 성과가 난다. 앞서 살펴본 올림픽의 경우 2032년까지의 올림픽 중계권료가 75억 5,000만 달러(약 90조 원)로, 일개 방송사가 이렇게 큰 투자를 하는 것은 불가능하다. 하지만 안정적인 자본력을 가진 컴캐스트는 핵심 콘텐츠에 장기 투자가 가능하고 이는 NBC유니버설의 경쟁력이 되었다.

한편 OTT·디지털 서비스들로 인해 컴캐스트의 유료 방송 사업에 대한 리스크가 커지고 있지만 NBC유니버설 콘텐츠를 OTT·디지털 서비스에 판매해 리스크가 상쇄되는 효과도 있다. 또한 OTT와 디지털 서비스는 NBC유니버설과 경쟁 관계지만 초고속 인터넷 이용의 증가를 촉진해 컴캐스트의 전체 매출은 증가하는 구조로, 다각화된 수익원은 위기 상황에서 높은 경쟁력을 보여 준다.

다각화된 연관 사업 포트폴리오를 갖춘 컴캐스트는 2015년 시가총액 1,550억 달러로 디즈니를 제치고 1등 미디어 기업의 자리에 오른다. 디즈니와 넷플릭스처럼 화려하지는 않지만 내실 있는 미디어 기업 컴캐스트는 미디어 업계의 히든 챔피언이라고 할 수 있다.

Giants
Global Media

PART 4

실패로부터 얻는 교훈

2010년대 초반 미국 미디어 산업은 6대 미디어 공룡 체제로 재편됐다. 그런데 불과 10년 만에 디즈니, 컴캐스트(NBC유니버설), 타임워너, CBS, 바이어컴, 폭스(뉴스코퍼레이션) 중 살아남은 기업은 디즈니와 컴캐스트뿐이다. HBO와 CNN, 워너브라더스라는 쟁쟁한 브랜드를 가진 타임워너는 AT&T에, 폭스는 디즈니에 합병됐다. CBS와 바이어컴은 자체 합병으로 살아남았지만 위상은 디즈니, 컴캐스트와 비교할 바가 아니다.

넷플릭스와 구글의 유튜브, 아마존의 프라임 비디오 등 빅테크 기업들의 미디어 진출로 미디어 산업은 또다시 재편됐다. 앞서 PART 2, 3에서 알아본 것처럼 빅테크의 공세에 디즈니, 컴캐스트 등은 결정적인 M&A의 성공으로 미디어 공룡으로 성장해 살아남았다. 하지만 그 외 기업들은 시장의 변화를 제대로 읽지 못해 빅테크 기업과 무모한 소모전을 벌이다 디지털 전환에 실패하거나, 무리한 M&A로 승자의 저주에 걸려 시장에서 도태됐다.

시장과 산업의 변화에 대응해 대부분의 기업들은 규모의 경제를 갖추기 위해 다양한 수직·수평 결합 기업 인수 및 합병으로 대응했다. 모두 열심히 했다. 하지만 왜 디즈니, 컴캐스트는 성공했고 나머지 기업들은 실패했을까? 기업 인수합병은 성공 사례보다 실패 사례가 월등히 많다. 승자의 기록이라는 역사의 특성상 디즈니, 컴캐스트의 성공 사례가 압도적으로 많이 부각되고 회자된다. 하지만 우리가 배우고 교훈을 얻어야 할 것은 오히려 실패의 교훈들이다. 미디어 역사상 가장 큰 실패 사례로 꼽히는 AOL과 타임워너 합병, AT&T의 몰락, 미국을 대표했던 방송사 CBS와 바이어컴의 시장 변화와 엇갈린 행보, 컴캐스트의 디즈니에 대한 적대적 인수합병 실패 사례를 통해 우리가 얻어야 할 교훈은 무엇인지 PART 4에서 자세히 알아보자.

아들이 엄마를 삼켰다
M&A로 망한 AT&T

> 하루가 다르게 바뀌는 시장에 한 발 앞서 대응하지 못하면
> 아무리 큰 기업도 퇴보할 수밖에 없다.
> _마이클 암스트롱, AT&T 회장

미국 통신의 역사 AT&T가 2005년 1월 미국의 지역 전화 사업자 SBC
역사 속으로 사라졌다고? 가 AT&T 인수를 발표한다. 그러자 언론들
은 "아들이 엄마를 삼켰다."라며 대서특필한다. 전화를 발명한 알렉산더 그
레이엄 벨이 1876년 설립한 미국의 대표 통신사이자 통신의 역사 그 자체
인 AT&T에 도대체 무슨 일이 있었기에 일개 지역 전화 사업자에게 인수
돼 역사 속으로 사라지게 됐을까?

AT&T는 통신 산업의 역사 그 자체로 미국인들이 가장 자랑스러워하는
회사 중 하나다. 2019년 브랜드 소비자 조사에서도 AT&T는 뉴욕타임스와
함께 미국인이 가장 자랑스러워하는 기업 8위에 랭크됐다. 미국인들은 좋
아하는 회사지만 미국 정부는 AT&T를 별로 좋아하지 않았다. AT&T가 통

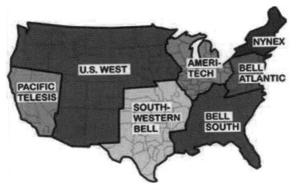

지역 전화 사업자들의 지역별 분할도. 법원의 강제 명령에 따라
지역별로 7개의 전화 회사들이 설립되었고 이들을 베이비 벨이라 부른다.

신 시장을 독점하면서 다른 사업자들이 시장에 진입하지 못해 경쟁이 제약
되자 법무부가 나서서 독점 소송을 제기한다. 정부가 승소해 법원의 강제 명
령에 따라 1984년 AT&T를 8개의 회사로 강제 분할한다. 모회사인 AT&T
는 장거리 전화를 담당하고 7개 회사는 지역 전화를 담당한다. 강제 분할 후
모회사 AT&T는 '마 벨(Ma bell, Mother Bell)'이라고 불렸고 지역 전화 회사
(RBOC, Regional Bell Operating Companies)는 '베이비 벨(Baby Bell)[18]'이
라고 불렸다.

　그런데 분할된 지역 전화 사업자 베이비 벨 중 하나인 SBC커뮤니케이
션스(SBC Communications)가 모회사인 AT&T를 인수하자 "아들이 엄마
를 삼키다."라고 표현한 것이다. AT&T에게는 굴욕스러운 일이지만 미국
정부와 법원의 강제 분할로 촉진된 경쟁 정책이 통신 시장의 재편을 가져
온 것이다. 분할된 '마 벨' AT&T가 자회사에게 인수된 이유는 여러 가지가
있지만 무리한 M&A가 가장 큰 원인이다. 여전히 AT&T라는 이름이 사용
되고 있지만 역사 속으로 사라진 '마 벨' AT&T는 어떤 기업을 인수했다 무
너지게 된 걸까?

새로운 생존 전략은 1984년 강제 명령 이후 장거리 전화 사업만을 할 수
케이블이다 있게 된 AT&T는 경쟁 사업자 MCI와 치열한 경쟁
을 벌였다. 그런데 1996년 전기통신법 개정으로 장거리 전화와 지역 전화
사업을 모두 하는 게 가능해졌다. 갑자기 지역 전화 사업자인 베이비 벨 기
업들이 AT&T의 경쟁자가 된다. 지역 전화 사업자들은 지역 독점을 기반
으로 탄탄한 영업망을 구축하고 있어 전국 사업자인 AT&T의 장거리 전화
시장을 빠른 속도로 잠식해 왔다. 분할 당시 AT&T의 점유율은 68%에서
시작했지만 2004년 30%까지 하락하며 반 토막이 난다. 반면 AT&T의 지
역 전화 시장 침투는 2%에 불과해 베이비 벨들과의 경쟁에서 일방적으로
밀린다.

그러자 CEO인 마이클 암스트롱 회장은 장거리 전화 사업자에서 '글로
벌 텔레커뮤니케이션 슈퍼마켓'으로 전환한다는 비전을 발표하며 전략
을 바꾼다. 이미 치열한 레드오션인 전화 시장에서 점유율 경쟁을 하는 것
은 승산이 없다고 판단하고 케이블TV를 신성장 동력으로 하는 성장 전략
을 수립한다. 케이블TV 인수를 통해 소비자들과의 라스트 마일(last mile)
을 확보하게 되면 전화와 케이블TV, 인터넷을 결합하는 TPS(Triple Play
Service)[10] 원스톱 서비스를 제공해 다시 시장을 장악할 수 있다고 봤다.

AT&T는 케이블 기업의 인수에 나서 2년간 1,100억 달러를 투자해 업
계 상위 케이블 기업들을 인수해 1위 자리에 오른다. 먼저 1998년 업계
1위 케이블 기업인 TCI를 480억 달러에 인수한다. 1,300만 가입자의 TCI
인수를 통해 AT&T는 200억 달러 이상의 비용 절감으로 경쟁 사업자들 대
비 경쟁 우위를 차지할 것으로 전망됐다. 시장도 화답해 주가가 가파르게
상승한다. AT&T는 여기에서 멈추지 않는다. 1999년 이미 컴캐스트와 인
수 계약이 체결된 업계 2위 '미디어원(MediaOne)'에 욕심을 낸다. AT&T
는 컴캐스트의 인수가보다 17% 더 많은 580억 달러를 제안해 컴캐스트와

미디어원 간의 계약 파기를 시도한다.

컴캐스트는 이미 미디어원을 600억 달러에 인수한다고 발표했다. 케이블TV 인수 사상 최대 규모로 컴캐스트가 미디어원을 인수하면 케이블TV 시장은 AT&T가 인수한 TCI, 타임워너의 로드러너, 컴캐스트의 빅3로 재편된다. AT&T는 컴캐스트가 경쟁자로 성장하는 것을 막고, 타임워너케이블을 가지고 있는 AOL과의 경쟁에서 우위에 서기 위해 무리한 인수에 나선 것이다. AT&T는 미디어원을 차지해 시장의 41%를 차지하는 절대 1위가 되고자 했다.

컴캐스트의 계약을 파기시키고 미디어원을 인수하기 위해 AT&T는 무리에 무리를 거듭한다. 미디어원이 보유한 타임워너엔터테인먼트 등 자산 매각을 포함한 각종 부관 조건의 이행과 함께 정부가 정한 가입자 30% 가이드라인도 준수하는 조건이 포함됐다. 시장 점유율 확대가 목적인 수평결합 인수에서 가입자 10%를 줄여야 하는 어처구니없는 조건까지 받아들인다. 또 이미 계약을 체결한 컴캐스트에 위약금 15억 달러를 지급하고 초기 신규 가입 75만 가구와 3년에 걸쳐 총 125만 가구 가입자의 인수 선택권까지 넘겨준다. 한편 컴캐스트는 주식 교환 방식의 제안가 600억 달러가 주가 하락으로 469억 달러로 낮아져 미디어원 인수는 불가능해졌지만 위약금에 신규 가입자까지 실속은 다 챙기고 물러났다.

승자의 저주에 빠진 AT&T AT&T는 1,100억 달러에 두 개의 회사를 인수해 압도적 1위가 되는 데는 성공했다. 하지만 인수 후 얼마 되지 않아 닷컴버블이 터지며 미국 경제는 심각한 불황에 빠진다. 거시 경제의 위기 속에 인수 기업인 TCI의 인프라 업그레이드 비용은 예측보다 훨씬 더 많이 소요됐다. 설상가상으로 본업인 장거리 전화 수익은 베이비 벨들과의

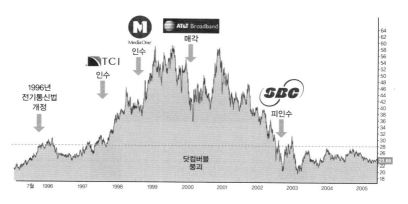

AT&T의 주가 추이. TCI와 미디어원 인수로 AT&T의 주가는 크게 상승했으나
무리한 M&A와 닷컴버블 붕괴, 장거리 전화 단가 하락 등으로 주가는 폭락한다.

경쟁으로 인해 크게 하락해 심각한 경영 위기에 빠진다. 당연히 주가는 반
토막이 난다. 신용 평가 기관 스탠더드 앤 푸어스(S&P)는 신용 등급 강등을
경고한다. 승자의 저주에 빠진 것이다.

심각한 경영 악화에 직면한 AT&T는 어렵게 인수한 알짜 사업부 AT&T
브로드밴드를 매각하기로 결정한다. 그런데 인수 기업은 아이러니하게
도 미디어원 인수를 두고 경쟁했던 컴캐스트였다. 1,100억 달러나 주고
인수한 케이블 사업 부문을 400억 달러 넘게 손해를 보고 팔 수밖에 없었
다.(PART 2 '04 미시시피의 작은 케이블 회사가 어떻게 AT&T를 인수했을까?' 참
조) AT&T는 무선 사업 부문인 AT&T 와이어리스까지 매각한다. 케이블
TV와 무선전화를 매각하며 살아남고자 몸부림쳤지만, 미래 성장 동력을 팔
아먹은 AT&T에게 미래는 없었다. 결국 파산하거나 인수될 운명에 처한다.

AT&T, 이름은 남았지만
기업은 역사 속으로

SBC커뮤니케이션스(SBC Communications)
는 베이비 벨 7개사 중 하나로 중서부 및 남부

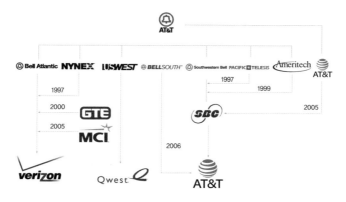

1984년 강제 분할된 AT&T는 8개 회사로 분리됐지만
20년 후 AT&T와 버라이즌이 다른 베이비 벨을 인수하며 다시 과점 시장으로 복원된다.

일원이 권역이었다. 1997년 형제 지역 전화 회사인 퍼시픽 텔레시스(Pacific Telesis, 서남부)을 인수하고, 1999년 아메리테크(Ameritech, 중북부)를 인수하며 2위 사업자로 성장했다. SBC는 규모의 경제를 갖추었지만 1위로 올라서기 위해 AT&T가 필요했다. AT&T의 2,500만 장거리 전화 가입자와 300만 기업 고객을 확보해 확실한 1위 사업자로 도약할 수 있었다. 또한 경쟁자 버라이즌을 이기기 위해서는 AT&T가 보유한 세계 최대 수준의 광 네트워크와 글로벌 기업에 제공하고 있는 통신망 확보도 중요했다.

그런데 SBC의 AT&T 인수가는 단돈 160억 달러였다. 미국의 대표 통신사의 인수가가 160억 달러(약 20조 원)도 안 됐다. AT&T가 인수한 TCI는 480억 달러, 미디어원은 580억 달러로 AT&T보다 3~4배 높았다. 그런데도 시장에서는 160억 달러도 너무 비싸다고 평가했다. 2000년 시가총액 2,500억 달러(약 287조 원)를 돌파하며 승승장구하던 기업이 불과 5년 만에 160억 달러에 팔리며 역사 속으로 사라진다.

그나마 다행인 것은 인수자인 SBC 에드워드 휘태커 회장은 "우리는 전 세계에서 가장 널리 알려지고 존경받는 AT&T 브랜드의 유구한 역사와 힘을 존중한다."라며 합병 회사 이름을 AT&T로 하기로 한다. 기업은 사라졌지만 이름은 남은 것이다. 이후 합병 회사는 2006년 벨 사우스(Bell South, 텍사스·플로리다 일대)를 인수하고 2014년에는 위성방송인 디렉TV를 671억 달러에 인수하며 플랫폼 기반의 미디어 공룡으로 성장한다.

세기의 잘못된 만남

02

AOL과 타임워너 합병

> 기업 역사상 가장 큰 실수다.
>
> _제프리 뷰커스, 타임워너 CEO

지금도 깨지지 않는 최대 M&A, AOL– 타임워너 합병

2000년 1월 역대 최대 규모의 합병 소식이 들려온다. AOL과 타임워너가 합병해 합병 규모 3,500억 달러(약 400조 원), 직원 수 8만 명의 기업이 탄생한 것이다. 인수 기업은 닷컴 붐으로 자산 가치가 급등한 미국의 대표 뉴미디어 기업 AOL(American On Line)로, 타임워너를 무려 1,640억 달러에 인수했다. 한화로 188조 원이고 20년 전 화폐 가치를 고려하면 300조 원이넘는 금액이다. 타임워너가 얼마나 대단한 기업이기에 그렇게 막대한 금액을 주고 인수한 것일까? 먼저 1,640억 달러라는 거액을 통 크게 투자한 AOL은 어떤 회사인지부터 알아보자.

AOL은 미국의 대표 포털사이트 및 인터넷 서비스 제공 업체(ISP, Internet

Service Provider)였다. 초기 인터넷 서비스인 PC통신을 서비스했고, 컴퓨터에 익숙하지 않은 사람들도 쉽게 쓸 수 있도록 포털사이트를 제공해 미국 내 인터넷을 대중화한 기업으로 유명하다. 닷컴버블 당시 시가총액이 2,220억 달러까지 올라 시티은행, AT&T를 뛰어넘었다. 하지만 엄청난 시가총액과 달리 내부적으로는 인터넷 가격 경쟁이 심해지고, 온라인 광고 시장도 크게 성장하지 못해 이익이 지속적으로 감소하고 있었다. 포털사이트와 인터넷 서비스만으로는 성장의 한계를 느낀 AOL은 미디어 기업과의 결합을 검토한다. 먼저 AT&T, 디즈니와의 결합을 시도했지만 거절당하고 타임워너의 문을 두드린다.

　타임워너는 타임과 워너가 합병해 만들어진 미디어 기업으로 주간지 《타임》 같은 인쇄 미디어와 CNN, HBO 등의 TV 채널, 타임워너케이블의 케이블 MSO, 워너브라더스의 영화 부문을 보유하고 있었다. 콘텐츠와 플랫폼이 결합된 MSP(Multiple System Operater & Program Provider)의 안정적인 사업 구조를 가지고 있었다. 막강한 콘텐츠 경쟁력과 인쇄 미디어부터 채널, 영화, 플랫폼까지 다각화된 비즈니스 모델을 갖춘 타임워너는 1999년 1위 미디어 기업의 자리에 오르며 승승장구하고 있었다. 하지만 닷컴버블 환경에서 빠르게 성장하는 것으로 보이는 인터넷 부문이 없어 불안해하고 있었다. 이때 AOL이 타임워너의 문을 두드린 것이다.

　당시 타임워너의 직원 수는 7만 명, AOL은 1.5만 명, 매출도 각각 270억 달러, 50억 달러로 타임워너의 규모와 각종 지표가 월등했다. 하지만 시가총액은 AOL이 거의 2배 가까이 높아 AOL이 인수 기업, 타임워너가 피인

AOL-타임워너 보유 자산

수 기업이 되었다. AOL-타임워너의 수직 기업 결합을 통해 뉴스, 잡지, 영화, TV 프로그램, 스포츠, 포털, 인터넷 접속, 전자 상거래 등 모든 미디어가 한 지붕 아래 모인 토털 미디어 그룹이 탄생한다.

합병 기업의 규모에 비례해 우려의 목소리도 컸고 험난한 합병 심사가 예상됐다. 인터넷 접속과 메신저 서비스를 독점하고 있던 AOL이 타임워너 케이블과 결합해 인터넷 시장의 경쟁을 저해할 것이라는 우려의 목소리가 컸다. 하지만 시장의 우려와 달리 연방통신위원회(FCC)는 뉴미디어 기업과 전통 미디어 기업의 결합에 있어 전통적인 규제 쟁점보다는 혁신에 더 많은 가치를 뒀다. 두 기업의 합병으로 인터넷 서비스가 더 활성화되고 디지털 기술이 미디어 시장으로 확대되는 혁신의 효과를 더 높게 평가해 10개월간의 심사를 거쳐 2001년 1월 일부 조건들을 강제하는 조건부 승인[20]을 한다. 경쟁자들의 우려와는 달리 싱거운 합병 심사였다. 그러나 정작 두 기업이 합병 후 형편없는 성과를 내며 경쟁자들의 우려가 기우였다는 게 증명되는 데는 그리 많은 시간이 걸리지 않았다.

세기의 잘못된 만남,   AOL-타임워너는 '세기의 잘못된 만남'이라는 평
성공할 리 없는 구조   가처럼 최악의 M&A로 평가받는다. 두 회사의 결
합 승인 후 불과 몇 개월 만에 닷컴버블이 터지며 IT 기업들의 주가는 급락
한다. 엎친 데 덮친 격으로 각종 민형사 소송으로 2002년 990억 달러의 영
업권 상각까지 하게 된다. 이런 실패는 이미 예견된 것이었다.

　AOL은 닷컴버블이 꺼지기 시작한 2000년 하반기부터 이미 실적이 악
화되기 시작됐다. 나중에 〈워싱턴 포스트〉를 통해 폭로된 내부 기밀 문서
에 의하면 AOL은 타임워너와의 합병을 위해 온갖 편법을 동원해 편법 매
출을 잡고 비용은 광고로 대신 집행하는 방법으로 경영 상황을 조작했다.
닷컴버블이 꺼지자 AOL은 본격적으로 침몰하기 시작한다. 최고 2,260억
달러에 달했던 시가총액은 200억 달러까지 10배 넘게 떨어졌다. 추락하는
것은 날개가 없다는 말처럼 하염없이 내리막길을 걷는다. 두 회사의 합병
을 추진했던 경영진들이 하나둘 회사를 떠났고 결국 2003년에는 사명에
서 인수 기업이었던 AOL을 빼고 '타임워너'로 변경하기에 이른다. AOL을
지워 버린 것이다.

AOL-타임워너 합병 이후 주가 추이

AOL-타임워너가 실패한 가장 큰 이유는 무엇보다 통합의 실패와 이용자 특성을 고려하지 않은 무리한 합병이었다는 데 있다. 결합 회사는 본질적으로 콘텐츠 사업의 구조와 시청자의 이용 행태를 잘못 이해했다. AOL 입장에서는 타임워너의 콘텐츠를 확보할 수 있지만, 타임워너 입장에서는 AOL이 콘텐츠를 독점할 경우 AOL(시장 점유율 30%) 이외의 70% 시장을 포기해야 한다. AOL이 타임워너의 콘텐츠를 독점하기 위해서는 타임워너의 기회 손실을 만회해 줄 만큼 더 높은 대가를 지불해야 한다. 가입자 증가가 독점 콘텐츠의 비용을 상쇄할 정도로 크거나 독과점적 시장 점유율을 가지고 있어야만 성립할 수 있는 구조다.

하지만 당시는 2000년대 초반으로 초고속 인터넷이 보급되지 않아 전화선으로 인터넷을 하던 시기로 타임워너의 영화, TV 콘텐츠는 그림의 떡이었다. 타임워너의 핵심 콘텐츠를 인터넷에서 서비스하기에는 시기상조였다. 게다가 당시는 냅스터 같은 불법 다운로드 서비스들이 판을 치던 시기다. 시청자들은 뉴미디어에서 콘텐츠에 비용을 지불할 의향도, 인식도 형성되어 있지 않았다. 쉽게 이용할 수 없고, 지불 의향도 없는 디지털 콘텐츠는 가입자를 유인하지 못했고 더 많은 플랫폼과 서비스에 콘텐츠를 판매해 더 많은 매출을 올려야 하는 타임워너 입장에서 AOL은 오히려 방해가 됐다. 이상적인 시너지를 기대했지만 아무런 시너지를 낼 수 없는, 애초에 잘못된 만남이었다.

이질적 조직 문화, 분열의 시작 인수 후 사후 관리(PMI)도 대실패였다. 인터넷 기업과 전통적인 미디어 기업인 타임워너는 DNA 자체가 달랐다. 품질 관리를 중요시하는 인터넷 서비스 기업과 창의력을 중요시하는 미디어 기업은 맞을 수 없었다. 이런 차이가 충분히 예상됐음에도 불구하고, 경영진들이 통합되기보다 반목하며 갈등의 골이 깊어졌다. 타임워너의 경영진은 사업 부문 간의 치열한 경쟁을 통해 회사 전체의 경쟁력을 유지하는 경영 원칙을 가지고 있었다. 그러나 AOL 경영진들은 사업 부문 간의 경쟁을 비효율적인 경영으로 보았고, 주가에 민감해 단기 실적 중심의 경영을 했다. 서로 다른 경영 철학의 경영진은 충돌할 수밖에 없었고 2001년 9·11 테러에서 폭발한다.

CNN을 보유한 타임워너는 9·11 테러라는 역사적 사건을 맞아 비용을 개의치 말고 취재와 방송을 하도록 지시한다. 언론 기업으로서의 책임과 역할을 해야 한다는 게 타임워너 경영진의 생각이었다. 그러나 9·11 테러의 충격으로 경제가 마비돼 광고 물량이 급감하자 AOL 출신 CEO 스테판 케이스(Stephen Case)는 주주의 이익에 반한다며 이에 반대하고 타임워너 CEO 제럴드 레빈(Gerald Levin)을 축출해 버린다.

단기 이익과 주가 위주의 경영을 한 AOL 경영진들은 달성하기 어려운 단기 목표를 설정하고 분기별로 실적을 점검하고, 실적을 달성하지 못한 임직원들을 문책했다. 결국 AOL의 CEO 스테판 케이스도 회계 부정과 부실 공시로 회사를 떠나게 된다. 기업 지배 구조 개선 헤지펀드인 칼 아이칸까지 나서 AOL을 공격한다. 인수 기업 AOL이 급격하게 몰락하여 피인수 기업의 이익으로 인수 기업의 손실을 메워야 하는 상황은 두 기업 간의 통합을 애초에 불가능하게 했다. 결국 2009년 AOL과 타임워너가 분사하면서, 세기의 잘못된 만남은 이혼 도장을 찍는 것으로 끝난다.

두 번의 합병, 두 배의 실패

바이어컴- CBS 합병

> 우리의 놀라운 상호 보완적인 운영은 앞으로 수십 년 동안
> 미디어 산업에서 바이어컴의 성공 스토리를 만들어 줄 것입니다.
> _섬너 레드스톤, 바이어컴 회장

왜 두 회사는 합병과　2019년 8월 미국 3대 지상파 방송 CBS와 파라마
분할을 반복하나?　운트 픽처스와 다수의 케이블 채널을 보유한 바이
어컴이 두 번째 합병을 발표한다. 같은 회사가 똑같은 합병을 두 번이나 하
는 건 매우 이례적이다. 1999년 바이어컴이 CBS를 370억 달러에 인수해
합병했다가 2006년 분할했다. 그런데 2019년 같은 회사가 다시 합병한 것
이다. 게다가 두 회사의 오너가 레드스톤 가문의 내셔널 어뮤즈먼츠(National
Amusements)로 같다.

　다른 미디어 기업들의 인수합병은 대개 시장 점유율을 확대하거나(수평
결합), 산업 내 밸류체인을 장악하기(수직 결합) 위해 시행된다. 그런데 바이
어컴과 CBS의 합병은 이런 사업적 목적보다는 주가 부양과 레드스톤 가문

의 세력 다툼에 의해 결정됐다. 업계는 두 회사가 어떤 시너지를 낼지보다 레드스톤 가문의 아버지와 아들, 딸, 부인 간의 막장 드라마에 더 관심이 많았다. 당연히 회사의 가치와 주가가 좋을 리 없었다. 한때 그리고 여전히 미국 콘텐츠 시장에 큰 영향력을 가지고 있는 CBS와 파라마운트 영화사에 도대체 무슨 일이 있었는지 복잡한 M&A 역사를 들여다보자.

두 번의 합병에서 인수 회사는 바이어컴이다. 그런데 바이어컴은 CBS에서 분리된 자회사였다. 바이어컴은 CBS의 프로그램 판매·배급 부서인 CBS 필름즈(CBS Films)로 시작해 1970년 바이어컴으로 사명을 변경한다. 그런데 1971년 연방통신위원회(FCC)의 'TV 방송사는 미국 내에서 자사 프로그램을 판매할 수 없다.'라는 정책으로 인해 CBS에서 완전히 분사한다. 그후 바이어컴은 독자적인 길을 가게 되고 1985년 쇼타임(Showtime), 무비 채널(The Movie Channel)을 인수하며 케이블 채널 부문으로 사업을 확장한다.

그러다 1986년 극장 프랜차이즈 기업 내셔널 어뮤즈먼츠가 바이어컴을 인수한다. 내셔널 어뮤즈먼츠는 미국 내 400여 개의 극장을 소유한 기업이었다. 1980년대 들어 케이블TV의 급성장으로 인해 극장 사업의 수익성이 낮아지자 사업 다각화를 위해 바이어컴을 34억 달러에 인수한다. 바이어컴 인수 후 MTV 네트워크를 매입하며 케이블 채널의 강자로 떠오른다. 극장과 케이블 채널을 모두 보유한 섬너 레드스톤[21] 회장은 두 개의 유통망을 채울 콘텐츠 공급자인 영화 스튜디오 인수를 추진한다.

그 대상은 파라마운트 영화사를 보유한 파라마운트 커뮤니케이션스였다. 파라마운트 커뮤니케이션스는 파라마운트 픽처스와 테마파크, 7개 지역 지상파 스테이션, 케이블 채널(USA 네트워크, MSG 네트워크)과 미국 최대 출판사 사이먼 앤드 슈스터, 뉴욕 프로 농구팀(New York Knicks)과 하키팀(New York Rangers)를 보유한 복합 미디어 기업이었다. 당시 마이클 아이스너(이후 디즈니 CEO)와 제프리 카젠버그(드림웍스 CEO) 등이 파라마운트의 전성기를 이끌고 있었다. 전성기의 파라마운트 커뮤니케이션스의 몸값은 치솟았고 최대 케이블 사업자 TCI와 홈쇼핑 기업 QVC의 치열한 인수전이 벌어졌다. 승부사인 레드스톤 회장은 인수 대금 마련을 위해 현금 유동성이 풍부한 최대 비디오 대여점 블록버스터까지 인수해 파라마운트 커뮤니케이션스 인수에 성공한다. 미국 역사상 가장 치열했던 인수전에서 승리해 파라마운트를 95억 달러에 인수한 바이어컴은 미국 4위의 종합 미디어 기업으로 성장한다.

'Bigger is better' 트렌드 속 CBS의 선택은? 한편 CBS(Columbia Broadcasting System)는 이름에서 보듯이 미국을 대표하는 지상파 방송사로 NBC와 함께 미국 방송을 태동시킨 미국 방송의 역사 그 자체다. 1995년 웨스팅하우스에 인수되기 전까지 대기업 자본 또는 모기업 없이 독자 생존해 왔다. 특히 뉴스에서 강세를 보여 월터 크롱카이트, 댄 래더 등 유명 앵커들이 이끄는 〈CBS뉴스〉와 〈60분(60 minuts)〉이 CBS를 대표하는 뉴스·시사 프로그램으로 미국인들의 큰 사랑을 받았다. 〈스타트랙〉, 〈CSI〉 시리즈로도 유명하다.

그런데 케이블TV가 급성장하면서 지상파 방송은 큰 위기에 직면한다.

CBS는 웨스팅하우스에 인수됐고 ABC는 디즈니, NBC는 GE 산하로 들어간다. 타임워너는 터너 브로드캐스팅을 인수한다. 1996년 전기통신법 개정으로 소유, 지분 규제가 완화되면서 미디어 기업들은 'Bigger is Better' 전략으로 몸집 불리기 경쟁에 들어간다. 모기업인 웨스팅하우스에 여력이 없기에 CBS는 독자적으로 몸집을 불릴 형편이 못 됐다. 이 상황에서 바이어컴이 CBS에 손을 내민다.

두 기업은 서로의 부족한 부분을 채워 줄 부분이 많아 시너지가 예상됐다. 바이어컴이 보유한 케이블 채널은 MTV 등 20~40대의 젊은 연령층을 타깃으로 하고 있었다. 50대 이상의 주 연령층을 타깃으로 하고 파라마운트 픽처스가 제작하는 영화와 대형 TV 시리즈를 유통할 수 있는 지상파 방송사가 필요했다. 반면 CBS는 TV의 주 연령층인 50대 이상에서 막강한 경쟁력을 가지고 있었지만, 프로덕션이 없어 파라마운트 커뮤니케이션스를 통한 안정적인 콘텐츠 공급이 필요했다. 채널 포트폴리오도 완벽해진다. 어린이 채널인 니켈로디언(Nickelodeon)으로 어린 시청자들을 확보하고, MTV 등 케이블 채널로 젊은 층을, CBS로 중장년층을 공략하는 편성 전략이 제대로 먹혀든다면 엄청난 시너지를 낼 것으로 전망됐다. 광고 판매도 전 연령층을 대상으로 판매 및 마케팅이 가능해 수익성 개선이 기대됐다.

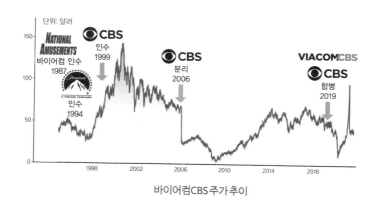

바이어컴CBS 주가 추이

게다가 CBS가 인수를 추진 중이던 대형 광고 회사 아웃도어 시스템즈까지 인수하면 제작부터 광고 판매까지 수직 계열화된 토털 시스템이 구축될 것으로 기대됐다.

합병 기업은 자산 가치 720억 달러로 타임워너(850억 달러)에 이은 2위 미디어 기업으로 도약한다. 시장의 반응도 긍정 평가 일변도로 주가는 폭등한다. 1999년 80달러였던 주가는 합병 이후 149달러까지 2배 가까이 치솟는다. 그러나 시장의 기대와 달리 두 기업의 합병 시너지는 나지 않았다. 여러 가지 원인이 복합적으로 작용했다. 합병 전 두 기업의 채널이 중복되지 않고 광고 판매는 전 연령을 대상으로 해 시너지가 날 것으로 기대했지만 하향세에 접어든 지상파 네트워크의 수익성이 좋지 않았다. 반면 성장세의 케이블 부문은 높은 성장세를 유지하며 바이어컴이 CBS의 손실을 보전하는 상황이 지속된다. CBS는 수익원이 광고에 편중되어 있었는데 합병 이후 터진 닷컴버블 붕괴로 미국 경제는 추락하며 광고 시장도 얼어붙었다. CBS의 하락 추세는 더 가팔라졌다.

인수가도 문제였다. 불과 4년 전 디즈니의 ABC 인수가는 190억 달러였다. 그런데 바이어컴은 CBS를 2배에 달하는 370억 달러에 인수했다. 1995년 웨스팅하우스가 54억 달러에 매입한 CBS의 가치가 4년 만에 약 7배나 증가했고, ABC 대비 2배나 비싼 인수가는 바이어컴에 재무적 부담을 줬다. 그런데 CBS는 시너지는커녕 수익 악화로 바이어컴에 부담만 주는 천덕꾸러기였다.

미디어 산업 최악의 막장 드라마, 레드스톤 패밀리 이런 거시적 환경의 어려움과 함께 섬너 레드스톤 회장의 리더십과 가족 간의 분쟁도 바이어컴과 CBS 합병 회사의 마이너스 시너지에 큰 몫을 한다. 바이어컴은 오너인 섬너 레드스톤 회장이 모든 사안을 챙기고 직접 결정했다. 파라마운트의 가장 성공적인 프랜차이즈 영화인 〈미션 임파서블〉의 주인공 톰 크루즈를 자른 것으로도 유명하다. 또 가족의 경영 참여를 용납하지 않는 독선적인 성격으로도 유명했다. 고령의 레드스톤 회장(인수 당시 76세)은 후계자를 용납하지 않았고 CBS의 CEO 멜 카마진과 아들, 딸(샤리 레드스톤 부회장) 사이에서 오락가락 행보를 보였다. 레드스톤 회장이 늙어 감에 따라 아들, 딸, 재혼한 부인 사이의 막장 드라마 같은 회사 권력 다툼과 후계자 싸움이 벌어진다. 가족 간에 소송과 이사회 퇴출을 위한 주식 매수, 매집 등이 수시로 벌어졌고 레드스톤 가문의 진흙탕 싸움은 하나하나가 기사화되며 세간에 알려졌다. CBS 멜 카마진 사장과도 이사회에서 사사건건 충돌해 카마진 사장은 4년 만에 물러난다.

이때까지의 전쟁은 전초전에 불과했다. 레드스톤 회장이 2016년 92세의 나이에 은퇴하자 딸 샤리 레드스톤이 회장에 올랐고 경영진과의 새로운 전쟁이 시작된다. 바이어컴의 CEO 필립 다우먼(Phillippe Dauman)과 법적 소송을 벌였고, 분리된 회사 CBS 레슬리 문베스(Leslie Moonves) 사장과도 갈등을 빚어 집안에는 내홍이 끊이지 않았다. 이런 상황에서 시너지가 날 리 만무했다.

구성원들의 업무 스타일도 달랐다. CBS는 지상파 방송의 특성상 수익에서 광고가 차지하는 비중이 매우 컸다. 그래서 조직도 광고 영업과 마케팅 중심으로 이루어졌다. 반면 바이어컴은 MTV와 파라마운트가 핵심 사업으로 크리에이티브를 중시하는 콘텐츠 제작 집단이었다. 콘텐츠 사업은 다양한 배급망과 글로벌 진출을 통해 수익이 다각화되어 있어 광고만큼 경기에 민감하지 않고 안정적이었다. 파라마운트의 영화는 바이어컴 인수 이후 〈포레스트 검프〉와 〈타이타닉〉 같은 작품들이 큰 성공을 거두고 있었다. 광고 영업 중심의 CBS와 크리에티브 중심의 바이어컴 조직 구성원들

간의 융화는 쉽지 않았고 바이어컴이 벌어들인 수익으로 CBS의 적자를 메우는 상황이 지속되자 조직 간의 갈등은 폭발 일보 직전까지 간다.

합병 6년 만에 다시 분할한다고? 이유는? 합병 후 150달러까지 올랐던 주가가 계속 떨어지자 바이어컴은 기업 가치 하락을 막기 위해 합병 6년 만인 2006년 다시 분리를 선택한다. 분리의 기준은 성장하는 케이블·영화와 비케이블이었다. 케이블의 성과를 비케이블로 인해 손상시키지 않겠다는 전략이다. 레드스톤 회장은 블록버스터를 매각하는 등 자구책을 단행하며 CBS를 한 기업 내에 두고 싶었지만 이사진들을 설득하는 데 실패하고 분리를 실행한다. 두 회사는 내셔널 어뮤즈먼트 이사회 아래 두 회사로 분리돼 운영된다. 그런데 분리 후 두 회사의 희비가 엇갈린다.

바이어컴은 초반에는 예상대로 매출이 증가했다. 하지만 인터넷, 디지털 미디어의 등장으로 타깃 시청층인 20~30대가 인터넷과 모바일 미디어로 이탈하며 MTV 등 케이블 채널의 시청률과 광고 수익이 급감한다. 이런 와중에 '콘텐츠가 왕'이라는 강한 신념을 가진 섬너 레드스톤 회장은 유튜브와 10억 달러 소송을 10년 넘게 벌이며, 케이블 채널의 주 타깃층이 이동한 디지털 미디어에 대응하지 않고 오히려 싸우며 급변하는 시장 흐름에서 뒤처진다.(PART 1 '03 구글은 어떻게 UGC 시장을 장악했나?' 참조) 설상가상으로 넷플릭스의 등장으로 코드커팅이 본격화되자 케이블 산업은 전체적으로 어려움을 겪게 된다. 케이블 채널 위주의 바이어컴은 직격탄을 맞는다. 바이어컴은 2014년을 정점으로 매출이 큰 폭으로 감소해 시가총액도 반 토막이 난다. 기업 가치를 지키기 위한 분리가 오히려 기업 가치를 더 떨어뜨린 것이다.

반면 CBS는 분리 후 단기적으로는 어려움을 겪었지만 새로운 CEO 레

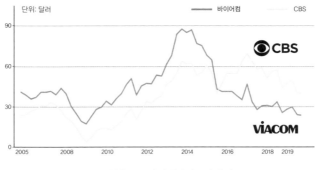

단위: 달러 　바이어컴 　CBS

분할 후 CBS와 바이어컴 주가 추이

슬리 문베스 취임 후 연이은 콘텐츠의 성공으로 반전의 계기를 마련한다. 인기 시트콤 〈빅뱅 이론〉은 수년간 시청률 1위 자리를 차지했고 〈CSI〉 시리즈의 연이은 성공과 스핀오프 〈NCSI〉까지 대성공을 거둔다. NFL은 최고의 인기를 누리며 여전히 건재한 지상파의 모습을 보여준다. 2019년 CBS의 광고 매출은 65억 달러로 미국 지상파 4사 중 1위다.(NBC 60억 달러, ABC와 FOX는 50억 달러 수준) 코드커팅에도 적극적으로 대응해 CBS 올액세스(CBS ALL ACCESS)를 만들어 방송사 중 가장 먼저 스트리밍 서비스를 시작했다. 보수적인 CBS 이사진과 경영진의 반대를 이겨내고 유튜브와도 협력해 적극적인 디지털 대응을 한다. OTT CBS 올액세스와 쇼타임(Showtime)은 가입자를 800만 명까지 확보하며 넷플릭스의 공세 속에 다른 지상파 방송에 비해 선방하며 디지털 미디어에 대응한다.

　희비가 엇갈린 바이어컴과 CBS의 사세는 2016년을 기점으로 역전된다. 그러자 재통합 논의가 거론되기 시작한다. 이번에는 CBS가 재통합에 반대하고 나선다. CBS의 CEO 문베스는 바이어컴과의 합병으로 인한 잠재적 위험을 감수할 생각이 없었다. CBS 이사회는 샤리 레드스톤 회장을 대상으로 소송을 제기하며 합병 논의를 중단시킨다. CBS 이사회는 이 합병이 CBS에 도움이 되지 않는다고 판단해 레드스톤 회장의 이사회 의결권

바이어컴CBS의 부문별 합병 자산

박탈을 시도했고, 레드스톤 회장이 CBS의 모기업인 내셔널 어뮤즈먼츠의
권한으로 의결권 박탈 조치를 무효화하려고 하자 CBS가 소송으로 맞선 것
이다. 그런데 갑자기 CEO 레슬리 문베스가 성추행 파문으로 자리에서 물
러나는 사건이 터진다. CBS의 반대 동력은 크게 약해지고 소송은 중단된
다. 그리고 내셔널 어뮤즈먼츠의 이사회 의장 샤리 레드스톤 회장은 합병
을 밀어붙인다.

합병 당시 바이어컴의 시가총액은 약 150억 달러, CBS의 시가총액은
250억 달러로 합산하면 약 400억 달러다. 1999년 합병 당시 시가총액은
720억 달러였는데, 17년 만에 재합병하는데 오히려 300억 달러 넘게 줄어
든 것이다. 시청률 1위 채널 CBS와 쇼타임, MTV, BET와 같은 경쟁력 있
는 케이블 채널과 〈미션 임파서블〉, 〈트랜스포머〉 등의 프랜차이즈 영화
시리즈를 보유한 파라마운트 픽처스를 보유하고 있음에도 불구하고 시장
의 평가는 싸늘했다.

미국 전체 가구 중 4분의 1이 코드커팅을 하고 있는 상황에서 케이블 채
널의 비중이 큰 바이어컴의 포트폴리오는 희망이 없었다. 또 넷플릭스에
대항할 스트리밍 서비스 준비도 미흡했고 훌루 연합에도 참여하지 않았

으며, CBS 올액세스 독자 서비스를 고집하며 고립의 길을 택했기 때문이다. 두 회사가 재통합했지만 미래는 전혀 밝지 않다. 바이어컴CBS의 시가총액은 263억 달러로 3,000억이 넘는 디즈니와 2,000억 달러대의 컴캐스트, 넷플릭스, AT&T와의 현격한 차이가 바이어컴CBS가 직면한 현실이다. OTT 대응도 가장 더뎌 CBS 올액세스를 파라마운트+로 바꾸고 가입자들을 모으고 있지만 가장 저조하다. 넷플릭스, 디즈니+와의 경쟁은 아예 불가능한 수준이다. 두 번의 합병을 통해 기업 가치는 3분의 1이 됐고 고민만 2배가 된, 누가 보기에도 실패한 합병이다.

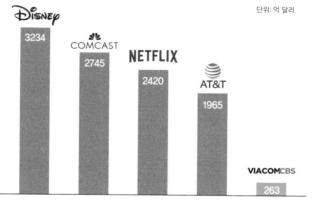

주요 미디어 기업 시가총액 비교(2021년 8월 기준)

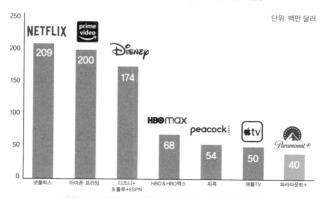

미국 OTT 서비스 가입자 현황(2021년 2분기 기준)

디즈니가 컴캐스트에 먹힐 뻔했다고?

컴캐스트 – 디즈니 인수 시도

> 두 회사가 함께한다면
> 혼자서는 해낼 수 없는 일들을 해낼 수 있다고 확신합니다.
> _브라이언 로버츠, 컴캐스트 CEO

케이블 회사가 미국 문화의 상징   2004년 2월 컴캐스트가 디즈니에 공
디즈니를 먹겠다고?   개적으로 적대적 기업 인수를 선언한
다. 컴캐스트 CEO 브라이언 로버츠가 언론에 나서 디즈니를 660억 달러
에 인수하겠다고 공개 제안한다. 불과 5년 전까지만 해도 시가총액 10억
달러에 불과한 작은 케이블 회사였던 컴캐스트가 미국 미디어의 상징인 월
트 디즈니를 인수하겠다는 선전포고에 업계는 물론 미국 전체가 깜짝 놀랐
다. 선전포고를 한 컴캐스트도 놀랍지만 디즈니에는 무슨 일이 있었길래
컴캐스트가 디즈니를 인수하겠다고 공개적으로 나섰는지 세간의 관심이
디즈니에 쏠렸다.

먼저 컴캐스트가 왜 디즈니를 인수하려고 했는지 간략히 알아보고 디즈

니에 무슨 일이 있었는지 자세히 살펴보도록 하자. 컴캐스트는 AT&T 브로드밴드 인수에 성공해 유료 방송 1위 사업자에 올라섰지만 규모가 큰 통신사들의 미디어 시장 진입으로 인한 경쟁 구도의 변화가 예상됐다. 지상파 방송사 등 콘텐츠 제공자들과의 협상도 갈수록 어려워지고 있었다. 플랫폼의 한계를 극복하기 위해 컴캐스트는 콘텐츠 기업 확보에 나선다. 또 한편 브라이언 로버츠 회장은 케이블 가이를 뛰어넘어 뉴스코퍼레이션의 루퍼트 머독 같은 미디어 거물이 되고 싶었다. 이를 위해 지상파 방송사 또는 메이저 스튜디오가 필요했다.

컴캐스트는 먼저 프랑스 비방디사가 매각하려는 유니버설 스튜디오 인수전에 뛰어든다. 하지만 당시 미국 최대 기업 GE를 이길 수는 없었다. 그리고 디즈니로 눈을 돌린다. 컴캐스트는 매출의 95%가 케이블 사업에서 발생하지만 디즈니는 콘텐츠 매출 비중이 높아 두 회사가 결합했을 때 시너지가 클 것으로 판단했다. 특히 디즈니의 지상파 방송 ABC와 케이블 시장에서 가장 비싼 채널인 스포츠 채널 ESPN에 관심이 컸다.

내분에 빠진 위기의 디즈니　　컴캐스트는 조심스럽게 디즈니에 접근했다. 당시 디즈니의 CEO인 마이클 아이스너와 월트 디즈니 창업자의 조카인 로이 디즈니를 중심으로 한 디즈니 이사회 간의 갈등이 커지고 있었다. 이사회 멤버인 로이 디즈니(Roy Edward Disney)와 스타인 골드(Stein Gold)는 디즈니와 ABC의 실적 부진의 책임을 CEO인 마이클 아이스너에게 물으며 퇴진을 주장하고 있었다. 반면 아이스너는 규정을 내세우며 로이 디즈니가 이사회에서 나가라며 맞섰다.

당시 디즈니 애니메이션은 몰락해 부활의 기미가 보이지 않는 반면, 제휴한 픽사의 작품들은 흥행에 성공해 디즈니에 큰 수익을 안겨 주고 있었다. 하지만 디즈니의 아이스너 사장과 픽사의 스티브 잡스의 관계는 크게 악화돼 사사건건 계약의 이행을 두고 부딪치며 돌아올 수 없는 강을 건너고 있었다. 실적 부진에다 디즈니 애니메이션의 몰락으로 아이스너 사장의 리더십은 큰 위기를 맞았다. 이사회는 아이스너 사장을 몰아내기 위해 컴캐스트에 인수 제안을 넣으라고 부추긴다. 부추긴 사람은 다름이 아닌 당시 디즈니의 이사회 의장인 조지 미첼(George Mitchell) 전 상원의원이었다. 컴캐스트의 로버츠 회장은 디즈니 이사회가 컴캐스트에 우호적이라 확신하고 적극적으로 인수 제안에 나선다. 인수가는 총 660억 달러, 주식으로 540억 달러를 교환하고 부채 120억 달러까지 인수하는 조건이다.

당시 디즈니의 매출은 271억 달러로 컴캐스트의 174억 달러에 비해 50% 이상 많았다. 사업 규모, 브랜드 가치, 종업원 수까지 모든 면에서 디즈니가 훨씬 큰 회사였다. 하지만 2001년 AT&T 브로드밴드 인수 후 컴캐스트의 시가총액은 10억 달러에서 446억 달러까지 44배나 급등하며 승승장구하고 있었다. 반면 디즈니는 여러 위기가 겹치며 성장세가 꺾여 시가총액이 660억 달러에서 305억 달러까지 떨어지며 반 토막이 났다. 시가총액만으로 보면 승승장구하고 있는 컴캐스트와 디즈니의 차이는 5% 남짓에 불과했다. 위상의 차이와 달리 시가총액만으로는 한번 도전해 볼 만한 상대가 된 것이다.

아이스너 사장은 당연히 로버츠 회장의 제안에 "우리는 회사를 팔려고 내놓은 상태가 아닙니다."라고 거절한다. 이사회와 컴캐스트 간의 뒷거래를 모르는 아이스너 사장은 컴캐스트의 제안에 관심을 가질 여유도, 필요도 느끼지 못했고 이사회에 그러한 사실을 보고조차 하지 않았다. 인수 제안 논의조차 거절당한 컴캐스트는 아이스너 사장을 건너뛰고 디즈니 이사회에 직접 인수를 제안하기 위해 언론에 공식 발표한다.

로버츠 회장이 직접 CNBC에 출연해 디즈니 인수에 나선다고 생방송

인터뷰를 하고 인수 제안 메일을 공개한다. 로버츠 회장은 디즈니 아이스너 사장에게 보낸 공개 서한에서 "사전 제안을 거부했기 때문에 우리는 당신과 당신의 이사회에 공개적으로 제안을 전달할 수밖에 없다."라면서 "인수가 성사된다면 합병 이전보다 더 강력하고 가치가 높아지도록 배급과 내용을 조합시킬 것이다. 지금은 굉장한 기회가 생긴 것"이라고 강조했다. 나아가 "디즈니 주식 1주를 컴캐스트 주식 0.78주 비율로 교환하는 방식으로 경영권 프리미엄은 전월 종가 기준 50억 달러다. 디즈니의 주가는 약 26달러로 약 33달러로 교환된다."라는 제안 조건까지 공개한다. 컴캐스트가 제안한 660억 달러는 컴캐스트 시가총액의 1.5배에 달하는 빅딜이었다.

로버츠 회장뿐만 아니라 디즈니 출신의 스티브 버크(Steve Burke) 사장도 디즈니의 위기 상황에서 아이스너 사장이 물러날 것을 예상하고 디즈니 이사회에 거액의 인수가를 제시하며 공략한 것이다. 디즈니에서 12년간 근무해 디즈니의 내부 사정을 누구보다 잘 아는 버크 사장을 적대적 인수합병의 전면에 내세운 컴캐스트는 자신 있었다. 아이스너 사장은 이사회의 퇴임 공세와 컴캐스트의 적대적 인수라는 두 개의 전선에서 싸워야 했다. 수세에 몰린 아이스너 사장은 컴캐스트 방어를 위해 경영권 방어 전문 변호사를 선임한다. '경영권 방어의 학장'이라고 불리는 포이즌 필(poison pill)의 발명자 마틴 립튼(Martin Lipton) 변호사를 선임하자 컴캐스트 주주들이 동요하기 시작한다.

미국의 반감, 디즈니를 살리다　　컴캐스트 내부 사정도 복잡해진다. 로버츠 회장은 디즈니 이사회가 컴캐스트의 제안을 덥석 받아들일 것으로 예상했지만 디즈니 이사회는 쉽게 움직이지 않았다. 그러자 컴캐스트의 주가가 하락하며 인수 제안이 무너진다. 컴캐스트 주주들은 재무적으로 하향세인 디즈니를 인수하면 케이블의 이익이 모두 잠식될 수 있다고 우려했다. 반대로 디즈니는 분기 수익이 증가했다는 발표로 주가가 급등하면서 시가총액이 큰 폭으로 증가한다. 이는 주식 교환 방식인 컴캐스트 인수가의 급등을 의미한다. 상황이 급변하자 컴캐스트 주주들이 인수합병에 반대하고 나선다. 여론도 미국의 상징인 디즈니를 케이블TV가 집어삼킨다는 것에 대한 반감이 컸다. 컴캐스트 주가는 12% 하락해 시가총액이 446억 달러에서 401억 달러로 떨어진다. 반면 디즈니는 연말 실적 발표 후 주가가 10% 이상 올라 양사의 시가총액 차이는 5%에서 35%로 벌어진다. 컴캐스트의 제안은 유효할 수 없었다. 컴캐스트가 불과 2달 만에 인수 의사 철회를 발표하며 컴캐스트의 디즈니 인수 시도는 막을 내린다.

비록 디즈니 인수는 불발됐지만 당시 업계에서는 상상할 수 없었던 시도를 컴캐스트는 과감히 했다. 의미 없는 가정이지만 만약 컴캐스트가 인수에 성공했다면 컴캐스트의 자리를 위협할 경쟁자는 거의 10년 이상 나오지 못했을 것이다. NBC유니버설은 GE의 품에서 벗어나지 못해 모회사의 몰락 속에 누군가에게 팔려 나갔을 것이고, 타임워너는 여전히 AOL 합병 실패 후 구조조정에 정신이 없었을 것이다. CBS와 바이어컴은 여전히 집안싸움에서 벗어나지 못했을 것이다. 실패했지만 컴캐스트의 디즈니 인수 시도는 호기로웠고 결국 5년 뒤인 2009년 NBC유니버설로 꿈을 이뤘다.

미국 미디어 기업의 주요 M&A 연대기

컴캐스트의 M&A 히스토리

- 1994년 맥클린 헌터 인수로 3위 케이블 사업자 도약
- 2001년 AT&T 브로드밴드 인수(720억 달러)로 케이블 1위 사업자 등극
- 2004년 유니버설 스튜디오 인수 실패
- 2004년 디즈니 적대적 인수 실패(660억 달러 제안)
- 2004년 Tech TV 인수(3억 달러)
- 2005년 소니(Sony)와 연합하여 MGM 인수(48억 달러)
- 2005년 컴캐스트와 타임워너케이블 연합으로 MSO 아델피아 커뮤니케이션 인수(176억 달러)
- 2007년 패트리엇 미디어(Patriot Media) 인수(4.8억 달러)
- 2011년 NBC유니버설 지분 51% 인수(300억 달러)
- 2013년 NBC유니버설 잔여 지분(49%) 인수
- 2014년 타임워너케이블(TWC) 인수 실패(452억 달러 제안, FCC 불허)
- 2016년 드림웍스 애니메이션 인수
- 2019년 유럽 위성방송 스카이(SKY) 인수

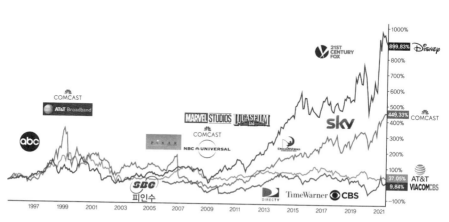

미국 4대 미디어 기업의 1996년 전기통신법 개정 이후 주요 인수합병 기업과 주가 추이. 디즈니와 컴캐스트는 1996년 이후 각각 약 10배, 4배 넘게 성장했다. 하지만 AT&T와 바이어컴CBS는 수십 년간 소폭 상승하는 데 그쳤다. 물가를 고려하면 오히려 역성장했다고 보는 게 맞을 것이다.

Global Media
Giants

PART 5

CJ는 아시아의 할리우드 꿈을 이룰 수 있을까?

PART 5에서는 국내 미디어 기업에 대해 알아본다. 최근 〈오징어 게임〉, 〈지금 우리 학교는〉 같은 콘텐츠들이 글로벌 시장에서 훌륭한 성과를 내고 있지만 국내 미디어 산업 규모 자체는 작다. 한류 대표 주자인 K팝, 영화, 드라마 모두 엄청난 성공을 거두고 있어 미디어 산업도 콘텐츠의 성공에 비례해 나름 규모도 크고 성공하고 있는 것으로 인식되기 쉽다. 하지만 현실은 일반적인 인식과는 반대로 매우 영세하다. 그냥 영세한 게 아니라 안쓰러울 정도로 영세하다. 2020년 한국 방송 산업 전체 매출은 약 18조 원이다. 300개가 넘는 채널, IPTV, 케이블, 위성방송, 홈쇼핑, 외주 제작사를 모두 합쳐도 유튜브의 광고 매출(약 23조 원)보다 못하다. 한국 방송 산업(약 18조 원)과 영화 산업(약 6조 원, 2019년 기준)을 합쳐야 유튜브 광고 매출과 비슷하다.

앞서 살펴본 글로벌 미디어 공룡들의 매출 규모는 어떨까? AT&T 197조 원, 구글 184조 원, 컴캐스트 119조 원, 디즈니 75조 원이다. OTT만 하는 넷플릭스(약 25조 원)도 한국 방송 산업과 영화 산업을 합친 규모보다 크다. 현재 우리나라 미디어 기업 중 가장 규모가 큰 기업은 IPTV를 보유한 통신사와 CJ ENM 정도인데 SK텔레콤은 약 18조 원, CJ ENM 3.4조 원 수준이다. 6배의 인구 차이를 감안해도 차이가 크다. 숫자로만 보면 우리 미디어 기업들이 미국의 미디어 공룡들과 경쟁을 한다는 것 자체가 말이 안 된다.

숫자로만 보면 국내에서 글로벌 미디어 공룡들에 대적할 미디어 공룡은 나올 수 없다. 하지만 최근 미디어 산업의 판이 바뀐 것처럼 변화가 나타나고 있다. CJ ENM이 미국의 엔데버 콘텐트를 9,250억 원에 인수하며 본격적인 미국 진출을 준비하고 있다. 얼마 전까지만 해도 한국 회사가 할리우드 기업을 인수한다는 것 자체가 상상이 안 됐다. 그런데 CJ, 하이브가 미국 기업들을 인수하고 미국 기업들이 국내 기업들과 제휴하는 일이 수시로 벌어지고 있다.

현재 가장 눈에 띄는 기업은 CJ ENM으로 방송, 영화, 애니메이션, 음악, 홈쇼핑, 극장, 공연, 광고 등을 포괄하는 종합 엔터테인먼트 기업으로 성장했다. 스튜디오드래곤을 성공시키며 넷플릭스와 전략적 제휴를 했고 엔데버를 인수하며 적극적으로 글로벌 진출을 시도하고 있다. 1995년 케이블 방송 출범 당시 미디어 산업에 진출한 쟁쟁한 대기업들을 모두 물리치고 지금은 당당히 한국 최대 미디어 기업의 자리에 올랐다. CJ가 지금의 자리에 올라서게 된 결정적인 계기는 여러 건의 핵심 역량을 가진 기업 인수다. 삼구쇼핑, 온미디어, 플레너스, 스타 작가 보유 드라마 제작사들의 인수를 통한 수직 결합으로 방송과 영화 산업의 절대 강자의 자리에 올라섰다. PART 5에서는 지금의 CJ가 있게 된 결정적 M&A 사례를 알아본다.

그 많은 대기업 중 어떻게 CJ만 살아남았을까?

M&A로 흥한 CJ

> 이제는 문화야. 그게 우리의 미래야.
> 단순히 영화 유통에 그치지 않고 멀티플렉스도 짓고, 영화도 직접 만들고,
> 음악도 하고, 케이블 채널도 만들 거야. 아시아의 할리우드가 되는 거지.
> _이재현, 제일제당 상무(현 회장)

어떻게 가장 작은 대기업 제일제당만 미디어 산업에서 살아남았을까? 1995년 케이블 방송이 개국하면서 많은 대기업이 방송에 진출했다. 현대(HCN, 현대미디어), 삼성(삼성영상사업단), 대우(DCN), LG(LG홈쇼핑, 강남, 울산 SO), 태광(티브로드, 티캐스트), 오리온(온미디어 오리온 MSO), 제일제당(CJ) 등이 채널과 SO 사업에 진출했다. 하지만 이들 기업 중 현재 시장에 의미 있는 규모로 남아 있는 대기업은 홈쇼핑을 빼면 CJ가 유일하다. 당시 가장 규모가 작았던 제일제당만이 영화, 방송, 음악, 게임 등 전 분야에서 한국을 대표하는 미디어 기업이 됐다.

어떻게 CJ만 살아남았고 더 규모가 큰 대기업은 미디어 산업에 자리 잡지 못했을까? 오너의 의지, 경제 상황, 사업 역량과 같은 여러 요인이 있겠

지만 중요한 시기에 이루어진 몇 건의 결정적인 M&A가 CJ와 타 대기업들과의 차이를 만들었다. 앞으로 살펴볼 4건의 중요 인수합병은 CJ가 종합 미디어 기업으로 성장하는 변곡점이 되었고, 이런 변곡점을 거치며 다른 기업들과는 비교할 수 없는 큰 성장을 했다. 이런 CJ의 M&A 전략은 미국의 GM, GE, 스탠더드 오일과 같은 거대 기업들이 쓴 전략과 유사하다. 경쟁사와 경쟁하기보다 아예 경쟁 기업을 통째로 매수해 버림으로써 시장 지배력을 빠르게 확대하는 방식이다.

한 분야도 1등을 못했던 CJ, 모두 1등이 된 CJ

CJ의 미디어 사업 초기로 돌아가 보자. 엠넷(Mnet) 채널이 출범할 당시에 채널 산업 1위는 온미디어였다. CJ가 삼구쇼핑을 인수할 때만 해도 홈쇼핑 1위는 LG홈쇼핑이었다. SO 1위는 태광그룹의 티브로드였고 영화 1위는 시네마서비스였다. 드림웍스에 무려 3억 달러를 투자하며 영화 산업에 뛰어들었지만 영화 시장에는 시네마서비스라는 충무로 세력이 굳게 버티고 있었다. 케이블TV 산업이 열렸지만 방송 시장에는 지상파라는 절대 강자들이 버티고 있었다. 게다가 사업 초기 케이블 산업은 가입자 증가가 더뎠고, 케이블 방송 개국 후 불과 2년 만에 IMF 경제 위기로 케이블 방송 산업 전체가 위기에 처했다. 장밋빛 전망은 사라지고 미디어 산업에는 비관이 가득했다. 한 치 앞도 알 수 없는 상황 속에 케이블 방송을 성장 산업으로 보고 뛰어든 대기업들은 하나둘 미디어 산업을 떠나기 시작했다.

CJ도 큰 어려움을 겪었다. 그러다 CJ가 도약하게 된 반전의 계기는 삼구쇼핑 인수다. 삼구쇼핑은 모든 채널 사업자가 적자를 내던 케이블 방송 첫해부터 흑자를 내고 양천 SO와 제일방송(드라마넷)을 인수하며 급성장을 하고 있었다. 그런데 CEO의 갑작스러운 자살과 이후 삼구그룹의 의욕 상실 등으로 CJ에 인수의 기회가 온다. 기회를 놓치지 않은 CJ는 삼구쇼핑을 인수해 자금력, 즉 실탄을 확보한다. 사명을 변경한 CJ홈쇼핑은 자금력을 바탕으로 SO 인수에 나선다. 부산·경남 지역의 SO들을 사들이며 동시에 채널도 같이 확보해 간다. 성장세가 높았던 홈쇼핑과 SO 사업이 동시에 성장하면서 더 많은 자금력과 더 큰 투자로 선순환이 이뤄진다. CJ미디어의 채널 사업은 SO로부터 지원을 받으며 SO 증가에 비례해 경쟁력이 높아진다.

이런 선순환 속에 CJ미디어가 경쟁사인 온미디어 대비 경쟁력을 확보할 수 있는 인수합병이 이어진다. 바로 2002년 영화 시장 1위 시네마서비스를 보유한 플레너스의 인수다. 플레너스 인수를 통해 CJ는 영화 시장에서 단숨에 1위 자리에 올라서는 동시에 당시 케이블 채널에서 가장 중요한 콘텐츠인 영화 판권을 확보하며 유리한 고지를 점령한다. 이 효과로 CJ미디어의 채널 점유율은 2년 만에 2배 넘게 증가한다. 반면 경쟁사 온미디어는 급격한 내리막을 걷게 된다. 온미디어는 MSO(Multiple System Operator, 복수 종합 유선방송 사업자) 확대에 실패하고, 영화 시장에서 쇼박스는 CJ엔터테인먼트에 크게 밀리며 온미디어의 주력 채널인 OCN이 경쟁력을 잃는다. CJ와는 정반대로 악순환에 빠진 온미디어는 결국 CJ에 인수된다. CJ미디어와 온미디어가 통합해 22개 채널을 보유한 독보적 1위 MPP(Multiple Program Provider, 복수 채널 사용 사업자)로 등극하고, CJ헬로비전도 오리온의 SO 4개를 합병하며 당시 1위 티브로드를 제치고 1위 MSO가 된다. 어느 분야도 1등을 못했던 CJ는 삼구쇼핑, 플레너스, 온미디어 3건의 인수합병을 통해 미디어 산업 전 분야에서 1등 기업의 자리에 오른 것이다.

케이블 1위 등극, 이제는 지상파다 이제 CJ에게 남은 것은 채널 시장의 터줏대감인 지상파 방송사들뿐이다. 유료 방송 시장을 장악한 CJ는

192

tvN 채널에 본격적인 콘텐츠 투자를 한다. 수백억 원의 제작비를 투자한 〈슈퍼스타K〉가 성공을 거둔다. 하지만 지상파 방송사들이 장악한 드라마 시장은 높은 진입 장벽으로 고전을 면치 못했다. 〈미생〉과 〈응답하라〉 시리즈 등이 성공을 거뒀지만 다수의 드라마들이 1%대 시청률에 그쳐 적자를 면치 못했다.

CJ는 2016년 주요 스타 작가들이 소속된 제작사들을 인수합병해 스튜디오드래곤을 설립한다. 그리고 불과 1~2년 만에 지상파 방송을 넘어선다. 넷플릭스와의 전략적 제휴를 통해 지상파 방송사는 엄두도 못 낼 430억 원(회당 18억 원)이라는 제작비를 투입한 〈미스터 션샤인〉을 성공시키고 연이어 텐트폴 드라마들을 내놓으며 한국 드라마 시장의 1인자로 우뚝 선다. 넷플릭스와의 제휴를 통해 전 세계에 K-드라마의 열풍을 불러일으키며 로컬 사업자가 아닌 글로벌 콘텐츠 리더로 부상하고 있다. 이제 더 이상 국내 시장에서 CJ의 경쟁자는 없어 보인다.

미디어 산업은 구조적으로 리스크가 큰 사업이다. 방송 프로그램 중 다수는 시청률 1%도 안 되고, 다수의 영화, 음원, 도서는 이용도 안 되고 사장된다. 미디어 산업은 구조적으로 소수의 콘텐츠만 성공하는 리스크가 큰 산업이다. 그래서 글로벌 미디어 기업들은 리스크를 최소화하기 위해 끊임없는 수평·수직 결합을 통해 수익원을 다각화하고 규모의 경제를 갖추려고 도모한다. 우리나라에서 글로벌 미디어 기업처럼 사업 다각화에 가장 성공한 기업은 CJ가 유일하다.

다음 표에서 보듯이 여러 대기업들이 미디어 산업에 진출했고 대기업 중 일부가 특정 분야에서 성공하기는 했지만 CJ같이 전 분야에 걸쳐 다각화한 기업은 없다. CJ보다 훨씬 규모가 큰 SK텔레콤과 KT도 수많은 기업을 인수합병했지만 연관 다각화를 유기적으로 하지는 못했다. KT의 경우 2010년 금호렌트카를 시작으로 BC카드, 웅진코웨이 등을 인수했지만 연관성이 없는 다각화는 시너지를 만들어 내지 못했다. 오리온그룹은 독자적으로 사업을 키우려고 노력했지만 CJ의 인수합병을 통한 속도전을 따라가지 못하고 무너졌다.

1997년부터 2016년경까지 약 20년간 CJ는 공격적으로 연관 사업의 다각화를 위해 많은 기업들을 인수했지만 유료 방송 시장의 주도권이 IPTV로 넘어가자 발 빠르게 CJ헬로비전의 매각에 나선다. 비록 SKT에의 매각은 무산됐지만 바로 LGU+에 매각하고 MSO 시장에서 자진 퇴장한다. 미디어 공룡 CJ가 노리는 다음 타깃은 SM엔터테인먼트와 글로벌 기업이다. 최근 〈라라랜드〉의 제작사 '엔데버 콘텐트'를 인수했고, 카카오와 SM엔터테인먼트 인수전을 벌이고 있다. 이제 또 어떤 기업을 인수하고 매각하고 어떤 분야로 도약할지 그 행보가 기대된다. 그럼 지금부터 한국의 미디어 공룡으로 성장한 오늘의 CJ를 만든 주요 M&A 사례를 살펴보자.

미디어 산업 진출 주요 대기업 포트폴리오

	CJ	오리온	롯데	SKT	KT
영화 투자	CJ ENT CJ창업투자	쇼박스	롯데엔터테인먼트		
영화 제작	CJ ENT	인네트		아이필름 청어람 SKC&C	KT 싸이더스 FNH
영화 배급	CJ ENT 시네마서비스	쇼박스	롯데엔터테인먼트	SK텔레콤	
영화 상영	CGV 프리머스		롯데시네마	시너스	
CATV	CJ미디어	온미디어		YTN미디어	
SO	CJ케이블넷	오리온MSO			
음원	엠넷미디어 메디오피아			YBM서울음반	
게임	CJ인터넷				엔트리브소프트
인터넷				SK컴즈	KTH
연예 기획	메디오피아			IHQ	

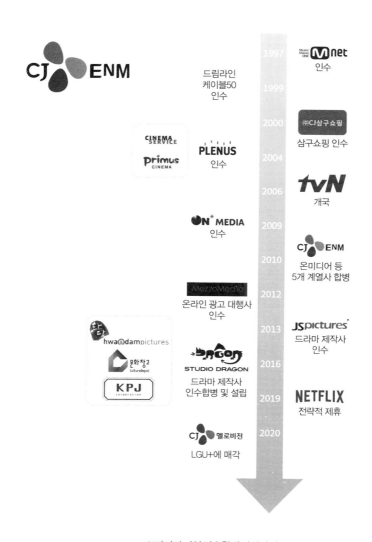

CJ미디어 기업 인수합병 타임라인

천억 원으로 드라마 시장을 장악한 비법은?

스튜디오드래곤의 탄생

2, 3등이 추격 의지를 완전히 상실할 정도의 무한 경쟁력인
'초격차 역량'이 필수적이며, 초격차 역량을 갖춘 1등이
바로 CJ가 추구하는 온리원(OnlyOne)이다.
_이재현, CJ그룹 회장

드라마 제작사 3개를 인수해　　2017년 11월 스튜디오드래곤이 코스닥
1조 원 기업이 됐다고?　　시장에 화려하게 상장된다. 시가총액은 무
려 1조 원. 당시 상장사 중 1위 미디어 기업 SBS의 시가총액이 4,000억 원
대에 불과한데 2배도 넘는 금액에 상장한 것이다. 현재는 시가총액 2조
9,000억 원(2021년 11월 기준)의 대기업이 된 스튜디오드래곤은 어떻게 짧
은 기간에 한국을 대표하는 스튜디오로 성장하게 됐을까?

CJ ENM은 2016년 5월 드라마 사업 부문을 물적 분할해 스튜디오드래
곤을 설립한다. 설립 후 6월 드라마 제작사 '문화창고'와 '화앤담픽쳐스'를
각각 315억 원, 365억 원에 지분 교환 방식으로 인수하고 9월에는 'KPJ'

CJ는 스튜디오드래곤을 설립해 주요 스타 작가들이 소속된 드라마제작사를 인수한다.

를 150억 원에 인수한다. 2019년에는 '지티스트'를 250억 원에 인수하고, '메리카우'의 지분 일부(19%)도 인수한다. 약 1,080억 원을 투자해 4개 드라마 제작사를 인수함으로써 지금의 스튜디오드래곤이 탄생한 것이다.

스튜디오드래곤은 설립 후 〈38 사기동대〉부터 〈디어 마이 프렌즈〉 등을 연이어 내놓고 2016년 연말에는 최대 흥행작 〈도깨비〉를 내놓는다. 〈도깨비〉는 2017년 백상예술대상 TV 부문 대상, 케이블방송대상 드라마 부문 대상을 수상하며 그해 최고 드라마의 자리에 오른다. 상장 이후에는 2017년 〈비밀의 숲〉, 2018년 〈미스터 션샤인〉을 내놓으며 독보적인 드라마 스튜디오의 반열에 오른다. 불과 2년 만에 매년 20편 이상의 드라마를 모회사인 CJ뿐만 아니라 지상파 방송사, 넷플릭스 등에 공급하는 국내 최고, 최대 드라마 스튜디오로 성장한 것이다.

스튜디오드래곤은 철옹성 같던 지상파를 어떻게 무너뜨렸나? 불과 2015년경까지 지상파 방송사 드라마의 아성은 철옹성과도 같았다. KBS 주말 드라마 〈가족끼리 왜 이래〉의 시청률은 43%가 넘었고, MBC 〈전설의

스튜디오드래곤의 주요 드라마

마녀〉는 31.4%, SBS 〈용팔이〉는 21.5%로 인기 드라마는 보통 시청률 20%를 넘기며 승승장구했다. 반면 케이블 채널 드라마들은 〈미생〉, 〈응답하라〉 시리즈 등 인기작이 나오기는 했지만, 다수의 드라마들은 1~3%의 시청률에 그쳐 고전하고 있었다. 당시 "케이블은 왜 시청률 3% 넘으면 대박일까?"라는 식의 기사들이 많이 보도됐다. 드라마 〈미생〉도 출연 배우들이 3%를 달성하면 치맥 쏘겠다고 시청률 공약을 할 정도로 케이블 드라마는 고전하고 있었다.

성장은 하고 있었지만 동시에 고전하고 있던 CJ E&M은 전략을 바꾼다. 주요 드라마 제작사들을 인수해 스튜디오드래곤이라는 스튜디오를 설립하는 전략이다. 초기 인수한 제작사 3곳은 스타 작가들을 보유한 '문화창고', '화앤담픽쳐스', 'KPJ'였다. '문화창고'에는 〈넝쿨째 굴러온 당신〉, 〈별에서 온 그대〉, 〈프로듀사〉의 작가 박지은과 배우 전지현이 소속되어 있다. '화앤담픽쳐스'는 〈시크릿 가든〉, 〈태양의 후예〉의 김은숙 작가 소속사다.

스튜디오드래곤이 인수한 드라마제작사의 주요 작가·작품

인수사	대표 작가	주요 작품
화앤담픽쳐스	김은숙	〈도깨비〉, 〈태양의 후예〉, 〈시크릿 가든〉
문화창고	박지은	〈별에서 온 그대〉, 〈푸른 바다의 전설〉, 〈넝쿨째 굴러온 당신〉
KPJ	김영현 박상연	〈육룡이 나르샤〉, 〈대장금〉, 〈선덕여왕〉, 〈뿌리 깊은 나무〉
지티스트	노희경	〈그 겨울 바람이 분다〉, 〈괜찮아 사랑이야〉, 〈디어 마이 프렌드〉, 〈라이브〉

'KPJ'는 〈대장금〉, 〈선덕여왕〉, 〈뿌리 깊은 나무〉의 박상연과 김영현 작가 소속사다. 2019년 인수한 '지티스트'는 〈그들이 사는 세상〉, 〈그 겨울 바람이 분다〉, 〈괜찮아 사랑이야〉의 노희경 작가 소속사다.

CJ E&M은 이미 드라마 제작사 'JS픽쳐스'를 보유하고 있었다. 그리고 2015년부터 위 제작사들의 스타 작가들과도 장기 계약을 맺고 있었다. 그 외에도 홍자매(홍미란, 홍정은, 〈주군의 태양〉, 〈최고의 사랑〉), 송재정 작가 (〈W〉, 〈알함브라의 궁전〉)와도 계약을 체결해 스타 작가 라인업을 확보하고 있었다. 이미 드라마 제작사와 스타 작가까지 확보하고 있던 CJ E&M이 스튜디오드래곤을 설립하고 드라마 제작사들을 자회사로 흡수한 이유는 무엇일까?

드라마의 핵심은 스타 작가 여러 요인이 있겠지만 핵심은 스타 작가 확보다. 스타 작가는 내가 확보하면 핵심 역량이지만 경쟁사가 확보하면 핵심 리스크가 된다. CJ ENM은 스타 작가들과 계약이 아닌 인수를 통해 내재화함으로써 핵심 역량 확보와 동시에 리스크를 제거한 것이다. 이제까지 드라마 시장을 장악해 온 지상파 방송사들이 이들 스타 작가들과 텐트폴 드라마를 제작할 수 있는 잠재 리스크를 제거해 버린 것이다. 스튜디오드래곤은 인수한 제작사의 주요 스타 작가들과 100회 집필 계약을 체결한 것으로 알려졌다. 미니시리즈(16부작 기준) 약 5~6편으로, 평균 기획 및 집필 기간을 고려하면 약 10년 이상 계약이다. 이는 반대로 경쟁사는 이들 스타 작가들과 향후 10년간 드라마를 만들지 못한다는 의미다. CJ는 스타 작가 리스크 없이 연간 2~3편의 텐트폴 드라마를 안정적으로 확보해 향후 10년 이상 경쟁 우위를 확보한 것이다.

〈대장금〉, 〈별에서 온 그대〉, 〈태양의 후예〉, 〈선덕여왕〉과 같은 텐트폴 드라마를 만들어 온 지상파 방송사들은 이제 CJ의 허락 없이는 스타 작가들과 제작을 할 수 없다. 지상파 방송사는 이제 스튜디오드래곤의 판매처로 전락했다. 실제 사례를 보면 SBS가 방송한 〈푸른 바다의 전설〉은 '문화창고'의 박지은 작가, 〈더 킹: 영원의 군주〉는 '화앤담픽쳐스' 김은숙 작가가 집필했다. 〈더 킹: 영원의 군주〉의 경우 320억 원이 넘는(회당 제작비 25억 원) 대작이지만 대작 드라마의 주 수익원인 넷플릭스 판매는 스튜디오드래곤이 했다. SBS는 10억 원이 넘는 돈을 주고 국내 방영권과 VOD 등 국내 유통 권리만을 구매했다. 그 결과 스튜디오드래곤은 320억 원의 대작임에도 불구하고 30%가 넘는, 즉 100억 원 이상의 이익을 남겼다. 반면 시청률이 그리 높지 않았던 SBS는 해당 분기 80억 원의 적자를 기록했다.

MBC도 2019년 스튜디오드래곤으로부터 드라마 〈봄밤〉을 약 7억 원에 국내 권리만 구매했다. 가장 수익이 큰 넷플릭스 판매는 스튜디오드래곤이 했다. 지상파 방송사가 갑이던 드라마 시장의 구도가 완전히 바뀐 것이다. 게다가 스튜디오드래곤은 타 드라마 제작사와 달리 모회사에 tvN과 OCN이라는 안정적인 캡티브 채널을 확보하고 있기 때문에 높은 협상력을 바탕으로 판매자 우위(seller's market)를 확보해 드라마 시장의 게임 체인저가 됐다.

성과를 예측하기 어려운 드라마의 특성상 일반 드라마 제작사는 연간 평균 3편 내외의 드라마를 제작하고 매년 적자와 흑자를 반복한다. 이 때문에 자본 축적이 어려워 규모의 경제를 갖춘 대형 스튜디오가 되기 힘들다. 반면 스튜디오드래곤은 연간 20편 이상의 드라마를 제작하고 수익률이 일반 드라마에 비해 월등히 높은 텐트폴 드라마를 선점해 규모의 경제를 확보했다. 스튜디오 드래곤이 공개한 주요 텐트폴 드라마의 수익률을 보면 〈도깨비〉 61%, 〈푸른 바다의 전설〉 33%, 〈시그널〉 48%, 〈미생〉 58% 등이다. 회당 10억 원의 제작비를 쓴 〈도깨비〉는 회당 6억 원 이상, 총 120억의 수익을 거뒀다. 성과가 검증된 스타 작가를 영입해 상업적 성공 확률을 높임으로써 작품 단위의 실패 위험을 분산하는 동시에 새로운 시도를 통해 다양성을 확보하는 선순환 구조를 확보한 것이다. 그래서 일부 드라마가 적자가 나더라도 지속적으로 수십 편의 드라마를 제작, 공급하는 미국식 대형 스튜디오가 가능해진 것이다.

이제 남은 것은   스튜디오드래곤 최진희 대표는 2020년 국내 드라마 시
초격차   장 점유율을 40%까지 높이겠다고 밝힌 바 있다. 스튜디

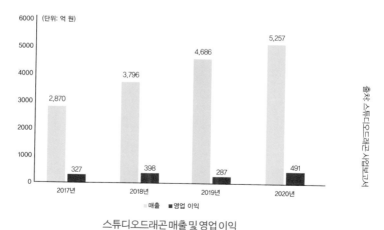

스튜디오드래곤 매출 및 영업 이익

스튜디오 드래곤 최근 4년 작품 리스트

2017년	2018년	2019년	2020년
더 보이스	마더	왕이 된 남자	머니게임
내성적인 보스	크로스	로맨스는 별책부록	본 대로 말하라
내일 그대와	작은 신의 아이들	진심이 닿다	나 홀로 그대
그녀는 거짓말을 너무 사랑해	라이브	빙의	방법
터널	나의 아저씨	사이코메트리 그녀석	하이바이, 마마!
시카고 타자기	미스트리스	자백	메모리스트
써클	무법 변호사	킬잇	반의 반
듀얼	어바웃 타임	그녀의 사생활	한 번 다녀왔습니다 (KBS)
비밀의 숲	김비서가 왜 그럴까	어비스	루갈
품위있는 그녀(JTBC)	라이프 온 마스	구해줘2	더 킹: 영원의 군주(SBS)
하백의 신부	미스터 션샤인	보이스3	화양연화
크리미널 마인드	아는 와이프	봄밤(MBC)	외출
구해줘	보이스2	아스달 연대기	오 마이 베이비
명불허전	백일의 낭군님	검색어를 입력하세요 WWW	가족입니다
황금빛 내 인생(KBS)	손 더 게스트	지정생존자	사이코지만 괜찮아
아르곤	플레이어	와처	트레인
이번 생은 처음이라	하늘에서 내리는 일억개의 별	호텔 델루나	악의 꽃
부암동 복수자들	나인룸	미스터 기간제	비밀의 숲2
변혁의 사랑	계룡선녀전	의사 요한(SBS)	미씽
블랙	은주의 방	좋아하면 울리는 (넷플릭스)	청춘기록
브라보 마이 라이프(SBS)	신의 퀴즈: 리부트	위대한 쇼	구미호뎐
세상에서 가장 아름다운 이별	프리스트	달리는 조사관	스타트업
나쁜 녀석들	남자친구	청일전자 미쓰리	경이로운 소문
화유기	알함브라의 궁전	날 녹여주오	낮과 밤
		모두의 거짓말	여신강림
		유령을 잡아라	철인왕후
		싸이코패스 다이어리	스위트홈(넷플릭스)
		사랑의 불시착	
		블랙독	

오드래곤의 목표는 드라마 제작사를 수평 결합해 독보적 시장 점유율을 차지하는 것이다. 스튜디오드래곤 설립 이전에 CJ E&M은 연간 10~16편의 드라마를 제작했지만 설립 후 연간 25편 이상의 드라마를 제작하고 있다. 2020년에는 27편의 드라마를 제작해 2배 가까이 늘었다. 국내 연간 드라마 수가 약 120~140편 수준이니, 시장 점유율은 약 20% 수준이다. 타 제

작사들의 연간 제작 편수가 최대 5편인 것을 감안하면 스튜디오드래곤의 규모는 독보적이다. 물량 측면에서는 목표에 미치지 못하지만 스튜디오드래곤이 만드는 드라마의 제작비 규모가 크기 때문에 재원 기준으로는 30%가 넘을 것으로 추정된다. 그리고 영향력 측면에서는 이미 40%를 넘었다고 해도 과언이 아니다.

스튜디오드래곤은 재무적으로도 훌륭한 성과를 내고 있다. 상장 당시 5만 5,300원이던 주가는 2021년 3월 10만 100원으로 약 2배 가까이 올랐다. 시가총액은 상장 당시 1조 원에서 3조 원에 육박해 약 3배나 성장했다. 지상파 방송사 중 유일하게 상장된 SBS의 시가총액은 9,000억 원 수준으로 무려 3배 차이다. 매출은 2017년 2,870억 원에서 2020년 5,257억 원, 영업 이익은 327억 원에서 491억 원으로 모두 80% 이상 증가했다. 수출액도 2,277억 원으로 전년 1,608억 원 대비 41% 늘었다. 상장을 통해 막대한 재원을 확보했고 매출과 영업 이익 모두 고성장을 하고 있어 대적할 경쟁자가 없다. 당분간 스튜디오드래곤의 독주는 계속될 것으로 전망된다.

스타 작가와 지상파 분리 전략의 성공　재무적인 성과 못지않게 전략적 성과도 크다. 가장 큰 성과는 경쟁사인 지상파 방송사들의 드라마 경쟁력을 크게 약화시키는 차별화 전략의 성공이다. 스튜디오드래곤이 인수한 제작사의 스타 작가들은 지상파 방송사들과 좋은 성과를 내며 동반 성장해 왔다. 김은숙 작가는 주로 SBS와 함께해 왔는데 2003년 〈태양의 남쪽〉부터 〈파리의 연인〉(2004년), 〈프라하의 연인〉(2005), 〈시크릿 가든〉(2010), 〈신사의 품격〉(2012), 〈상속자들〉(2013)까지 약 10년간 주요 텐트폴 드라마를 만들어 내며 신 드라마 왕국을 구축한 일등 공신이다. 그러나 스튜디오드래곤의 '화앰담픽처스' 인수 이후 SBS는 2020년 〈더 킹:

영원의 군주〉 한 편만을 스튜디오드래곤으로부터 구매해 방송하는 데 그 쳤다. 그리고 아쉽게도 성과는 좋지 않았다.

박지은 작가는 SBS와는 〈별에서 온 그대〉(2013), 〈푸른 바다의 전설〉(2016), MBC와는 〈내조의 여왕〉(2009), 〈역전의 여왕〉(2010), KBS와는 〈넝쿨째 굴러온 당신〉(2012), 〈프로듀사〉(2015) 등을 만들며 지상파 방송 3사와 함께 골고루 성공 드라마를 만들어 왔다. 하지만 스튜디오드래곤의 '문화창고'의 인수 이후 지상파 방송사와의 제작은 전무하다. 'KPJ'의 박상연, 김영현 작가도 MBC와는 〈대장금〉(2003), 〈히트〉(2007), 〈선덕여왕〉(2009), SBS와는 〈뿌리 깊은 나무〉(2011), 〈육룡이 나르샤〉(2015)를 방송했지만 2015년 이후 지상파 방송사와의 작품은 전무하다. 지티스트의 노희경 작가와 홍자매(홍정은, 홍미란) 또한 2016년 이후 지상파 방송사들과는 작품을 하지 않고 있다. 메리카우의 송재정 작가도 마찬가지다. 지상파 방송사들이 이들 스타 작가들과 작품을 할 수 없게 되면서 텐트폴 드라마들은 크게 줄어들었다.

스튜디오드래곤이 확보한 스타 작가들의 작품이 모두 성공하지는 않았지만, 이들은 〈미스터 션샤인〉(김은숙), 〈사랑의 불시착〉(박지은)과 같은 그 해 최고의 드라마를 만들어 내고 있는 반면 지상파 방송사 중 SBS를 제외한 KBS와 MBC는 이렇다 할 텐트폴 드라마를 만들어 내지 못하고 있다. 스튜디오드래곤이 경쟁사의 경쟁력을 제한시키고 전략적 경쟁 우위를 선점한 것만은 명확하다.

넷플릭스와 전략적 제휴로 날개를 달다   CJ ENM은 넷플릭스에 스튜디오드래곤 주식을 최대 4.99%까지 양도하는 옵션 계약을 체결한다고 발표한다.[22] 동시에 넷플릭스에 향후 3년간 총 21편의 드라마를 제공한다고 밝혔다. 이를 통해 약 1,000억 원 이상의 재원을 확보해 제작 편수를 꾸준히 늘려 간다. 경쟁자인 지상파 방송사들은 각종 비대칭 규제로 인해 수익원의 제약이 커 회당 10억 원이 넘는 텐트폴 드라마를 기획하기 힘들다. 반면 스튜디오드래곤은 넷플릭스와의 제휴를 통해 확보한 재원을 기반으로 연간 3편 이상의 텐트폴 드라마를 기획하고 있다. 텐트폴 드라마는 넷플릭스를 통해 전 세계에 공개되고, 넷플릭스가 가장 공을 들이고 있는 동남아 지역에서 Top 10 드라마로 인기를 얻는다. 이 때문에 넷플릭스는 더 많은 돈을 투자하고 스튜디오드래곤은 더 큰 텐트폴 드라마를 기획하는 선순환이 이루어지고 있다. 이제 스튜디오드래곤은 미국에 법인을 설립하고 미국 시장까지 직접 진출하려고 준비하고 있다.

반면 지상파 방송사들은 텐트폴 드라마 기획은커녕 매년 드라마 줄이기에 급급하다. 스튜디오드래곤은 2020년 27편의 드라마를 제작해 5,257억 원의 매출을 올려 지상파 3사 전체 드라마 매출보다 더 크다. 단기에 지상파 방송사들이 반전을 이뤄 낼 가능성은 크지 않아 보인다. CJ는 약 1,000억 원을 투자해 주요 스타 작가가 소속된 드라마 제작사를 인수함으로써 경쟁자인 지상파 방송사를 무력화하고 경제적 해자를 구축하는 데 성공했다. 이재현 회장이 이야기한 것처럼 향후 스튜디오드래곤이 2, 3등의 추격 의지를 완전히 상실시킬 정도의 '초격차' 기업으로 성장할지 관심을 갖고 지켜보자.

CJ가 끝없는 1위 경쟁을 끝내는 방법은?

온미디어 인수

CJ의 사업 분야는 모두 문화다. 먹는 것도 문화며 영화도 문화다. 두 가지가
다르지 않다. 문화가 해외로 나가야 한다. 이를 위해 중요하게 생각하는 것이
'원천 콘텐츠'와 할리우드 메이저 스튜디오 같은 '규모의 경제'다.
_이재현, CJ그룹 회장

경쟁이 지겨웠던 CJ 의　　CJ는 2009년 12월 24일 크리스마스 이브에 전
선택은 경쟁자 구매?　　격적으로 온미디어[23] 인수를 발표한다. 12개 채
널을 보유한 CJ미디어가 10개 채널[24]을 보유한 최대 경쟁자 온미디어를 인
수해 무려 22개의 채널을 보유한 케이블 공룡이 탄생한다. 합병 구조는 CJ
오쇼핑이 온미디어를 인수하고 2년 후 CJ미디어와 합병해 CJ E&M이 탄생
하는 구조다. CJ E&M은 케이블 시청 점유율 30%, 매출 8,400억 원(전년
기준)의 절대 1위 MPP에 등극한다. 업계 1위를 두고 경쟁하던 CJ미디어는
온미디어를 왜 인수해 버린 것일까?

　　케이블 방송 개국 후 CJ미디어는 엠넷(Mnet)으로 시작해 2000년에는
푸드 채널과 룩TV, 2002년에는 홈CGV, XTM를 설립·인수해 확장해 나

온미디어의 합병으로 CJ미디어는 22개 채널을 갖게 된다.

간다. 방송법 개정으로 복수 SO의 겸영을 허용하는 MSO(Multi System Operator)²⁵ 사업이 가능해지면서 CJ는 케이블 산업의 핵심인 SO 사업에도 진출한다. SO 사업에 진출한 CJ헬로비전은 CJ오쇼핑의 자본력을 바탕으로 20여 개 SO를 인수합병해 1등 케이블 MSO로 성장한다.

하지만 복수 채널 사업(MPP, Multi Program Provider) 분야에서는 CJ미디어와 온미디어가 치열한 1위 경쟁을 벌이고 있었다. 온미디어는 1999년 OCN을 시작으로 지상파 방송이 하지 않는 온게임넷, 수퍼액션, 온스타일 등 다양한 장르의 채널을 선보이며 케이블 시장의 선두 주자로 나섰다. OCN, 캐치온 등의 영화 채널이 인기를 얻었고 온게임넷은 스타 리그가 크게 흥행하며 전성기를 구가한다. 또 쇼박스와 메가박스를 차례로 설립해 쇼박스가 영화를 배급하고 메가박스에서 상영한 후 OCN과 캐치온에서 단독 방영하는 선순환 구조를 구축한다. 선순환 구조 속에 2006년까지 온미디어는 높은 시청률로 승승장구했다. 특히 투니버스는 2003년부터 2005년까지 전체 채널 중 1위를 차지했다. 영화 채널 OCN도 영화 채널 중 1위를 지키고 있었다. 반면 CJ미디어는 2008년 당시 채널 챔프가 6위, tvN이 8위로 온미디어보다 한 단계 아래였다.

미디어에 관심이 많았던 CJ그룹과 오리온그룹은 라이벌 관계를 형성하며 치열한 경쟁을 벌였다. 음악 방송에서는 CJ미디어의 KMTV, 엠넷 (Mnet)이 온미디어의 MTV와 경쟁했고, 키즈 채널에서는 챔프 채널과 투니버스, 영화에서는 홈CGV, XTM과 온미디어의 OCN이, 여성 채널에서도 올리브와 온스타일이 정면으로 경쟁했다. 또한 CJ는 게임 시장에서 독보적인 아성을 자랑하던 온게임넷에 대항하기 위해 CJ게임사업부와 함께 게임 채널 개국도 시도한다.

펭펭하던 두 라이벌의 경쟁은 2007년부터 온미디어에서 CJ미디어로 무게 추가 기울기 시작한다. CJ미디어가 야심차게 tvN을 개국하고 300억 원 가까운 투자를 통해 〈슈퍼스타K〉라는 히트 콘텐츠를 내놓았다. 반면 오리온그룹은 메가박스와 영화 관련 사업에서 철수한다. 쇼박스-메가박스-OCN·캐치온으로 이어지는 영화 콘텐츠의 선순환 고리가 깨지며 OCN 채널의 경쟁력도 CJ에 밀리게 된다. 온미디어는 IPTV 개국 시점에 '케이블 only' 전략을 펼치는 케이블 MSO와도 정면 충돌하며 큰 위기를 맞는다. '케이블 only' 전략은 5대 MSO가 IPTV를 견제하기 위해 PP 채널

CJ미디어와 온미디어 카테고리별 채널 경쟁 상황

CJ미디어	채널	온미디어
채널CGV XTM	영화	OCN 수퍼액션 캐치온 캐치온 플러스
챔프	애니메이션	투니버스
tvN	드라마 버라이어티	스토리온
엠넷, KMTV	음악	MTV
올리브	여성	온스타일
Xports	스포츠	
NGC	다큐멘터리	
중화TV	중화	
	게임	온게임넷, 바둑TV

을 케이블 SO에만 공급하게 하는 전략이다. 예를 들면 CJ가 CJ헬로비전의 경쟁력을 지키기 위해 IPTV에 CJ미디어의 채널을 공급하지 않는 것이다. 당시 30~40개의 채널을 보유하고 있던 5대 MSO는 IPTV 3사에 채널을 공급하지 않았다. 거기에 더해 타 MPP 사업자들도 IPTV에 채널을 공급하지 못하게 압력을 행사했다. 그러나 온미디어는 IPTV에 채널을 공급했고 5대 MSO는 '케이블 only' 전략의 균열을 막기 위해 온미디어 채널을 편성에서 제외하거나 시청자 수가 적은 상품에만 포함하는 방식으로 SO 전송률[20]을 19~28%가량 축소한다. 온미디어 채널을 볼 수 있는 시청자는 약 900만 명이 줄어들었다. 당연히 광고 수익과 채널 사용료 수익 모두 급감한다.

경쟁 대신 인수를 선택한 CJ   한편 CJ미디어도 온미디어와의 치열한 경쟁으로 매년 수백억 원의 적자를 기록하며 어려움을 겪고 있었다. 아래 그림처럼 주요 방송사 중 CJ만 적자를 기록하고 있었다. 카테고리별로 온미디어와 경쟁해 콘텐츠 수급에도 애로가 많았다. 특히 해외 블록버

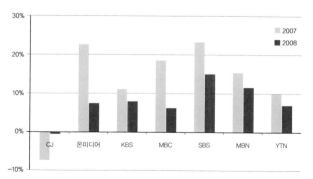

출처: 2009년 방송 시장 경쟁 상황 평가

주요 MPP의 영업 이익률 비교. MPP 중 CJ미디어만 2007년, 2008년 연속 적자를 내고 있었다.

스터 영화 수급을 두고 채널CGV와 OCN 간의 판권 경쟁이 격화돼 구매 비용은 늘고 수익성은 악화되고 있었다. 또 영화 시장에서 CJ는 유통 강자인 롯데와 혈투를 벌이고 있었다. 전선은 확대되고 수익성은 나빠지고 있었다.

CJ의 선택은 경쟁을 통한 우위 선점보다는 인수를 통한 경쟁 제거였다. 주요 경쟁자인 온미디어를 인수함으로써 경쟁력 있는 투니버스, 온게임넷, 캐치온, 바둑TV를 확보하고, 프로그램 수급 과정에서의 과도한 출혈 경쟁을 끝낸다. 대신 자체 프로그램을 순환 편성함으로써 수급 비용을 크게 절감한다. 게다가 캐치원 채널 확보를 통해 영화 산업의 밸류체인을 장악함으로써 추가 수익원도 확보한다.

친시장적인 미디어 정책, 우호적 합병 심사

채널 22개, 점유율 30%가 넘는 케이블 공룡이 등장하자 정부가 합병을 승인해 줄지에 관심이 쏠렸다. 우리나라의 방송법과 정책은 소유의 집중을 강하게 견제해 왔다. 대표적으로 케이블 개국 당시 채널, 플랫폼(SO)과 네트워크(NO)의 겸영도 허용하지 않았다. 경쟁하는 1, 2위 사업자의 결합에 대해 정부가 어떤 태도를 취할지 세간의 관심이 집중됐다. 하지만 당시는 이명박 정부 시절로 종편도 허가하고 IPTV도 신규 허가를 하는 등 매우 완화적이고 시장 친화적인 시기였기 때문에, CJ미디어와 온미디어의 합산 매출액이 31.9%로 법에서 정한 33%에 미치지 않는다며 쉽게 합병을 승인해 준다.

하지만 공정거래위원회는 양사의 결합이 방송 채널 사용 사업(PP) 시장에서의 경쟁을 실질적으로 제한할 우려가 있다고 판단한다. PP 시장의 1위, 2위 사업자가 결합하면 31.9%를 점유하는데, 3위 사업자인 MBC의 6.3%와의 격차가 크게 벌어지므로 절대 1위 사업자로 인한 경쟁 제한성이 있다고 봤다. 특히 특정 채널의 시장 집중도에는 문제가 있었다. 영화, 생

합병 기업의 각 분야별 시장 점유율

구분	PP	MSP	SO
1위	CJ + 온미디어 31.9%	CJ + 온미디어 26.7%	티브로드 + 큐릭스 27.8%
2위	MBC 6.3%	태광(티브로드) 8.8%	CJ + 온미디어 22.0%
3위	SBS 5.4%	GS 7.5%	씨앤엠 17.3%

장르별 시장 집중도 현황(시청률 기준)

구분	만화	영화	게임	생활·여성	취미
채널 수	2(2)	8(4)	1	2(1)	1
30위(%)	81.9	100	0.0	100	0.0
전체(%)	67.2	79.9	49.6	54.8	67.9

오락은 버라이어티·코미디·음악 장르 포함. ( ) 안은 30위 이내

활·여성, 만화의 3개 장르는 사실상 독점이 되어, 콘텐츠 공급 대체 가능성이 거의 없어지게 된다. 공정거래위원회는 특정 채널의 시장 집중도 및 단독 효과, 부당한 공동 행위 가능성, 신규 진입 및 해외 경쟁 도입 가능성 등을 고려해 3년 6개월간 기존 거래 사업와 신규 사업자에게 거래 거절을 하지 못하게 하는 시정 조치를 조건으로 승인한다.

3개 장르는 거의 완전 독점으로 경쟁 제한이 발생할 것이 명확함에도 불구하고, 전체 매출이 33%를 넘지 않는다고 쉽게 합병 승인을 해 준 것은 당시 정부의 시장 친화적인 미디어 정책의 영향이 매우 크게 작용했다고 볼 수밖에 없다.

적수가 사라진 채널 시장, CJ 천하일까?
22개의 채널을 보유한 CJ미디어는 규모의 경제를 실현하면서 경쟁 약화로 콘텐츠 수급 비용이 크게 감소한다. 이는 바로 재무적 성과로 나타난다. 합병 전 두 회사의

합산 매출은 6,914억 원이었는데 3년 만에 1조 1,554억 원으로 2배 가까이 증가한다. 2위권인 지상파 MPP의 매출은 2,000억 원대로 5배 이상 격차가 벌어진다. 무엇보다 눈에 띄는 성과는 영업 이익의 개선이다.

앞서 본 것처럼 CJ는 2007, 2008년 모두 적자였다. 그런데 2011년에는 789억 원 흑자로 전환한다. 2011년 PP 사업 전체의 영업 이익률은 1.3%에 불과했지만 CJ미디어는 6.8%로 눈에 띄게 개선됐다. 경쟁 제거를 통한 비용 감소와 수익 증가로 재무 상황이 개선돼 투자 여력이 생긴 CJ미디어는 전략 채널인 tvN에 대한 투자를 크게 늘린다. 2010년 제작비 1,966억 원에서 2011년 4,136억 원으로 2배 이상 증가한다.

그런데 방송 경쟁력의 척도인 시청 점유율을 살펴보면 재무적 성과와는 반대로 낮아진다. 합병 전 양사의 합산 시청률은 약 35%였는데 합병 후 27%, 23%로 낮아진다. 경쟁의 감소가 경쟁력 감소로 이어진 것으로 보인다. 양사의 합병이 CJ미디어에는 큰 재무적 성과를 가져다줬지만, 시청자에게는 콘텐츠 질의 저하를 가져다줬다고도 볼 수 있다.

성공한 경쟁자 제거 전략 미국의 GM, GE, 스탠더드 오일 같은 거대 기업은 경쟁사를 쓰러뜨리기보다는 아예 경쟁 기업을 통째로 매수해 버림으로써 시장 지배력을 유지하거나 확보해 왔다. CJ미디어의 M&A 전략은 이들처럼 경쟁자를 매수함으로써 시장 지배력을 크게 확대한 것이다. CJ는 PP 사업과 SO 사업 모두 내부 개발보다 인수 또는 합작이라는 경영 전략을 주로 시행했다. CJ 계열 채널 중 엠넷, CJ오쇼핑, 채널 CGV(NTV), XTM(다솜방송), 올리브(푸드 채널), tvN(KMTV), KMTV(매직TV), 중화TV 모두 인수 채널이다.[27]

반면에 온미디어는 신규 론칭 전략을 택했다. 온미디어는 승인제 시절

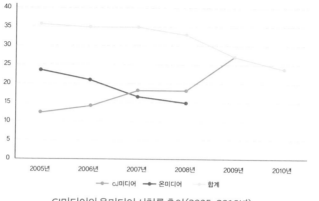

출처: 박성호(2010)

CJ미디어와 온미디어 시청률 추이(2005~2010년)

에는 대우로부터 DCN(현 OCN)을, 중앙일보로부터 캐치원과 바둑TV를 인수했지만 등록제로 바뀐 이후 OCN액션(현 슈퍼액션), 온게임, 퀴니, 온스타일, 닉, 스토리온 등 다수 채널을 신규 론칭했다. 신규 론칭 채널은 채널 번호 배정부터 SO 전송률 확보 등 기존 채널보다 시장에 자리 잡는 데 더 많은 비용과 노력이 소요된다. 두 기업의 운명이 갈린 데에는 여러 요인들이 영향을 미쳤겠지만 이런 채널 확장 전략의 차이도 컸다.

　　CJ ENM은 온미디어 인수 이후 tvN에 집중 투자함으로써 지상파 방송과 경쟁할 수 있는 기반을 마련한다. 종합 편성 채널이 시장에 진입하기 전에 전열을 정비하고 더욱 치열해질 채널 시장을 준비할 수 있었다. 만약 CJ미디어와 온미디어가 계속 출혈 경쟁을 벌이고 있었다면 4개 종합 편성 채널이 진입했을 때 tvN에 집중 투자하기는 쉽지 않았을 것이다. 한편 온미디어를 인수한 주체는 채널 사업을 하는 CJ미디어가 아닌 CJ오쇼핑이었다. 왜 CJ미디어가 아닌 CJ오쇼핑이 온미디어를 인수한 것인지 다음 장에서 알아보자.

홈쇼핑이 CJ ENM의 일등공신이라고?

삼구쇼핑 인수

> 과거 CJ는 단지 설탕과 식품을 만드는 제조 회사였지만
> 다양한 사업의 확장을 통해 글로벌 생활 문화 기업으로 변하고 있다
>
> _이재현, CJ그룹 회장

삼구쇼핑 오너의 불운,   1995년 케이블TV 개국과 함께 시작해 매년
CJ의 천운이 된 이유는?   흑자를 내 온 알짜 방송 삼구쇼핑이 2000년
3월 느닷없이 매각을 발표한다. 인수사는 제일제당(현 CJ제일제당)으로 인
수가는 약 3,400억 원이었다. 케이블 방송으로는 거의 유일하게 흑자를 내
고 코스닥까지 상장하며 승승장구하던 삼구쇼핑에 무슨 일이 생긴 걸까?

    삼구쇼핑은 1995년 케이블 방송 개국과 함께 국내 처음으로 TV 홈쇼핑
방송을 시작했다. 미국의 홈쇼핑 방송을 벤치마킹해 홈쇼핑 방송을 시작
한 박경홍 사장은 대부분의 케이블 채널이 적자를 내던 채널 시장에서 유
일하게 3년 연속 흑자를 냈다. 한국홈쇼핑(LG홈쇼핑)과 함께 시장을 과점
해 급성장했고, 기세를 몰아 1996년 제일방송(현 MBC 드라마넷)을 인수하

CJ가 삼구쇼핑 인수 후 CJ와 39쇼핑을 병기해 방송했다.

고 1999년에는 코스닥에 상장까지 하며 승승장구한다. 하지만 삼구쇼핑은 1998년부터 LG그룹의 전폭적 지원을 받은 한국홈쇼핑에 밀리기 시작한다. 또 박경홍 사장이 당시 대통령 아들이었던 김현철과 관련된 사건으로 경찰 조사를 받고 이로 인한 스트레스로 자살하는 일이 벌어진다. 그 후 아버지인 삼구그룹의 박종구 회장이 경영을 맡았지만 아들의 자살로 인한 큰 충격과 당시 첨단 산업인 홈쇼핑과 맞지 않는 보수적인 경영으로 한국홈쇼핑과의 격차가 벌어진다. 결국 박종구 회장은 홈쇼핑 사업을 포기하기로 결정하고 CJ에 매각한다.

CJ는 엠넷(Mnet) 채널과 푸드 채널, SO를 인수해 케이블 시장에 진입해 있었고 인터넷 쇼핑몰인 CJ SHOP과 물류 회사인 CJ GLS도 가지고 있었다. 성장세의 TV 홈쇼핑과 CJ SHOP, GLS의 택배 서비스를 결합해 쇼핑과 물류, 미디어 사업이 시너지를 일으킬 것으로 기대했다. 식품 기업이 유통 채널을 확보하게 되면 타 유통 채널과의 협상력도 높아질 수 있고 이미 진출해 있는 미디어 사업과도 시너지를 낼 수 있었다. 그리고 결과적으로는 CJ가 기대했던 시너지 이상의 나비 효과가 나타난다.

하지만 당시 CJ의 삼구쇼핑 인수에 대한 평가는 그리 좋지 않았다. 유료 방송의 선진국인 미국에서도 홈쇼핑이 크게 활성화되지 않아 홈쇼핑 사업

자체를 성장 잠재력이 있는 사업으로 평가하지 않았다. 증권사는 CJ는 전형적인 소비재 생산 업체로 삼구쇼핑과 같은 홈쇼핑 업체가 판매할 만한 제품을 생산하지 않기 때문에 시너지 효과를 기대할 수 없다고 평했다. 또 CJ가 삼구쇼핑 인수 과정에서 사내 유보금을 모두 소진해 재무 안정성이 취약해진 상황이라고 분석하기도 했다. 삼구쇼핑이라는 개별 기업 관점에서 보면 재무적 부담이 큰 반면 시너지는 크지 않아 인수 효과 역시 크지 않을 것으로 전망한 것이다. 결과적으로 홈쇼핑이 큰 사업으로 성장한 나라는 한국이 유일하니 당시의 평가가 잘못됐다고 볼 수는 없다.

예상과 달리 대박 난 홈쇼핑 방송　하지만 홈쇼핑 사업은 전망과 달리 대박이 난다. 삼구쇼핑을 인수한 다음 해 3개 사업자가 추가로 허가되지만 기존 사업자들의 시장 점유율을 잠식하기보다는 산업의 판을 키운다. 커진 판에서 GS홈쇼핑과 CJ홈쇼핑은 선발 사업자로서의 선점 효과를 누리며 양강 체제를 형성한다. CJ홈쇼핑은 2000년 매출 4,162억 원에서 1년 만에 7,728억 원으로 85% 성장했고 3개 사업자가 추가된 2002년에는 1조 4,272억 원으로 2배 가까이 성장하며 성장이 더 가속화된다. 영업 이익도 2000년 182억 원에서 2002년 500억 원으로 2배 이상 증가한다. CJ도 사업보고서에 "회사 설립 이래 가장 비약적인 성장을 이룩했다."라고 자화자찬할 정도로 급성장했다.

　홈쇼핑 방송은 1995년 34억 원 규모의 개미 시장에서 불과 5년 만인 2000년 약 250배인 8,300억 원 시장으로 성장했다. 그리고 후발 3사가 시장에 참가한 2002년에는 2조 3000억 원의 '공룡' 시장으로 성장했다. 2020년에는 취급고 20조 원의 거대 산업으로 성장했다. 또 한국에서의 성공을 발판으로 중국, 베트남 등 글로벌 진출에도 성공한다. 2004년 CJ홈쇼

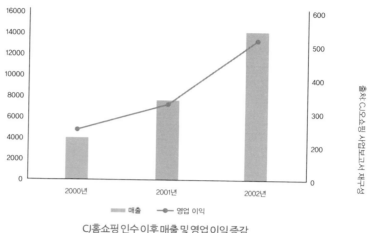

CJ홈쇼핑 인수 이후 매출 및 영업 이익 증감

평은 중국 상하이에 동방 CJ를 개국하며 글로벌 진출을 시작했고 이후 인도, 베트남, 태국, 일본, 멕시코 등까지 진출했다. 'CJ오쇼핑'으로 이름을 바꾼 후에도 2015년까지 줄곧 매출 1위를 달성하며 세계 1위 홈쇼핑 회사인 미국의 QVC에 이은 세계 2위 홈쇼핑 방송으로 성장했다.

CJ 미디어 그룹 성장의 주춧돌 삼구쇼핑

CJ의 삼구쇼핑 인수는 홈쇼핑 시장에서의 성공보다 더 큰 의미가 있다. CJ는 각종 기업 인수 과정에서 삼구쇼핑을 한껏 활용해 많은 기업을 인수하는 데 성공한다. 역사에서 가정을 이야기하는 것은 무의미하지만 만약 CJ가 당시 삼구쇼핑을 인수하지 못했다면, 온미디어 인수는 불가능했을 것이다. 후에 뒤늦게 타 홈쇼핑을 인수하기 위해 훨씬 더 큰 재무적 지출을 했다면 현재처럼 미디어 사업을 확장하기는 쉽지 않았을 것이다. CJ의 미디어 사업에서 삼구쇼핑 인수는 중요한 역할을 했다. 그 과정을 차근차근 살펴보자.

CJ는 1997년 엠넷(Mnet)을 시작으로 방송 산업에 진출했지만 IMF 경제 위기로 국가 경제 전체가 불황에 빠지면서 성장하지 못하고 있었다. 케이블 방송 초기에는 SO와 PP의 겸업을 금지해 규모의 경제를 갖추는 데에도 한계가 있었다. 이로 인해 케이블 산업 전체가 어려움을 겪고 있었다. 1997년 주요 26개 PP의 당기 순손실은 2,372억 원, 업체당 평균 적자는 91억 원, 3년 평균 252억 원의 누적 적자를 안고 있었다. 그러자 정부는 종합유선방송법을 개정해 복수의 SO 및 PP의 소유와 대기업의 SO 진입도 허용한다. CJ는 본격적인 확장에 나섰고 그 시작이 바로 삼구쇼핑 인수다. 삼구쇼핑 인수 이후 CJ는 먼저 공격적인 SO 확장에 나선다. 삼구쇼핑이 보유하고 있던 양천넷을 확보한 이후 매년 2~3개의 SO를 인수한다. 2002년 5개의 SO(양천, 경남, 마산, 가야, 중부산 SO)를 통합해 CJ케이블넷을 설립하고 더욱 공격적인 인수에 나선다. 부산 지역을 거점으로 중앙, 해운대, 중부산 등 전국의 SO들을 흡수 합병한다.

CJ의 곳간이 된 홈쇼핑 SO 확대는 채널 사업에 큰 시너지로 작용한다. CJ는 문화 산업에 방점을 두고 콘텐츠 중심의 채널 사업에 집중했지만, 케이블 산업은 구조적으로 채널 편성권과 '커버리지'라고 하는 SO 전송률을 가진 SO가 절대 '갑'으로 채널 사업의 성과가 SO에 좌지우지된다. 독보적인 경쟁력을 가지고 있지 않는 한 채널 단독으로 성장하기는 매우 어려워 CJ도 초기 채널 사업에서 많은 어려움을 겪었다. 그런데 삼구쇼핑의 자본력으로 SO를 확보하자 채널이 살아나기 시작한다. CJ헬로비전(구 CJ케이블넷)이 CJ미디어에 더 좋은 채널 번호와 커버리지, 채널 사용료를 제공함으로써 채널 경쟁력도 높아진다. SO와의 협상에 있어서도 높은 협상력을 갖게 된다. 위 표에서 보듯이 더 많은 SO를 인수하면서 더 많은 채널을 론칭하는 선순환이 이어진다.

CJ의 연도별 SO 인수와 채널 확장

연도	SO 확장	채널 확장
1997		엠넷
2000	양천넷, 경남 마산	푸드 채널, 룩 TV
2002	중부산 가야	홈 CGV
2003	해운대 · 기장	XTM
2004	동부산, 북인천	NGC 코리아
2005		챔프, 올리브, KMTV
2006	영남, 은평, 부천	Xports, tvN
2007	부산중앙, 제일, 충남	
2008	모두	TVT
2009		중화TV
2010	포항, 신라	온미디어 10개 채널

당시 경쟁자인 온미디어는 SO 확장보다는 채널 확장에 집중했다. 여러 번 외자도 유치하고 그 자금으로 영화 판권에도 많은 투자를 했다. 판권 확보는 단기적인 효과는 있지만, 구조적이고 지속 가능한 경쟁 우위를 갖게 하지는 못한다. 영화 판권 시장에서 CJ와의 치열한 경합은 다람쥐 챗바퀴 돌기였다. 반면 CJ헬로비전은 17개의 SO를 확보하는 동시에 채널을 확장시킴으로써 PP와 SO가 동반 성장한다. 이렇듯 SO의 확대와 채널의 성장이 동반하며 당시 1위였던 온미디어와의 격차를 빠르게 줄인다.

2004년에는 시네마서비스라는 1위 영화 배급사를 인수해 영화 판권 시장에서도 온미디어보다 구조적 경쟁 우위를 확보한다. 결국 온미디어는 CJ와의 경쟁에서 사면초가에 빠져 지속적인 하락을 겪게 되고, 결국 CJ미디어에 인수될 수밖에 없는 지경에 이른다.

케이블TV 초기 채널 사업자 대부분이 적자의 늪에서 헤어나지 못하고

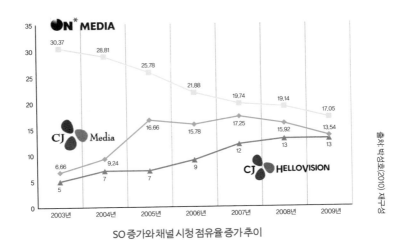

출처: 박성호(2010) 재구성

SO 증가와 채널 시청 점유율 증가 추이

있을 때 삼구쇼핑의 재원은 이후 SO와 PP를 인수하는 자금원이 되어 산업 내 영향력과 수익이 가장 큰 CJ헬로비전이라는 1등 MSO를 만들어 낸다. 1등 MSO는 다시 1등 MPP로 성장하는 디딤돌(stepping stone)이 되어 주었고, CJ오쇼핑은 온미디어를 인수해 CJ미디어와 합병시킴으로써 CJ E&M을 탄생시켰다. 이후 CJ E&M과 CJ오쇼핑이 합병해 지금의 CJ ENM 의 든든한 뒷배가 돼 주고 있다. 삼구쇼핑 인수는 CJ의 홈쇼핑 시장에서의 성공과 동시에 종합 미디어 그룹으로 성장하는 데 주춧돌이 되어 준 매우 의미 있고 결정적인 M&A다.

<기생충>의 시작

플레너스 인수

> 〈기생충〉은 세계에 한국 영화의 위상과 가치를 알리고 문화로 국격을
> 높였다. 문화가 없으면 나라가 없다는 선대 회장님의 철학에 따라 국격을
> 높이기 위해 20여 년 동안 어려움 속에서도 문화 산업에 투자했다.
>
> _이재현, CJ그룹 회장

플레너스 인수의 나비 효과,   2004년 CJ와 CJ엔터테인먼트는 플
CJ 종합 엔터테인먼트 회사 등극?   레너스 인수를 발표한다. 플레너스
라는 회사 이름은 생소한데 영화 배급사 시네마서비스 등을 보유한 로커스
홀딩스의 지주회사다. 기업의 지배 관계가 좀 복잡한데, 쉽게 말하면 CJ가
영화 배급사 시네마서비스와 음반 제작사 예전미디어, 게임 회사 넷마블을
인수했다고 보면 된다. 플레너스 인수를 통해 CJ는 영화 관객 점유율 40%,
한국 영화 점유율 70%가 넘는 영화계의 독보적인 1위가 된다. 이때부터
CJ는 한국 영화 산업의 주도권을 갖고 한국 영화를 이끌게 된다. 생소한 이
름의 플레너스는 어떤 회사고 CJ는 왜 플레너스를 인수했을까?

남달랐던 이재현 회장의
문화 산업 사랑

CJ의 미디어·문화 산업에 대한 애정은 남달랐다. 제일제당은 삼성그룹으로부터 분리된 후 미디어 문화 산업을 미래 비전으로 삼았다. 미래 비전의 첫 행보는 1994년 미국 영화사 '드림웍스'에 전략적 투자자로의 참여다. 파라마운트, 디즈니에서 명성을 날린 제프리 카젠버그와 스티븐 스필버그는 드림웍스를 설립하고 전략적 투자자를 모은다. 수많은 투자자들이 몰렸고 첫 번째 전략적 투자자는 마이크로소프트의 공동 설립자 폴 앨런으로 5억 달러를 출자했다. 드림웍스는 미국을 포함한 전 세계 다국적 기업에 나머지 3억 달러 규모의 2대 전략적 투자자의 참여 기회를 줬는데 제일제당이 두 번째 전략적 투자자로 선정된 것이다. 미국 미디어 업계는 깜짝 놀랐다. 유수의 미국 기업들이 참여했는데도 불구하고 전혀 알려지지 않은 한국의 작은 식품 기업이 전략적 투자자이자 2대 주주에 선정됐기 때문이다. 게다가 규모나 인지도가 월등한 모회사 삼성이 더 큰 금액을 제시하며 참여했지만 드림웍스는 반도체 공룡의 거대한 우산을 거부하며 삼성을 탈락시킨다.

삼성과의 협상이 결렬됐다는 소식을 들은 당시 이재현 제일제당 상무는 이미경 이사와 함께 할리우드로 날아간다. 둘은 스티븐 스필버그 감독과 제프리 카젠버그에게 제일제당이 3억 달러를 투자할 테니 한국에서 영상 사업을 키우는 데 체계적인 도움을 받고 싶다며 파트너십 구축을 제안한다. 경영권에 위협이 될 덩치 큰 투자자보다 작지만 유연한 글로벌 파트너를 원했던 드림웍스의 니즈에 제일제당과 두 명의 기업가는 딱 맞아떨어지는 파트너였다. 이 협상을 통해 제일제당은 드림웍스에 3억 달러를 5년에 걸쳐 투자해 2대 주주가 되었고, 일본을 제외한 아시아 지역 판권을 확보한다. 게다가 이재현 상무, 이미경 이사가 드림웍스 5인 이사회와 경영위원회에 1년에 네 차례 참여하고 드림웍스로부터 영화 배급, 마케팅, 관리, 재무 등 실무자들에 대한 운영 노하우와 영상 관련 기술도 지원받는다.

이 중 가장 중요한 부분은 드림웍스로부터 영화 산업 전반에 대한 운영 노하우를 전수받는 것이다. 스튜디오 시스템 구축을 위한 토대를 제공받아 영화 배급부터 시작해 영상, 음악 등의 문화 콘텐츠를 제작해 언젠가는 경쟁력 있는 아시아의 할리우드로 도약하겠다는 원대한 꿈의 첫발을 내디딘 것이다. 드림웍스의 배급권을 등에 업은 CJ는 영화 투자, 제작과 함께 멀티플렉스를 구축한다. 미국의 영화 산업을 크게 성장시킨 AMC의 멀티플렉스 모델을 따라 하는 것이다. 멀티플렉스 도입도 경험이 있는 해외 업체와 손잡고 시작한다. 1996년 아시아 최대 영상배급업체인 홍콩 골든하베스트와 호주의 멀티플렉스 체인인 빌리지로드쇼와 손잡고 'CJ골든빌리지'를 합작 설립해 멀티플렉스를 도입한다.[29]

당시 한국 영화 시장은 종로 등 도심에 자리 잡은 단성사, 피카디리, 대한극장 등의 단관 극장이 주도하고 있었다. 기존 극장은 진입 장벽도 높고, 멀티플렉스를 위한 큰 공간을 도심에 확보하는 것도 거의 불가능했다. CJ는 도심이 아닌 광진구 강변역 테크노마트에 첫 멀티플렉스를 개관한다. 'CGV강변11'이라는 명칭으로 개관한 CGV는 11개의 상영관을 갖추고 다양한 편의 시설과 오락 시설을 갖추며 본격적인 멀티플렉스 시대를 연다.

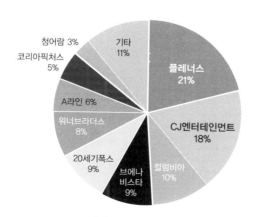

2002년 영화 배급사 시장 점유율 현황

출처: itooza.com 재구성

이후 메가박스와 롯데도 앞다퉈 코엑스몰, 일산 등에 멀티플렉스를 열며 극장 산업은 멀티플렉스 중심으로 빠르게 재편된다.

당시 영화 배급 시장은 시네마서비스[30]와 CJ엔터테인먼트가 양강 체제를 구축하고 있었다. 그리고 쇼박스, A라인, 청어람, 코리아픽쳐스 등 신생 배급사들이 치열한 경쟁을 하고 있었다. CJ엔터테인먼트는 충무로와 긴밀한 관계의 시네마서비스를 쉽게 넘어설 수 없었다. CJ는 시네마서비스와의 경쟁을 통해 우위를 선점하기보다 인수를 선택한다. 시네마서비스를 보유한 플레너스를 합병하면 3위 이하 사업자들이 따라올 수 없는 독보적인 1위가 됨으로써 시장을 지배할 수 있게 된다. 동시에 채널 시장에서 CJ미디어와 치열한 경쟁을 벌이고 있는 온미디어와 쇼박스의 경쟁력을 크게 약화시킬 수 있게 되는 일거양득의 효과를 얻는다.

플레너스는 영화 제작사인 '싸이더스', 배급사 '시네마서비스', 온라인 포털업체 '넷마블', 음반 유통업체 '예전미디어', DVD 판매를 하는 '아트서비스', 그리고 '프리머스 시네마'라는 멀티플렉스까지 보유한 복합 미디어 기업이었다. 하지만 플레너스는 콘텐츠 미디어 사업에 집중하기보다는 벤처 투자자와 외국 자본이 결합해 로커스홀딩스, 플레너스엔터테인먼트를 거치며 회사를 판매해 수익을 얻는 기업 투자 회사에 더 가까웠다. 플레너스는 자사를 필요로 하고 조건도 딱 맞자 CJ에 바로 회사를 넘긴다.

영화관의 미래를 알고 싶다면 한국의 CGV를 봐라 플레너스의 경영권을 확보한 CJ는 영화 시장을 장악한다. 2002년 관객 점유율 18%의 CJ엔터테인먼트와 관객 점유율 22.2%의 1위 시네마서비스가 합병해 점유율 40%가 넘는 독보적인 1위가 된다. 특히 한국 영화의 점유율은 70%나 된다. CJ엔터테인먼트는 드림웍스의 2대 주주로 아시아 배급권

CGV의 극장·스크린 수 증가(2004년→2008년)

	2004년		2008년	
	극장	스크린	극장	스크린
CGV	45	347	102	793
	15%	24%	32%	38%
롯데시네마	12	98	49	373
	4%	7%	15%	18%
합계	302	1,451	322	2,081

을 가지고 있어 해외 영화 배급에는 강점이 있었지만 국내 영화 시장은 국내 영화 제작사와의 긴밀한 관계가 있는 시네마서비스가 높은 점유율을 차지하고 있었다. 두 회사의 결합으로 각각 강점을 가지고 있던 국내, 해외 모두 점유율이 늘어난다.

상영관인 CGV와 프리머스 시네마도 합병해 점유율을 늘려 간다. 합병 당시 극장은 45개로 15%에 불과했지만 4년 후 102개로 2배 이상 증가한다. 멀티플렉스 비중이 큰 CGV의 스크린 점유율은 38%까지 증가한다. 2위 롯데시네마와의 격차는 2004년 17%에서 2008년 20%로 더 벌어진다. 2020년 말 CGV는 179개 사이트에서 1,281개 스크린을 운영하고 있다.

CJ는 양적 성장뿐만 아니라 질적 성장도 선도한다. 4DX, 스타리움, SoundX 등 기술적 진보와 함께 '더 프라이빗 시네마', '씨네드쉐프', '골드클래스', '스윗박스', '템퍼시네마' 등 프리미엄 영화관을 선도한다. 드림웍스 설립자인 제프리 카젠버그는 "영화관의 미래를 알고 싶다면 한국에 가서 CGV가 무엇을 하고 있는지를 봐야 할 것이다."라고 해 CGV의 기술 수준을 높게 평가했다. CGV는 사업 초기 신기술과 비즈니스를 전수해 준 미국과 호주 등 총 7개국에 진출해 415개 극장, 2,990개의 스크린을 운영하고 있다.

플레너스 인수는 영화 시장 점유율 확대 이상의 효과를 가져다준다. 영화는 구조적으로 고(高)리스크 산업이다. 구조적 리스크를 낮추기 위해 미디어 기업들은 다양한 전후방 수직·수평 결합을 통해 수익을 다각화하고 비용을 낮춘다. CJ는 플레너스 인수를 통해 영화 투자부터 제작-배급-상영-케이블 영화 채널-비디오테이프·VOD로 이어지는 모든 밸류체인을 확보함으로써 리스크는 최소화하고 수익원을 다각화하는 데 성공한다.

배급 시장에서의 압도적인 점유율과 스크린 확보를 통해 흥행이 예상되는 대작을 더 많이 확보하고 더 많은 상영관을 확보해 더 높은 협상력과 수익 배분을 얻는다. 영화 〈해운대〉의 수익 구조에 대해 박진수와 최민정이 연구한 바에 의하면 산업의 밸류체인을 모두 장악한 수직 결합의 장점이 무엇인지를 제대로 알 수 있다. 아래 표와 같이 CJ는 약 130억 원이라는 거액의 제작비를 투자해 총 770억 원의 수익을 올렸고 투자, 제작, 배급, 극장의 수직 창구별로 수익을 배분받아 총 263억 원의 수익을 거둔다. 투자비 대비 2배 이상의 수익을 거둔 것이다.

다각화된 수익 구조를 통해 리스크를 통제할 수 있는 CJ는 블록버스터 영화를 제작할 수 있다는 자신감을 갖고 영화 산업을 주도해 간다. CJ엔터

영화 〈해운대〉의 총매출과 CJ배분액   단위: 억 원

해운대	총매출	CJ
제작·마케팅	160	
투자 수익	112	34
제작 수익	75	37.5
배급 수수료	38.5	38.5
상영관 수익	383	153.2
영화 발전 기금	220	
합계	988.5	263.2

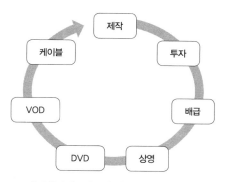

CJ엔터테인먼트의 수직 계열화된 유통 순환 구조

테인먼트는 〈명량〉, 〈국제시장〉, 〈베테랑〉, 〈극한직업〉 등의 많은 천만 영화들을 만들어 냈고 2019년에는 제작비 300억 원의 〈백두산〉 같은 블록버스터 영화도 제작한다. CJ는 멀티플렉스 투자와 플레너스 인수를 통해 한국 영화 산업에 블록버스터 시대를 열었다. 배급 시장과 상영관 장악을 통해 규모의 경제를 기반으로 〈설국열차〉와 같은, 글로벌 시장을 타깃으로 한 영화도 제작할 수 있게 된다. 그리고 투자의 결실은 2020년 영화 〈기생충〉의 아카데미 작품상 등 4개 부문 수상이라는 쾌거로 돌아왔다.

Global Media
Giants ▶

PART 6

넥스트 미디어 공룡

CJ에 이어 다음 미디어 공룡은 누가 될 수 있을까? 10년, 아니 5년 전이라면 기존의 방송사나 영화사를 떠올렸겠지만 2021년 말 시점에서는 딱히 떠오르는 방송사나 영화사가 없다. 아쉽게도 기존 레거시 미디어 기업들은 기존의 시장을 수성하기도 버거워 보인다. 그나마 꼽는다면 규모와 자본력을 가진 통신사와 콘텐츠, 서비스 경쟁력 가진 인터넷 기업인 네이버와 카카오가 유력해 보인다. 여기에 기존 엔터테인먼트 기업과는 다른 행보로 새로운 플랫폼을 만들어 나가는 하이브(구 빅히트엔터테인먼트)의 움직임도 심상치 않다.

미국의 미디어 공룡 중 AT&T와 컴캐스트는 유무선 통신 기반의 플랫폼 기업이다. 통신사의 강점은 콘텐츠 비즈니스가 가지고 있는 고(高)리스크와 높은 변동성이라는 구조적 취약성을 안정성과 자본력으로 보완할 수 있다는 점이다. 일단 규모 자체가 방송의 10배 이상으로 크고, 허가 산업의 특성상 과점 시장이어서 매출의 변동이 크지 않아 항상 상당한 수준의 영업 이익을 거둔다. 또 전국에 영업망을 보유해 가입자 기반 비즈니스인 유료 방송에 적합하다. 그래서 국내 통신 3사 모두 IPTV에 진출해 10년 만에 유료 방송 시장을 장악해 버렸다. 통신사는 유료 방송을 기반으로 한 미디어 부문을 성장 산업으로 삼고 앞다퉈 확장하고 있다. SK텔레콤이 '옥수수'와 지상파 방송 연합 OTT '푹(pooq)'을 합병해 OTT 사업을 확대하고 있다. KT는 디지코(디지털 플랫폼 기업)를 외치며 '스튜디오 지니'라는 콘텐츠 연합 회사를 설립했다.

20년간 통신사는 끊임없이 미디어 사업에 진출과 후퇴를 반복했고 통신의 논리로 미디어 사업을 한다는 비판을 받아 왔다. 그러나 이번에는 이전과 달리 절박함이 크다. OTT에 미디어 시장을 빼앗긴다면 IPTV 사업은 미국처럼 코드커팅으로 무너지고, 통신 사업은 OTT에 네트워크를 제공하는 덤 파이프 사업자로 전락할 수도 있다. 미디어는 더 이상 부가사업이 아닌 생존을 위한 핵심 사업이 되었다. 이런 환경 변화 속에 통신사들이 기존의 회의적 시선을 이겨 내고 미디어 공룡으로 성장할지가 관전 포인트다.

인터넷 기업 중에서는 카카오엔터테인먼트가 가장 눈에 띈다. 음원 서비스 멜론과 연예기획사를 보유한 카카오M과 웹툰 · 웹소설로 성공한 카카오페이지를 합병해 카카오엔터테인먼트가 탄생했다. 증권사들은 상장하면 시가총액이 20조 원에 달할 것으로 전망해 통신사를 제외하면 최대 미디어 기업이 탄생하게 된다. 카카오엔터테인먼트는 웹툰과 웹소설의 방대한 IP, 스타 배우, K팝 아티스트, 음원 서비스 멜론까지 다양한 자산을 보유하고 있다. 최근 5년간 30개가 넘는 외주 제작사와 연예기획사들을 공격적으로 인수해 종합 미디어 기업의 포트폴리오를 구축했다. 웹툰을 내세워 국내는 물론 글로벌까지 공격적으로 진출하고 있다. 최근에는 북미의 웹툰과 웹소설 서비스까지 인수하며 공격적으로 글로벌 시장을 공략하고 있다. 상장에 성공해 자본까지 확보하게 된다면 순식간에 미디어 공룡의 반열에 올라설 수 있다.

네이버도 최근 북미의 웹소설 플랫폼 왓패드를 인수해 글로벌 1위의 웹툰에 이어 웹소설 1위 서비스가 되었다. 웹툰과 웹소설을 통해 확보한 IP는 스튜디오N을 통해 드라마, 영화, 애니메이션 등으로 콘텐츠화하는 선순환 시스템을 구축하고 있다. 아직은 별도의 회사로 분리해 독립 미디어 기업을 육성하고 있지는 않지만 이미 웹툰, 웹소설, 음원, 하이브와의 연합 글로벌 아티스트 플랫폼 등 다양한 미디어 분야에서 상당한 영향력을 확보했다. 이들 역량을 통합하고 네이버라는 국내 최대의 플랫폼이 결합하면 순식간에 미디어 공룡이 될 수 있을 것이다.

최근 국내보다는 글로벌에서 더 핫한 플랫폼이 등장했다. 바로 위버스(Weverse)다. 위버스는 BTS의 소속사 하이브가 만든 글로벌 아티스트 플랫폼이다. BTS는 물론 YG와 전략적 제휴를 해 블랙핑크 등 YG 아티스트들도 참여한다. 네이버는 V라이브를 위버스와 통합하는 작업을 진행하고 있다. 글로벌에서는 유니버설 뮤직과 전략적 제휴를 하여 소속 아티스트들이 위버스에 참여하고 있다. 이후 하이브가 인수한 이타카홀딩스의 저스틴 비버와 아리아나 그란데까지 참여한다면 이제까지의 미디어 플랫폼과는 완전히 다른 새로운 플랫폼이 만들어진다.

앞으로는 넷플릭스가 그랬듯이 기존 시장의 점유율을 늘린 기업이 아닌 완전히 다른 판에서 새로운 플랫폼을 만드는 데 성공한 기업이 미디어 공룡이 될 것이다. 웹툰 시장에서 글로벌 1, 2위를 다투고 있는 네이버와 카카오, 아티스트 플랫폼이라는 완전히 새로운 판을 짜고 있는 하이브 모두 넥스트 미디어 공룡으로 성장하기를 기대해 본다. 이들의 성장과 함께 한국 미디어 산업도 함께 성장해 글로벌 미디어 공룡들과 당당히 어깨를 겨룰 수 있기를 바란다.

웨이브의 탄생 그리고 나비 효과

지상파와 통신사의 연합

'한국의 웨이브(WAVVE)'를 '아시아의 웨이브'로 만들어
아시아 전체가 협업하는 미디어 플랫폼을 구축하겠습니다.

_박정호, SK텔레콤 CEO

**지상파 3사와 1등 통신사가
손을 잡아야만 했던 이유는?** IPTV 개국 이후 지상파 방송사와 IPTV는
비즈니스 파트너인 동시에, 하루가 멀다
하고 으르렁대며 싸우는 경쟁자였다. 한 치의 양보 없는 벼랑 끝 협상을 반
복하는 재송신료 협상, 2년마다 반복되는 올림픽·월드컵 중계권료 협상,
모바일 서비스 콘텐츠 공급 중단 등 분쟁이 끊이지 않았다. 불과 2년 전에

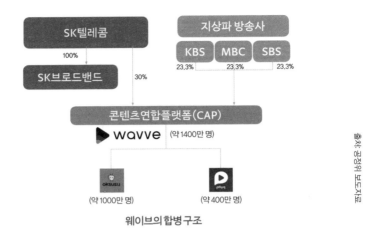

출처: 공정위 보도자료

웨이브의 합병 구조

는 SK텔레콤과 CJ헬로비전 합병과 관련해 지상파 방송사는 융단 폭격 같은 비판 기사를 쏟아 냈다. 이게 지상파 방송사와 SK텔레콤의 관계였다.

그런데 2019년 1월 지상파 3사와 SK텔레콤이 계열 OTT 서비스인 '푹 (pooq)'과 '옥수수'의 합병을 발표한다. 합병 구조는 위 그림처럼 SK브로드밴드가 자체 OTT 서비스인 옥수수를 지상파 방송 3사의 합작 회사인 '콘텐츠연합플랫폼'에 넘겨 합병하고, SK텔레콤이 콘텐츠연합플랫폼의 지분 30%를 인수하는 방식이다. 합병을 통해 SK텔레콤이 1대 주주가 되고 지상파 방송사들은 각 23%, 총 70%의 지분을 가진 공동 2대 주주가 된다. 어제까지 으르렁대며 싸우던 지상파와 SK텔레콤이 OTT를 매개로 혈맹이 된 것이다. SK텔레콤과 지상파 방송 3사는 2023년까지 가입자 500만 명, 연 매출 5,000억 원 규모의 OTT로 키운다는 목표를 내세웠다. 그동안 분쟁이 끊이지 않았던 최대 콘텐츠 사업자인 지상파 3사와 1등 통신사 SK텔레콤의 전격적인 합병이 도대체 어떻게 이루어진 것일까?

통신의 지배력을 두려워한 방송사 MBC와 SBS는 2012년 콘텐츠연합플랫폼이라는 조인트 벤처를 설립해 OTT인 푹 서비스를 시작한다. MBC

와 SBS가 각각 40억 원씩 투자해 공동 설립했고 추후 KBS가 합류해 3사 공동 주주 형태로 운영했다. 지상파 방송사는 콘텐츠 측면에서는 CJ와 JTBC의 급성장으로 그 위상이 크게 위협받고 있었고, 플랫폼 측면에서는 케이블을 따라잡은 IPTV의 통신 지배력이 방송 산업 전체로 전이되는 것을 우려하고 있었다. 거대 자본과 네트워크 인프라를 가진 통신사가 유료 방송 시장과 OTT까지 지배하게 되면 지상파 방송사는 통신사에 의존해 끌려갈 수밖에 없기 때문에 독자적인 OTT 구축에 나선 것이다.

실제 방송사 수익에서 IPTV의 매출 비중은 계속 높아지고 있다. 방송사 전체 매출의 90%에 달하던 광고 수익이 급락하고 2018년경부터 사업 수익이 광고 수익을 추월하기 시작했다. 사업 수익 중 IPTV로부터 받는 채널 재송신료와 VOD 수익 비중은 상당하다. 향후 IPTV가 케이블까지 삼키게 되면 그 비중은 더욱 커질 것이 자명하고 높아진 의존도는 어느 순간 '지배력'으로 돌변하게 될 것이다. 이 때문에 방송사들은 통신사와의 제휴를 '독이 든 성배'라고 생각했다. 단기적으로는 달콤하겠지만 장기적으로는 종속될 수밖에 없는 구조에 끌려가지 않기 위해, 방송사들은 최소한 OTT 시장에서라도 독자적인 자생력을 가진 디지털 플랫폼을 구축하고자 했다. '독자 OTT'는 지상파 방송사와 통신사 간의 콘텐츠 공급을 둘러싼 갈등과 분쟁의 근원이었다.

미디어를 잘 몰랐던 통신사　통신사들은 모바일 데이터 소비 촉진과 미디어 서비스 확대를 위해 3사 모두 자체 OTT 서비스를 시작했다. 서비스 초기인 2012~2013년경에는 지상파 방송 콘텐츠가 모두 서비스됐다. PPV(Pay Per View, 단건 결제 상품)와 FOD(Free On Demand, 방송 1주일 경과 후 무료로 이용하는 VOD) 상품이 서비스됐지만, 당시 모바일 네트워크는

3G여서 스마트폰에서의 VOD 이용이 활성화되지 않았다.

이런 상황에서 계약 갱신 때마다 대가를 올려 달라는 지상파 방송사와 서비스가 활성화되지 않아 오히려 비용을 줄이려는 통신사 간의 입장 차로 협상은 결렬되고 VOD 서비스는 중단된다. 그러다 2014년에는 VOD뿐 아니라 실시간 방송까지 모두 서비스된다. 통신사 서비스에 푹이 PIP(Platform In Platform) 형태로 입점해 지상파 방송의 모든 채널과 VOD를 서비스했다. 총 250억 원의 대형 계약으로 KT가 약 100억 원을 지불하고 나머지 2개사가 150억 원을 나누어 지불했다. 하지만 1년 반 뒤 갱신 계약 협상은 결렬되고 통신 3사는 일제히 지상파 방송 서비스를 중단한다. 분쟁과 갈등의 연속이었다.

양측은 팽팽히 맞섰다. 통신사 입장에서는 OTT 서비스를 무선통신의 데이터 소비 촉진을 위한 부가 서비스로 생각했다. 초기에는 콘텐츠에 대한 유료 결제 비중이 매우 낮아 의미 있는 콘텐츠 매출이 발생하지 않기 때문에 콘텐츠 수급 비용을 최소화할 수밖에 없었다. 반면 콘텐츠 진영은 콘텐츠 가치가 통신사의 데이터 소비 촉진을 위해 무료화되는 것을 원하지 않기 때문에 콘텐츠 가치의 정상화를 주장했다. 또 지상파 방송사는 자체 서비스인 푹을 운영하고 있어 굳이 통신사 서비스에 의존할 필요가 없어 강 대 강으로 부딪힐 수밖에 없었다. 외견상 갈등의 이유는 '대가'지만 내부적으로는 독자 플랫폼 구축이 주목적이었다.(역사는 반복한다는 말처럼 같은 이슈로 2021년에는 티빙을 보유한 CJ ENM과 통신사가 격돌했다.)

하지만 양측 모두 각자의 한계를 극복하지 못했다. 지상파 방송사는 디지털 플랫폼 구축을 위해 단기 콘텐츠 유통 수익을 포기하며 푹의 육성에 집중했지만, 가입자는 60만 명, 매출 550억 원(2017년) 수준에 정체돼 플랫폼이 되지 못하고 유통 창구 수준에 머물러 있었다. 반면 SK텔레콤의 옥수수는 3,000만 명의 모바일 가입자들에게 서비스됨에도 불구하고 유료 이용자는 수십만 명에 불과하고 콘텐츠 수급은 불안정했다. 〈나는 길에서 연예인을 주웠다〉, 〈독전〉과 같은 오리지널 콘텐츠를 제작해 서비스하기도 했지만 성과는 미미했다. 두 진영은 로컬 시장에서 서로 발목을 잡으면서 티격태격하면서도 버틸 수 있었지만 넷플릭스라는 글로벌 공룡이 등장하자 판이 바뀐다. 서로가 지금처럼 버틸 수 없다는 것을 자각한 것이다. 지상파는 SK텔레콤의 모객력과 자본을, SK텔레콤은 지상파 방송사들의 콘텐츠를 얻기 위해 손을 잡기로 의기투합한다.

주사위는 던져졌고,
운명은 공정위의 손에?
지상파 3사와 이동통신 1위 사업자인 SK텔레콤이라는 시장 지배적 사업자들의 결합으로 합병 심사에도 관심이 주목됐다. 특히 2년 전 SK텔레콤은 CJ헬로비전과의 합병이 불허됐기 때문에 매우 신중하게 공정위 합병 심사에 임한다. 게다가 OTT 간의 기업 결합은 첫 케이스여서 향후 미디어 산업과 M&A 시장 전반에 미칠 영향이 크기 때문에 합병 심사는 큰 주목을 받았다. 시장 획정[31]부터가 큰 관심사였다. OTT 시장을 어떻게 획정하느냐에 따라 심사 결과와 승인 여부가 크게 달라지기 때문이다. OTT라는 시장에 유튜브 같은 무료 서비스를 포함하면 합병 회사의 시장 점유율이 현저하게 낮아져 승인 가능성이 높다. 반면 유료 OTT 서비스로 한정해 시장을 획정하면 두 OTT 서비스의 점유율은 매우 높아 경쟁 제한성 문제로 불허될 가능성이 크다. 양측은 후자에 대한 우려가 컸다.

그런데 우려대로 공정위는 상품 시장을 유료 시장으로 제한해 획정한다. 결합 회사들의 시장 점유율이 각각 25% 이상으로 핵심 콘텐츠인 지상파 콘텐츠에 대한 유료 구독형 OTT의 구매선이 봉쇄돼 시장의 경쟁이 실질적으로 제한될 우려가 있다고 판단한다. 공정위 분석 결과 이동통신 3사의 유료 구독형 OTT에서 지상파 콘텐츠 제공 여부에 따른 이용자의 유입 및 이탈 정도가 매우 컸고 지상파 콘텐츠의 시청률 및 시청자 선호도가 높았다. 또한 지상파 방송 3사의 방송 콘텐츠 제작비 규모가 경쟁 사업자보다 월등히 크고 다수의 구작 라이브러리를 보유하고 있었다. 다른 방송 콘텐츠에 비해 상대적으로 공급 대가가 높고, 이해관계자들도 지상파 콘텐츠를 핵심 콘텐츠로 인식하고 있었다. 합병 후 단기적으로 가입자 확보를 위해 경쟁 OTT 서비스에 콘텐츠 공급을 중단하거나 가격을 인상하는 콘텐츠 차별화 전략을 취할 가능성이 높다고 봤다.

공정위는 이 합병으로 다른 OTT의 시장 진입과 경쟁이 제한될 것을 우려해 3년간 타 OTT 서비스에 콘텐츠 공급을 중단해서는 안 된다는 시정조치를 조건[32]으로 합병을 승인한다. 시장 획정은 협소하게 했지만 넷플릭스 등 글로벌 OTT와의 경쟁을 고려해 합병 자체를 막지는 않은 것이다. 그렇게 7개월의 합병 심사를 거쳐 국내 최대 연합 OTT가 탄생한다.

성공인지 실패인지 아직은 애매한… 합병을 통한 시장 지배력 확대라는 측면에서 보면 이 합병은 나름 성공적이다. 웨이브 가입자는 1,000만 명을 넘어섰고, 60만 명에서 정체됐던 유료 가입자 수도 2021년 260만 명까지 크게 늘었다. SK텔레콤의 가입자 모객력으로 유료 이용자는 약 4배 증가했고 매출도 2017년 말 550억 원에서 2020년 말 1,800억 원대로 3배 이상 증가했다. 시장 조사 기관 '아이지에이웍스'의 모바일인덱스 보고서에 따르면, 웨이브의 월간 이용자 수(MAU)는 395만 명으로 넷플릭스의 1,000만과는 격차가 크다. 하지만 국내 사업자 중에서는 1위로, 경쟁사인 티빙의 265만보다 1.5배 많고 U+모바일TV(213만), 시즌(168만), 왓챠(139만)와는 더욱 차이가 크다.(아래 그림 참조) 또한 1인당 월평균 사용 일수·시간에서는 웨이브가 넷플릭스를 앞서 충성도 높은 가입자를 많이 보

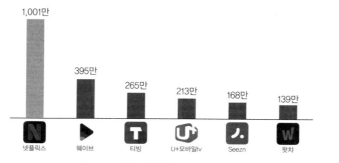

출처: 모바일인덱스 보고서

주요 OTT 사용자 현황 (2021년 2월 기준)

유하고 있는 것으로 나타났다.

하지만 이런 성과는 최대 콘텐츠 연합인 지상파 방송사와 최대 통신사인 SK텔레콤 간의 합병 성과라고 보기에는 다소 초라한 성적표다. 넷플릭스에 대항할 서비스로 성장했는지에 대해서는 당연히 좋은 평가를 받을 수없다. 넷플릭스는 이용자 수가 1,000만 명을 넘고 결제자 수도 500만 명에육박해 웨이브를 압도하고 있다. 넷플릭스가 2021년 한 해에만 5,500억원(5억 달러)을 콘텐츠에 투자한 반면, 웨이브는 2019년 출범 당시부터2023년까지 3,000억 원을 콘텐츠에 투자하겠다고 밝혔으니 연간 1,000억원도 안 된다. 콘텐츠 투자 규모부터 넷플릭스와는 큰 차이가 있는 것이다. 최근 웨이브는 2025년까지 1조 원 규모의 콘텐츠 투자를 단행하겠다고 밝히고, 웨이브 스튜디오를 설립하고 글로벌 OTT로 도약하기 위해 국내외미디어 기업과도 제휴하겠다고 했으니 향후 어떤 성과를 낼지는 기다려 봐야 할 것 같다.

**합병 효과보다
나비 효과가 더 크다고?**

한편 웨이브 합병은 미디어 산업에 큰 지각 변동을 불러일으킨다. 미디어 기업들은 이대로 있을 수만은 없다는 위기감에 다양한 합종연횡이 논의되고 인수합병도 신속, 과감하게 진행됐다. 대표적인 예로 CJ와 JTBC의 연합이다. CJ는 JTBC와 연합해 티빙 연합을 구축한다. 티빙 연합에 참가한 JTBC가 2019 연말부터 웨이브에 콘텐츠 공급을 중단함으로써 웨이브는 출범 4개월 만에 큰 위기를 맞는다. 당시 JTBC 인기 드라마 〈이태원 클라쓰〉와 〈부부의 세계〉가 방영되던 시점이라서 웨이브의 가입자 이탈이 속출했다. 티빙이 웨이브에 찬물을 끼얹은 것이다.

티빙도 유료 가입자 60만 명대로 정체된 상황을 극복하기 위해 네이버라는 거대 플랫폼과 연합해 빠른 속도로 가입자 규모를 확대해 나간다. 4,500원의 가입비를 낸 네이버 프리미엄 가입자에게 티빙 라이트 서비스를 제공해 40만 이상의 가입자를 대거 확보한다. 티빙 연합 과정에서 성사되지는 않았지만 KT와 LGU+도 독자 생존 가능성 낮은 자체 OTT 서비스를 티빙과 제휴 또는 연합하는 방안을 논의하기도 했다.

OTT에 대응하기 위해 IPTV도 몸집 불리기에 나선다. 규모의 경제를 확보하기 위해 케이블 MSO 인수전이 벌어진다. 2019년 LGU+가 CJ헬로비전을, SK브로드밴드는 티브로드를, 2020년 KT스카이라이프는 현대HCN을 인수한다. CMB와 딜라이브까지 매각에 나서며 유료 방송은 통신 3사 중심으로 완전히 재편된다. 2015년 SK텔레콤과 CJ헬로비전 합병 실패 이후 약 4년간 잠잠하던 미디어 시장은 웨이브 합병이 도화선이 되어 불과 1~2년 만에 약 10년 치의 다양한 인수합병과 제휴가 벌어졌다.

웨이브의 성공 여부를 판단하기는 아직 이르지만 이것만은 확실하다. 만약 이 시기에 푹과 옥수수, 티빙이 기존의 독자 노선을 고집했다면 개별 서비스는 유료 가입자 100만 명도 넘지 못하고 넷플릭스의 초고속 성장을 바라보기만 해야 했을 것이다. 실제 미국의 글로벌 OTT를 제외한 나머지 국가들의 로컬 서비스들은 모두 고전을 면치 못하고 있다. 콘텐츠 시장의 규모가 미국 다음으로 큰 영국의 BBC와 최대 민영방송 ITV가 연합한 '브릿박스(Britbox)'도 200만 명 수준에 그치고 있다. 동남아 3대 OTT 서비스인 훅(HOOQ)과 아이플릭스(iFlix)는 쿠팡과 텐센트에 인수돼 시장에서 사라졌다.

SK텔레콤이라는 국내 최대 이동통신사와 지상파 방송사가 손을 잡아 겨우 오리지널 콘텐츠에도 적극적으로 투자하며 자체 OTT 서비스의 한계를 극복해 나가고 있다. 이에 자극받은 티빙도 JTBC와 연합하고 5년간 5조 원의 투자 계획을 발표하며 2023년까지 800만 가입자를 달성하겠다고 공언하고 있다. 이제 국내 OTT들의 본격적인 도전이 시작됐다. 넷플릭스는 물론 디즈니+, HBO맥스 등의 글로벌 OTT들과의 경쟁도 더욱 치열해질 것이다. 이들은 경쟁하며 동시에 상상하지 못했던 다양한 합종연횡도 할 것이다. 갈수록 경쟁은 치열해지고 구도는 복잡해질 OTT 시장에서 웨이브와 티빙이 어떻게 싸워 나가고 자리매김할지 흥미진진한 OTT 전쟁이 기대된다.

멜론 먹은 카카오

로엔엔터테인먼트 인수

> 기회를 잡기 위해선 새로운 회사가 나오면
> 빨리 인수하는 능력이 있어야 한다. 그래야 망하지 않는다.
>
> _김범수, 카카오 의장

3,000억 원으로
1조 8,700억 원의 로엔을 샀다고?

카카오톡이 한창 성장하던 2016년, 카카오는 1위 음원 서비스 멜론을 보유한 로엔엔터테인먼트(이하 로엔)를 약 1조 8,700억 원에 인수한다. 국내 인터넷 업계 사상 최대 M&A 금액이다. 2015년 말 카카오의 매출은 9,322억 원, 현금 유보액은 3,000억 원에 불과했는데 1조 8,700억 원이 라는 거액을 주고 로엔을 인수한 것이다. 최근 2년간 주가가 5배나 오른 로엔에 경영 프리미엄까지 얹어인수했다. 시장에서는 시너지와 같

은 긍정적인 기대보다는 과도한 인수가로 카카오가 '승자의 저주'에 걸릴 거라는 우려의 목소리가 더 컸다.

카카오 매출의 2배가 넘는 로엔을 어떻게 인수했나? 매출 9,322억 원의 카카오가 매출의 거의 2배나 되는 인수가의 로엔을 어떻게 인수했을까? 이민교와 박진우의 연구에 의하면 카카오가 로엔 인수 당시 보유하고 있던 현금은 약 3,200억 원이었다. 약 7,500억 원은 유상 증자를 통해 홍콩 사모펀드 스타인베스트홀딩스와 SK플래닛에게 주식으로 지급했다. 8,000억 원이 여전히 부족했는데, 이 8,000억 원은 인수 금융 주관사인 삼성증권과 한국투자증권으로부터 각각 만기 6개월, 2.37% 금리의 브리지론으로 조달한다.

당시 2.37%는 사실상 노마진으로 오히려 역마진이 날 수도 있는 상황이었으나 삼성증권은 2014년 카카오가 '다음(Daum)'과 합병하는 작업을 도운 바 있고, 한국투자증권은 카카오뱅크 컨소시엄에 함께 참여하고 있어 전략적 협력을 했던 것으로 보인다. 이후 카카오는 6개월이라는 단기 차입금을 2016년 4월 말까지 다섯 차례에 걸친 회사채, 전환 사채, 교환 사채의 발행 및 판매를 통해 중장기 회사채로 전환하며 성공적으로 리파이낸싱을 해낸다. 리파이낸싱에 성공한 카카오는 재무적 투자자 없이 독자적으로 매출의 2배나 되는 M&A를 이루어 낸 것이다.

그럼 카카오는 왜 이렇게까지 무리를 해 가면서 로엔을 인수했을까? 카카오의 인수 목적은 크게 세 가지로 보인다. 첫 번째는 1등 모바일 플랫폼 강화를 위한 음원 서비스 인수다. 카카오는 '모든 것을 연결한다(connect everything)'라는 비전 아래 게임, 결제, O2O(Online to Offline) 등 다양한 분야의 서비스를 연결하는 플랫폼화 전략을 하고 있었다. 모바일 콘텐츠 시장에서 음악은 동영상과 더불어 이용 빈도나 시간 면에서 가장 점유율이 높은 서비스다. LTE 서비스 초기에는 지금처럼 동영상 이용이 활성화되지 않아 음악 콘텐츠가 가장 중요한 콘텐츠였다. 1등 메신저에 1등 모바일 콘텐츠 서비스를 결합함으로써 더욱 강력한 지배력을 기대했다.

두 번째는 카카오톡의 글로벌 진출이다. 카카오는 국내에서는 절대 1위 메신저지만 글로벌 진출은 성공하지 못했다. 그런데 멜론과 로엔엔터테인먼트의 자산은 글로벌 진출을 위한 전략적 무기가 될 수 있을 것으로 기대했다. 당시 임지훈 카카오 대표는 "카카오의 모바일 플랫폼 경쟁력과 로엔이 가진 음악 콘텐츠의 결합을 통한 무한한 시너지 창출로 글로벌 진출을 위한 좋은 계기를 마련할 것"이라고 밝혔다. 로엔이 보유한 기획사의 아이유 같은 스타들을 활용한 글로벌 진출을 강조했다.

당시 경쟁사인 네이버의 '라인(LINE)'은 일본 및 동남아시아 시장을 석권하고 'V라이브'를 통해 한류 아이돌의 라이브 개인 방송 콘텐츠를 제공하며 빠른 속도로 글로벌 시장을 확대했다. 네이버에 비해 글로벌 경쟁력이 약한 카카오톡의 한계를 극복하기 위해 로엔의 K팝 음원 및 아티스트들을 활용해 글로벌 플랫폼으로의 도약을 모색한 것이다.

세 번째는 재무적 목적이다. 카카오는 각종 O2O 사업으로 영역을 확

카카오의 로엔엔터테인먼트 인수와 자금 조달

출처: 이민교, 박진우(2019) 재구성

장해 나가고 있었지만 수익이 나는 신규 사업은 드물었고, 게임과 광고 수익에 의존하는 구조였다. 2015년 3분기 매출 2,295억 원 가운데 광고가 1,429억 원, 게임이 513억 원으로 매출의 대부분을 차지했다. 하지만 광고와 게임은 변동성이 커 안정적인 수익원이 필요했다. 로엔은 매년 600억 원 이상 꾸준히 영업 이익이 발생하는 기업으로 카카오가 여러 O2O 사업을 론칭하고 자리 잡는 동안 재무적 안정성을 확보하는 데 큰 도움이 될 수 있다고 판단했다.

카카오 인수 이후 로엔은 괄목할 성과를 보여 준다. 카카오톡과 결합한 멜론은 2017년 한 해에만 50만 명의 신규 회원이 유입돼 549만 명으로 2위 지니뮤직의 170만 명과 격차를 크게 벌린다. 2015년 매출 3,576억 원, 영업 이익 634억 원에서 2017년 매출 5,803억 원, 영업 이익 1,027억 원으로 모두 25% 이상 급성장한다. 로엔은 카카오의 든든한 캐시카우로 성장의 버팀목이 된다. 인수 첫해 카카오의 매출은 처음으로 1조 원을 돌파한다. 매출 1조 4642억 원을 기록해 전년 대비 57% 증가했고 영업 이익도 31% 증가한다. 주목할 점은 전체 영업 이익 중 로엔의 영업 이익 799억 원이 차지하는 비중이 70%나 된다. 카카오 매출의 60% 이상을 차지하고 있던 광고가 전년 대비 −11%로 역성장했음에도 불구하고 콘텐츠 부문이 157% 성장해 이를 상쇄해 버렸다.

로엔의 주가는 2016년 3월 7만 8,917원에서 6만 4,300원까지 떨어졌다. 높은 인수가에 대한 우려로 로엔과 카카오 모두 1년간 하락세를 벗어나지 못했다. 그러나 로엔의 경영 성과가 숫자로 나타나자 2017년 초부터 급상승해 인수 당시보다 약 50% 상승한다.

만약 로엔이 없었다면? 로엔 인수로 지속적인 영업 이익과 현금 흐름을 확보한 카카오는 M&A를 통해 새로운 기업들을 인수한다. 2021년 3월 기준 카카오의 계열사 수는 104개다. 2016년 45개였던 계열사가 두 배가 넘게 증가했다. 기업 평가 사이트 CEO스코어의 '국내 500대 기업의 최근 5년간 기업 인수합병(M&A) 현황 조사'에 따르면 카카오는 최근 5년간 국내 500대 기업 중 가장 많은 인수합병을 한 기업으로 약 2조 6,000억 원을 투자해 47건을 성사시켰다. 단기적으로 수익을 내지 못하는 신규 O2O 서비스와 인수 기업들이 멜론과 카카오페이지의 수익을 기반으로 성장의 시간을 벌어 현재의 거대 IT 기업으로 도약하는 기반이 되어 준 것이다.

카카오톡이 출시된 2010년에는 연 매출 3,400만 원에 불과했으나 10년

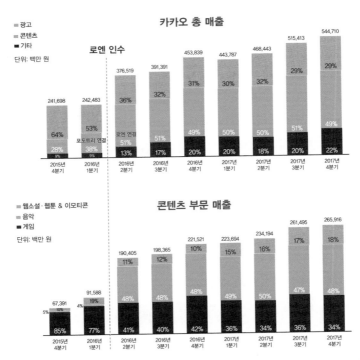

로엔엔터테인먼트 인수 후 카카오 및 콘텐츠 부문 매출은 급증한다. 영업 이익도 크게 증가한다.

카카오 주가

로엔 주가

로엔과 카카오의 주가 추이. 인수 후 인수가 논란으로 카카오와 로엔 모두 주가가 크게 하락했지만
성과가 나타난 2017년부터 상승세로 전환된다.

만에 매출액 4.1조 원, 영업 이익 4,526억 원을 돌파해 10만 배 이상 성장
했고, 2021년 7월 현재 카카오의 시가총액은 약 70조 원을 돌파하며 네
이버를 제치고 코스피 3위에 등극하기도 했다. 로엔은 카카오가 시가총액
70조 원의 기업이 되도록 발판이 되어 준 고맙고도 고마운 기업이다.

카카오의 연도별 M&A 현황

2015년	2016년	2018년	2019년
록앤올 (김기사) 포토트리 지하철내비게이션 패스, 패스톡 케이큐브벤처스 키즈노트	로엔엔터테인먼트	나일론코리아미디어 럭시 삼양씨앤씨 아씨오 이앤티스토리엔터테인먼트 제이오에이치 키위플러스 포유키즈	영화사 월광 사나이픽처스 브이에이에스티 어썸이엔티 진화 메종드바하 알에스미디어 사운드스트엔터테인먼트 에이웍스

카카오엔터테인먼트가 사들인 회사가 40개가 넘는다고?

M&A 포식자 카카오

카카오엔터테인먼트는 전 콘텐츠 장르를 아우르는
사업 포트폴리오와 밸류체인을 구축했다.
_이진수, 카카오엔터테인테먼트 대표

**카카오엔터테인먼트는 왜
40개가 넘는 회사를 사들였을까?** CJ, JTBC, 카카오, NEW 등의 미디어 기업들이 드라마 제작사, 영화 제작사를 인수했다는 기사가 일주일이 멀다 하고 쏟아지고 있다. 그중 단연 두각을 나타내고 있는 회사는 카카오다. 2021년 3월 말 기준 카카오의 계열사는 104개다. 2016년 45개에서 2배 이상 늘어났는데 대부분이 인수합병을 통해 이뤄졌고 그 중심에는 카카오엔터테인먼트가 있다. 카카오엔터테인먼트의 전신인 카카오M과 카카오페이지는 불과 3~4년 만에 수십 개의 회사를 인수하며 몸집을 키웠다. 카카오M은 무려 27개의 회사를 사들였고 개별적으로 영입한 PD, 작가, 영화감독도 80여 명에 달한다. 카카오페이지는 웹툰 회사와 제작사 등 17개 회사를 사들였다. 이 두 회사가 합병해 대기

업 집단에 맞먹는 무려 44개의 자·계열사를 보유한 카카오엔터테인먼트
가 출범했다. 여기에 멜론 컴퍼니까지 합병해 메가 콘텐츠 기업이 됐다.

카카오엔터테인먼트는 도대체 무엇을 하려고 이렇게 많은 회사를 사 모
은 것일까? 카카오가 2020년 사업보고서에서 밝힌 카카오엔터테인먼트
의 사업 구조는 크게 미디어, 스토리, 뮤직 엔터테인먼트의 세 파트로 나뉜
다. 세 파트의 사업을 위해 원천 스토리부터 콘텐츠를 구성하는 작가, PD,
영화감독, 배우, 가수, 기획사, 제작 요소 전문 회사, 제작사는 물론 콘텐츠
를 유통하고 배포하는 국내·글로벌 플랫폼과 플랫폼 기반으로 펼칠 커머
스 사업까지 수직·수평 결합했다. 카카오의 자원으로 콘텐츠를 만들고 직
접 유통하고 수익화하는 콘텐츠 비즈니스 밸류체인 전부를 갖춘 것이다.

카카오 사업보고서에 의하면(아래 그림 참조) 카카오엔터테인먼트는
16개 자사·관계사 네트워크를 통해 8,500개의 원천 IP를 보유하고 있다.
일류 배우 150명, 영화·드라마 작가, 크리에이터 80명, 영화·드라마·예

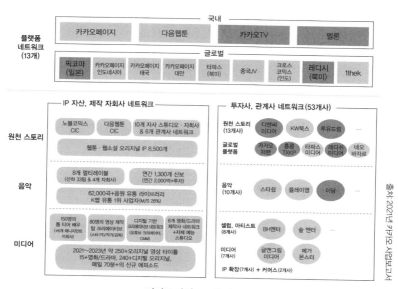

카카오 사업 포트폴리오

능 제작사 7개를 보유했다. 이들이 2021~2023년까지 250개의 오리지널 콘텐츠를 제작할 계획이다. 음악 부문은 8개 레이블에 33개 팀과 4개 자회사가 있다. 연간 1,300개의 신보를 발표하고 6,200곡과 음원 유통 라이브러리를 확보해 시장 점유율 26%의 K팝 1위 유통 사업자가 되는 것이 목표다. 제작한 웹툰, 웹소설, 음원, 영상 콘텐츠는 국내에서는 카카오페이지와 다음웹툰, 카카오TV, 멜론에서 유통하고 글로벌에서도 카카오페이지와 일본의 픽코마, 북미의 타파스, 래디쉬, 크로스코믹스를 통해 유통한다. 즉 콘텐츠 원천 IP부터 시작해 요소 시장-제작-배포-유통-광고·커머스까지 콘텐츠 비즈니스의 모든 밸류체인을 카카오가 직접 하겠다는 것이다.

카카오, '내수 기업'의 꼬리표를 뗄 수 있을까? 미디어 산업에서 카카오엔터테인먼트처럼 대규모로 수직·수평 결합을 한 기업은 없었다. 상대적으로 신생 기업인 카카오엔터테인먼트가 왜 그리고 어떻게 수많은 기업을 결합했는지는 '글로벌'에서 답을 찾을 수 있다. 카카오는 카카오톡의 성공으로 국내 모바일에서 큰 성공을 거뒀고 다양한 분야에서 사업을 확장하는 데 성공했지만 '내수 기업'이라는 꼬리표가 달려 있다.

네이버는 라인과 스노우, 제페토, V라이브 등이 글로벌 시장에서 성공했지만 카카오톡은 글로벌 진출에 실패했고 그 외 서비스도 성과를 내지 못했다. 그런데 최근 게임과 웹툰 등 콘텐츠 서비스가 글로벌 시장에서 성과를 내기 시작했다. 카카오페이지의 인기 웹툰이 일본의 픽코마, 북미의 타파스를 통해 큰 인기와 함께 높은 유료 매출 성과를 거뒀다. 또 인기 웹툰이 드라마, 영화로 제작돼 글로벌로 확산되며 글로벌 시장에서 웹툰이 다시 큰 인기를 얻는 선순환의 성과도 내고 있다. 인기 IP가 드라마, 영화 등 다른 포맷으로 확장되고, 글로벌 플랫폼에서 원작 웹툰이 성공하며 선순환

카카오M과 카카오페이지가 인수한 기업

회사	분야	회사명	주요 배우 및 작품
카카오M	배우	BH엔터테인먼트	이병헌, 진구, 유지태, 김고은
		제이와이드컴퍼니	이보영, 김태리
		매니지먼트 숲	공유, 수지, 공효진
		킹콩 by 스타쉽	송승헌, 이동욱, 임수정
		어썸이앤티	박서준, 한지혜
		VAST엔터테인먼트	현빈, 이재욱
		E&T스토리	김소현
	드라마	글앤그림미디어	〈미스티〉, 〈로맨스는 별책부록〉
		로고스필름	〈김과장〉, 〈무법변호사〉
		메가몬스터	〈진심이 닿다〉, 〈엄마가 바람났다〉
		바람픽처스	〈기억의 밤〉, 〈킹덤: 아신전〉
	예능	쓰리와이코포레이션	〈가짜 사나이〉
	영화	영화사 월광	〈검사외전〉, 〈범죄와의 전쟁〉
		사나이픽처스	〈신세계〉, 〈아수라〉
		영화사집	〈살아 있다〉, 〈국가부도의 날〉
	공연	쇼노트	공연 기획
	음악	플레이엠	에이핑크
		크래커	더 보이즈
		스타쉽	몬스터엑스, 케이윌, 소유
		플렉스엠	이승철, 에이톤
		하이라인	DJ 소다, 키겐
		하이업	스테이씨, 사이로
		안테나	유재석, 유희열
		이담	아이유, 신세경
	커머스	그레이고	인플루언서 커머스, 마케팅
		메종 드 바하	스타일리스트 전문 회사
		레디	모델
카카오페이지	웹툰 웹소설	디앤씨미디어	웹툰, 웹소설
		삼양씨앤씨	
		다온크레이티브	
		알에스미디어	
		슈퍼코믹스스튜디오	
		KW북스	
		투유드림	
		필연매니지먼트	
		인타임	
		크로스픽처스	〈마음의 소리〉, 〈치즈인더트랩〉
	글로벌 서비스	타파스	북미 웹툰 서비스
		래디쉬	북미 웹소설 서비스
		네오바자르	인도네시아 웹툰 서비스
	제작	애드페이지	카카오게임즈와 합작 회사
		사운디스트엔터테인먼트	애니메이션 제작
		파괴연구소	영상 제작
		배틀엔터테인먼트	픽션네트워크 개발사

되는 IP 비즈니스의 성공을 맛본 카카오는 본격적으로 '슈퍼 IP 유니버스 프로젝트'를 통해 글로벌 엔터테인먼트 기업으로의 도약을 시도하는 것이다. 카카오 글로벌 진출의 첨병인 카카오엔터테인먼트의 전신 카카오M과 카카오페이지가 각각 어떻게 성공해 왔는지 거슬러 올라가 살펴보자.

톱스타를 끌어모은 카카오M은 카카오가 인수한 로엔엔터테인먼트로
카카오M의 속내는? 부터 시작됐다. 로엔이 보유한 스타쉽과 킹콩엔터테인먼트를 기반으로 가수 및 배우, 모델 연예기획사 10여 개와 드라마·영화 제작사 7개, 음악 레이블 8개를 인수했다. 이는 CJ E&M을 2011년부터 2018년까지 7년간 이끈 김성수 대표가 카카오로 옮기고 나서 본격적으로 시작됐다. 김성수 대표는 2020년 카카오M 미디어데이 행사에서 "콘텐츠 비즈니스 진화와 혁신을 주도하며 엔터테인먼트 산업 패러다임의 변화를 이끌어가겠다."라는 구상을 밝혔다. 이를 위해 "각 분야의 유능한 사람들이 모여 좋은 콘텐츠를 만들 수 있도록 지원하고 인프라를 구축하는 게 우리의 역할"이라며 인수 목적을 밝혔다.

콘텐츠 업계의 미다스의 손이라 불리는 김성수 대표는 유능한 인재를 모으고, 좋은 콘텐츠를 만들어, 엔터테인먼트 산업의 패러다임을 바꿈으로써 카카오를 종합 콘텐츠 기업으로 육성하겠다는 목표를 설정한다. 그리고 2018년 822억 원을 들여 7개의 회사를 사들였고 2019년에는 배우 이병헌이 소속된 대형 연예기획사 BH엔터테인먼트를 약 500억 원에 인수한다. 주요 배우들이 소속된 매니지먼트 숲(공유 등), 어썸이엔티(박서준 등), 제이와이드컴퍼니(김태리 등) 등을 100억 원 이상씩 투자하여 공격적으로 인수했다. 카카오M에 소속된 주요 배우들을 보면 이병헌, 현빈, 공유, 박서준, 이민호, 공효진, 김고은 등 현재 우리나라를 대표하는 톱스타들이 모여

있다.

　카카오는 콘텐츠 제작 요소 중 배우에 전략적 투자를 한 것으로 보인다. 드라마나 영화 제작에서 가장 중요한 요소는 작가 또는 배우라는 게 중론이다. 콘텐츠의 품질과 관련해서는 박지은, 김은숙, 김은희와 같은 스타 작가가 매우 중요하다. 하지만 콘텐츠 비즈니스 차원에서 가장 중요한 요소는 배우다. 한류 스타급 배우의 캐스팅 여부에 따라 글로벌 판매 단가의 단위가 달라지고 실제 흥행에도 큰 영향을 미친다. 〈더 킹: 영원의 군주〉의 경우 국내에서는 작품에 대한 논란도 많았고 흥행에 성공하지 못했다는 평가를 받지만 이민호라는 한류 배우의 인기로 넷플릭스에서는 동남아 등 수십 개 국가에서 1위에 오르며 글로벌 시장에서는 큰 인기를 얻었다. 대작 드라마에서 가장 중요한 요소는 한류 스타의 캐스팅 여부라는 것이 입증된 것이다.

　스튜디오드래곤으로 드라마 시장을 평정한 CJ가 스타 작가에 베팅했다면 카카오는 배우에 베팅했다고 할 수 있다. 카카오는 2023년까지 블록버스터 규모를 포함해 연간 15편의 영화와 드라마를 제작하겠다고 밝혔는데 이는 톱 배우 캐스팅에 대한 자신감에 근거한다고 할 수 있다. 일각에서는 스타들과 기획사가 계약 관계에 불과해 기획사를 인수했다고 해서 배우 캐스팅을 보장할 수 없으니 시너지가 없을 것이라고 우려하기도 한다. 그러나 카카오M은 유상 증자 과정에서 연예기획사의 주요 배우들이 유상 증자에 참여하게 했다.

　이병헌 50억 원, 이민호 20억 원, 송승헌 15억 원, 한효주 10억 원, 김고은 5억 원 등 소속 연기자들이 277억 원 규모로 유상 증자에 참여했다. 주요 배우들이 카카오M의 주주로 한 가족이 된 것이다. 최근에는 유재석까지 참여해 화제가 되기도 했다. 기업 공개를 앞두고 주요 배우들은 이미 2배 이상의 이익을 보고 있고, 상장 후에는 카카오엔터테인먼트 성장의 과실을 함께 누리게 되어 결속력을 가지게 되었다.

카카오M은 8개의 영화, 드라마, 예능 제작사와 함께 80여 명의 개별 PD, 작가, 감독들까지 영입해 초대형 스튜디오를 갖췄다. 카카오M에 이제 필요한 것은 훌륭한 스토리다. 그리고 카카오페이지는 8,500개의 원천 IP를 보유하고 있다.

스토리로 성공한 카카오페이지가 꿈꾸는 슈퍼 IP 유니버스는? 카카오페이지는 2010년 김범수 의장이 9억 원을 투자해 자본금 17억 원으로 출범한 '포도트리'로부터 시작됐다. 2013년 카카오페이지로 사명을 변경하고 '모바일 콘텐츠 오픈마켓 플랫폼' 서비스를 시작했다. 허영만 작가 등의 만화를 유료 서비스했고 〈달빛조각사〉를 필두로 유명 작품들이 연재되기 시작하면서 인기를 얻기 시작했다. 모바일 게임 애니팡에서 착안하여 일정 시간이 지나면 작품을 볼 수 있게 해 주는 '기다리면 무료' 서비스를 도입해 무료 일변도의 웹툰 시장에서 콘텐츠 유료화에 성공했다. 대원씨아이, 학산문화사, 미스터블루 등 국내의 대표 만화 기업들에도 투자해 웹툰 IP를 확보했고 북미 웹툰 플랫폼 타파스와 웹소설 서비스 래디쉬를 인수해 글로벌 IP까지 확보하는 등 IP 확보에 돈을 아끼지 않고 있다.

2018년부터 인기 웹툰 IP를 활용해 영화와 드라마로 확장을 시도했다. 웹툰 〈스틸레인〉이 영화 〈강철비〉로 성공했고, JTBC 〈이태원 클라쓰〉는 국내에서의 흥행과 함께 넷플릭스를 통해 전 세계 190국에 확산돼 동남아 주요 국가에서 1위를 기록했다. 일본에서는 〈롯폰기 클라쓰〉라는 제목으로 웹툰과 드라마 모두 인기를 얻으며 4번째 한류 붐을 일으켰다. 〈김비서가 왜 그럴까〉, 〈어쩌다 발견한 하루〉, 〈경이로운 소문〉, 〈승리호〉 등 여러 인기 웹툰이 드라마와 영화로 만들어지며 흥행 몰이를 지속하고 있다.

카카오페이지는 인기 웹툰의 영상화에 그치지 않고 8,500개의 IP를 활용해 슈퍼 IP 프로젝트[33]를 육성하고 있다. 카카오페이지는 〈이태원 클라쓰〉의 드라마화를 통해 웹툰 팬덤이 드라마 팬덤으로 전환되고, 드라마 팬덤이 다시 웹툰 팬덤으로 이어져 플랫폼도 동반 성장하는 선순환 구조를 경험했다. 또 넷플릭스라는 글로벌 OTT를 통해 일본에서 드라마가 인기를 얻자 일본 픽코마 서비스에서 〈롯폰기 클라쓰〉가 큰 성공을 거두며 일본 1위 모바일 웹툰 서비스에 오르는 성공을 경험한다. 일본의 국민 메신저인 네이버의 라인이 야후 재팬과 경영권을 통합해 높은 시장 점유율을 차지하고 있고 웹툰에서도 라인망가가 1위를 차지하고 있던 상황에서, 네이버를 제치고 웹툰 1위 서비스를 차지한 것은 카카오에게 매우 의미가 크다. 글로벌 시장에서 네이버와 경쟁해 거둔 첫 성공인 것이다.

카카오페이지의 인기 웹툰은 일본의 픽코마뿐만 아니라 미국의 웹툰 서비스인 타파스에서도 큰 성공을 거둔다. 물량 면에서는 약 1%도 안 되는 카카오페이지의 인기 작품이 절반 이상의 매출을 거두며 인기와 매출 두 마리 토끼를 잡고 있다. 스토리의 성공으로 자신감을 얻은 카카오페이지는 이제 방송사나 넷플릭스처럼 남의 손을 빌리지 않고 직접 제작에 나서기 위해 카카오M과 손을 잡는다.

스토리와 미디어 모든 것을 가졌다 서로가 필요한 카카오페이지와 카카오M은 한 가족이 된다. 합병을 통해 연 매출 2조 원 규모, 기업 가치 20조 원으로 예상되는 대형 엔터테인먼트 회사가 탄생했다.(증권사 추정) 근래 상장한 스튜디오드래곤의 상장 당시 시가총액이 1조 원이었는데 비교도 안 되는 높은 가치를 인정받고 있는 것이다. 시작은 좋다. 양 부문 모두 높은 성장세인데 특히 스토리 부문인 일본 픽코마의 성장세가 눈에 띈다. 미

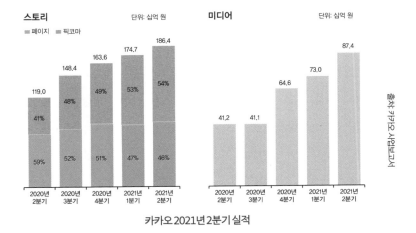

스토리 　　단위: 십억 원
■ 페이지 ■ 픽코마

미디어 　　단위: 십억 원

출처: 카카오 사업보고서

카카오 2021년 2분기 실적

디어 부문도 드라마, 영화 등 영상 라인업 확대와 소속 아티스트들의 활동
증가로 매출이 급상승했다.

　카카오엔터테인먼트는 이제 시작이다. 2021년 한 해에만 1조 원 규모의
투자를 발표하며 인수 못지않은 공격적인 투자를 선언했다. 향후 카카오페
이지의 강력한 스토리를 카카오M이 보유한 막강 톱스타들과 제작진들이
얼마나 훌륭한 콘텐츠로 만들어 낼지, 그리고 카카오의 숙원인 글로벌 시장
에서 어떤 성공 스토리를 만들어 낼지 기대된다.

　물론 장밋빛 전망만 있는 것은 아니다. 이렇게까지 대규모로 콘텐츠의
원천 IP부터 제작, 플랫폼까지 수직·수평 결합한 국내 미디어 기업은 없었
다. 기업 결합이 가장 고도화된 CJ ENM도 원천 IP는 내재화시키지 못했고
글로벌 플랫폼도 보유하지 못했다. 글로벌 미디어 기업 중에서는 AOL-타
임워너, AT&T-타임워너, 컴캐스트-NBC유니버설 같은 기업이 콘텐츠와
플랫폼을 결합했지만 떠들썩한 합병 기사 이후 주목할 만한 성과를 만들어
내지 못했다. 카카오가 꿈꾸는 글로벌 엔터테인먼트 기업으로 성공할지,
콘텐츠와 플랫폼이 결합했지만 성과를 내지 못한 미국 미디어 공룡의 전철
을 밟을지 귀추가 주목된다.

넥스트 마블의 주인공은?

네이버 vs 카카오

> Z세대가 열광하는 스토리텔링 플랫폼을 기반으로
> 글로벌 엔터테인먼트 시장의 플레이어로 성장해 갈 것이다.
>
> _한성숙, 네이버 대표

네이버는 6억 달러, 카카오는 1조 1,000억 원, 억 소리 나는 웹 콘텐츠 전쟁

네이버는 M&A를 거의 하지 않는 기업으로 유명하다. 그런데 2020년 네이버가 '왓패드(Wattpad)'라는 회사를 6억 달러(약 6,900억 원)에 인수한다고 발표한다. 왓패드가 도대체 어떤 회사이길래 네이버가 그렇게 큰돈을 주고 인수하는지 세간의 관심이 쏠렸다. 왓패드는 2006년 설립된 웹소설 플랫폼으로 약 500만 명의 창작자와 10억 편의 스토리를 보유해 MAU 9,000만을 자랑하는 세계 1위 웹소설 플랫폼이다. 글로벌 1위 웹툰 플랫폼인 네이버웹툰을 보유한 네이버가 글로벌 1위 웹소설 플랫폼을 합병함으로써 전 세계 1억 6,200만 이용자를 보유한 명실상부한 글로벌 1위 웹 콘텐츠 플랫폼에 등극한다.

카카오도 네이버에 질세라 2021년 5월 북미 웹툰 플랫폼 '타파스'와 웹소설 플랫폼 '래디쉬'를 인수한다고 발표한다. 타파스의 가치는 약 6,000억 원, 래디쉬는 약 5,000억 원으로 평가된다. 타파스는 북미 최초의 웹툰 플랫폼으로 6만 명의 창작자가 활동하고 있다. 래디쉬는 모바일 특화형 웹소설 플랫폼으로 높은 퀄리티의 콘텐츠와 충성도 높은 독자층을 보유한 것으로 유명하다. 카카오는 국내의 카카오페이지와 일본·동남아의 픽코마에 북미의 웹툰·웹소설 플랫폼을 더해 글로벌 웹 콘텐츠 플랫폼 구축에 박차를 가하고 있다.

네이버와 카카오는 국내뿐만 아니라 글로벌에서도 웹 콘텐츠 1위 플랫폼을 차지하기 위해 치열하게 경쟁하고 있다. 네이버웹툰은 전 세계 100개국에 서비스하는 MAU 7,200만 명의 글로벌 1위 웹툰 플랫폼이다. 반면 카카오는 픽코마 서비스로 세계 최대 만화 시장인 일본에서 네이버망가를 따라잡으며 빠르게 웹툰 1위 서비스로 성장했다. 특히 유료 서비스에서 강점을 가지고 있다. 국내 매출만 보면 카카오가 5,280억 원으로 네이버의 4,602억 원보다 더 많다. 하지만 글로벌 유료 거래 규모는 네이버가 8,200억 원으로 카카오를 크게 앞선다.

글로벌 최고의 웹 콘텐츠 플랫폼이라는 동일한 목표를 가지고 있는 네이버와 카카오는 다른 전략을 구사하고 있다. 네이버는 유튜브식, 카카오는 넷플릭스식이라고 평가받는다. 네이버는 유튜브처럼 전 세계 IP를 모아 콘텐츠 생태계를 구축하는 전략을 구사하고 있다. 창작자들의 오픈 플랫폼 형태인 왓패드의 인수도 이런 네이버 전략에 부합한다. 반면 카카오는 넷플릭스처럼 성공할 수 있는 IP를 적극적으로 키워 이를 슈퍼 IP로 육성하는 전략을 펼치고 있다. 소수의 경쟁력 있는 콘텐츠를 육성하는 타파스와 래디쉬는 카카오 전략에 부합한다. 두 기업의 같은 목표, 다른 전략이 어떻게 진행되고 있는지 한번 들여다보자.

세포 분열 전략의 네이버가 M&A에 6,900억 원을 썼다고?

네이버는 네이버와 한게임이 합병해 만들어진 회사지만 성장 과정에서 M&A보다는 내부 조직을 독립 분사시켜 성장하는 세포 분열 전략으로 확장해 왔다. 2015년 도입한 CIC(Company In Company) 제도를 통해 네이버웹툰, 네이버파이낸셜, 스노우, 웍스모바일, 네이버클라우드, 네이버랩스를 독립시켜 왔다.

그런데 네이버가 지금도 전 세계 100개국에서 서비스되는 글로벌 1등 웹툰 플랫폼 네이버웹툰이 있음에도 불구하고 무려 6억 달러(약 6,900억 원)을 들여 왓패드를 인수한다는 소식에 시장은 깜짝 놀랐다. 네이버 M&A 사상 가장 큰 금액이다. 왓패드라는 회사에 대해 자세히 살펴보면, 2006년 캐나다에서 설립된 웹소설 플랫폼으로 아마추어 작가가 소설을 올리고 독자와 직접 소통할 수 있는 일종의 커뮤니티형 플랫폼이다. 매월 500만 명의 창작자들이 10억 편의 스토리를 올리는 거대 플랫폼이다. 월간 이용자 9,000만으로 북미와 유럽 문화권에 핵심 이용자들이 포진되어 있다. 대표 작품으로는 넷플릭스에서 드라마화된 로맨스 소설 〈키싱 부스〉가 있다.

〈오징어 게임〉이전 넷플릭스의 최고 흥행 K콘텐츠는 〈스위트홈〉이다. 스위트홈은 넷플릭스에서 드라마 제작을 하기 전에 이미 글로벌 히트작이었다. 네이버웹툰에서 영어, 일본어, 프랑스어, 스페인어, 중국어 등 9개 언

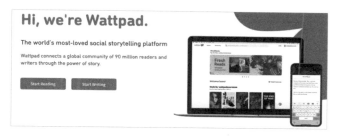

네이버가 인수한 왓패드

어로 서비스해 글로벌 누적 조회 수 12억 뷰를 기록했다. 이런 놀라운 수치가 가능한 이유는 네이버웹툰이 전 세계 100개국에서 서비스되고 있기 때문이다. 네이버웹툰은 글로벌 1위(2020년 말 기준) 서비스로 웹툰계의 유튜브라 불리며 애플 스토어 엔터테인먼트 분야에서 넷플릭스, 틱톡과 함께 당당히 상위권에 랭크되어 있다.

네이버웹툰에서의 인기를 기반으로 넷플릭스는 〈스위트홈〉을 오리지널 콘텐츠로 제작했고 3일 만에 한국을 포함해 말레이시아, 필리핀, 싱가포르 등 8개 국가에서 1위, 42개 국가에서 Top 10에 올랐다. 미국에서도 3위에 올라 K드라마 중 처음으로 글로벌 Top 10에 들어갔다. 〈스위트홈〉처럼 웹툰은 이미 콘텐츠 시장에서 중요한 IP다. 최근 흥행 드라마인 〈이태원 클라쓰〉(JTBC), 〈편의점 샛별이〉(SBS), 〈경이로운 소문〉(OCN), 〈승리호〉(넷플릭스) 모두 웹툰이 원작이다. 리스크 높은 드라마, 영화 시장에서 검증된 웹툰 스토리는 실패 확률이 낮아 수십 편의 웹툰 원작 드라마가 제작되었다. 지금도 많은 웹툰이 드라마, 영화로 제작되고 있어 원천 IP의 중요성과 가치가 높아지고 있다.

드라마제작이 되었거나 진행되고 있는 네이버웹툰 원작

미국 미디어 업계도 IP 확보 전쟁이 한창이다. 디즈니는 픽사와 마블 스튜디오, 루카스필름을 합병해 IP를 확보했다. M&A에 관심이 없던 넷플릭스도 최근 키즈 콘텐츠 IP를 보유한 로알드 달 스토리(Roald Dahl Story Co.)와 집잡(Jibjab)이라는 키즈 애니메이션 회사, 크리에이터 마크 밀러가 보유한 밀라월드 코믹북 회사를 인수했다. 또한 향후 IP 기업의 M&A에 관심을 갖겠다고 밝힌 바 있다. DC코믹스는 유니버설 스튜디오의 스토리 창고 역할을 하고 있다. 네이버는 IP 확보 전쟁 속에 왓패드를 통해 북미 시장의 500만 명의 창작자와 10억 편의 스토리를 확보한 것이다.

이미 네이버는 네이버웹툰을 통해 IP 확보에 주력해 왔다. 2014년부터 북미를 시작으로 남미, 유럽, 아시아로 진출해 현지에서 사랑받은 작품을 각국 언어로 번역해 글로벌로 확산시키고 있다. 이에 더해 각 지역별로 아마추어 작가들을 키우고 발굴하기 위한 다양한 프로젝트들을 진행해 왔다. 웹툰 IP에 왓패드의 웹소설 IP까지 확보한 네이버는 스튜디오N, 왓패드 스튜디오를 통해 이 IP를 드라마, 영화, 애니메이션의 영상 콘텐츠로 순환시키는 콘텐츠 생태계를 완성해 '아시아의 디즈니'라는 비전을 향해 달려가고 있다.

향후 네이버의 IP 브리지 컴퍼니인 스튜디오N은 웹툰 원작의 영상화를 북미 시장으로 확장할 계획이다. 네이버웹툰은 2020년 10월 국내외 유명 영상 제작 스튜디오 3곳(Vertigo Entertainment, Rooster Teeth Studios, Bound Entertainment)과 파트너십을 맺고 미국 현지 작품의 영상화를 진행하고 있다. 왓패드와 함께 인수한 왓패드 스튜디오는 할리우드로부터 많은 러브콜을 받아 2022년 총 180개 영상 IP를 제작할 계획이다. 글로벌 엔터테인먼트 기업들과도 활발한 협업을 진행해 DC코믹스와 합작해 〈배트맨: 웨인 패밀리 어드벤처〉를 선보였고 하이브와 함께 BTS 웹툰도 제작할 계획이다.

**카카오 글로벌
진출의 선봉 웹툰**　카카오는 카카오웹툰(다음웹툰)과 카카오페이지 두 개의 웹툰 서비스가 있다. 두 서비스는 카카오가 다음을 인수하기 전부터 지금까지 계속 이어지고 있다. 이 중 카카오페이지는 웹툰, 웹소설, 영화, 방송, 도서 등 7만여 개의 콘텐츠를 보유한 모바일 종합 콘텐츠 플랫폼으로 큰 성공을 거뒀다. 2014년 '기다리면 무료' 서비스를 도입해 웹툰, 웹소설의 유료화를 선도했다. 7,000억 원 이상을 IP 개발 및 CP에 투자해 1,300여 개 파트너와 8,500개의 IP를 보유하고 있다. 2020년 매출은 5,280억 원으로, 2015년 일 매출 1억 원에서 출발해 2020년 5월 일 매출 20억을 돌파했다.

고품질 콘텐츠의 유료화에 성공해 대표작인 〈나 혼자만 레벨업〉은 웹툰과 웹소설의 누적 매출액이 190억 원 이상(국내외 총거래액 기준)이고, 〈닥터 최태수〉, 〈템빨〉, 〈왕의 딸로 태어났다고 합니다〉 등의 히트작들도 누적 매출액 100억 원이 넘는다. 이렇게 카카오페이지에서 성공한 콘텐츠는 일본의 픽코마와 북미의 타파스에 공급되어 높은 유료 매출을 거두고 있다. 픽코마에 공급된 카카오페이지 콘텐츠는 2%에 불과하지만 유료 매출의 30%를 차지하고 있다. 북미의 타파스에 공급된 80개 작품도 전체 작품 중 0.1%에 불과하지만 유료 매출의 50%를 차지하고 있다.

글로벌에서는 일본 픽코마의 성공이 인상적이다. 일본에 진출한 '픽코마(piccoma)'는 세계 최대 만화 시장인 일본에서 2021년 7월 기준 일본 양대 앱마켓(애플 스토어, 구글 플레이)에서 비게임 부문 1위에 올랐다.(글로벌 조사 업체 'App Annie' 발표) 세계 최대 만화 시장인 일본에서 최악의 정치·외교 상황인데도 거둔 성과라 더 의미가 있다. 픽코마의 대표 인기작은 〈나 혼자만 레벨업〉과 〈이태원 클라쓰〉, 〈도굴왕〉 등이다. 그중 〈이태원 클라쓰〉는 한국 방송과 넷플릭스에서 인기를 얻은 후 일본에서 〈롯폰기 클라쓰〉라는 이름으로 서비스돼 픽코마 최장 기간 1위에 올랐고 드라마 리메이

일본에서 서비스되는 카카오의 픽코마

크까지 발표됐다. 픽코마는 2016년 매출 16억 원에서 시작해 불과 5년 만인 2020년 4,146억 원으로 수직 상승했다. 2021년 하루 매출이 40억 원에 달해 일본의 큰 출판사들도 픽코마에 작품을 제공하는 등 1위 서비스로 인정받고 있다. 최근에는 태국과 대만까지 진출해 모바일 만화 분야 1위를 차지하며 글로벌 시장 확대에 박차를 가하고 있다.

글로벌에서 성공을 경험한 카카오는 2021년 5월 북미 웹툰 플랫폼 '타파스 미디어'와 웹소설 플랫폼 '래디쉬 미디어'를 인수했다. 타파스와 래디쉬는 어떤 회사일까? 먼저 타파스는 2012년 미국 샌프란시스코에서 김창원 대표가 설립한 북미 최초 웹툰 플랫폼이다. 창작자를 위한 커뮤니티를 운영하며 창작자가 직접 자신의 작품을 업로드할 수 있는 시스템으로 6만 명의 창작자가 활동하고 있다. 카카오는 타파스와 협력 관계를 맺고 국내의 인기 콘텐츠를 타파스에 공급해 왔는데, 카카오의 약 80여 개 콘텐츠가 9만 개 콘텐츠를 서비스하는 타파스 매출의 절반을 차지하고 있다. 2020년 말 카카오는 타파스를 해외 관계사로 편입시켰고 2021년 지분을 추가 인수해 경영권을 확보했다. 타파스의 가치는 약 6,000억 원으로 평가된다.

래디쉬는 이승윤 대표가 2016년 미국 뉴욕에서 설립한 모바일 특화형

카카오가 인수한 타파스(위)와 래디쉬(아래)

웹소설 플랫폼이다. 할리우드의 집단 창작 시스템을 웹소설에 접목해 메인 작가, 줄거리 PD, 보조 작가로 분업화된 구조로 빠르게 에피소드를 창작한다. 이런 창작 구조를 통해, 작가가 아닌 래디쉬가 1만 개 작품의 IP를 직접 보유하고 있다. 월 이용자는 100만 명에 불과하지만 소수의 하드코어 독자가 고액을 결제하는 구조로 2020년 매출은 전년 대비 10배나 증가한 2,000억 원으로 급성장한다. 가입자 규모에 비해 높은 매출을 기록하고 있다. 래디쉬 가입자 수는 네이버가 인수한 왓패드의 가입자 9,000만 명의 1% 남짓에 불과하지만, 매출은 왓패드의 절반에 달하는 알짜 기업이다.

카카오도 유니버스를 구축할 수 있을까? 카카오의 전략은 슈퍼 IP 유니버스 구축이다. 마블 시리즈처럼 세계관과 캐릭터 중심으로 꾸준히 스토리가 나올 수 있는 구조를 만들어 나가며 IP의 라이프사이클을 확장하고 선순환하는 시스템을 구축하는 것이 목표다. 〈이태원 클라쓰〉와 〈승리호〉 같은 웹툰 원작의 영상화에 성공한 카카오는 단발성 영상화를 넘어 슈퍼 IP 유니버스에 도전하고 있다. 다음웹툰×카카오페이지 슈퍼 웹툰 프로젝트로 선정된 〈스틸레인〉 시리즈는 영화 〈강철비〉의 성공 이후 〈정상회담: 스틸레인 3〉 웹툰과 영화가 동시에 기획 론칭되었다.

영화 〈강철비 2: 정상회담〉의 성공 이후 웹툰 〈정상회담: 스틸레인 3〉 또한 재조명을 받고 누적 조회 수 6,000만 회를 넘기며 인기를 얻었다. 영화의 성공이 1년 전 연재가 끝난 웹툰의 롱테일 소비를 촉진시키는 선순환 구조로 나타난 것이다. 웹툰 작가이자 영화감독인 양우석 감독은 총 3편의 웹툰과 2편의 영화로 한반도의 분단 세계관에 기반해 웹툰과 영화를 넘나들며 세계관을 구축하고 있다. 카카오는 〈스틸레인〉의 사례를 점차 확대해 스토리 엔터테인먼트 산업 생태계를 풍성하게 하기 위해 다양한 시도를 하고 있다.

글로벌 최고의 웹 콘텐츠 플랫폼이라는 동일한 목표를 향해 각기 다른 전략으로 글로벌 공략에 나선 네이버와 카카오가 어떤 성과를 만들어 낼지 향후 성과가 기대된다.

하이브가 꿈꾸는 유니버스

위버스

> 케이팝 문화는 성장하는데 글로벌 팬덤이 모여서 소통하고 연대할
> 공간이 없었다. 세계의 팬덤이 언어와 국경을 초월해 아티스트와
> 커뮤니케이션하고 모든 팬 활동을 즐길 수 있는 공간이 위버스다.
>
> _방시혁, 하이브 의장

**저스틴 비버와 아리아나 그란데가
하이브 소속이라고?**   하이브는 지난 4월 1일 만우절에 거
짓말 같은 발표를 한다. 저스틴 비버
와 아리아나 그란데가 속한 미국의 종합 미디어 기업 이타카홀딩스를 인수
한다는 것이다. BTS의 미국 진출 및 성공으로 하이브가 승승장구하고 있
는 것은 맞지만 저스틴 비버와 아리아나 그란데라는 미국을 대표하는 뮤지
션을 보유한 이타카홀딩스를 인수한다는 것은 누구도 상상치 못했던 일이
다. 방시혁 하이브 의장도 "이번 이타카홀딩스와의 새로운 파트너십은 어
느 누구도 상상하지 못한 새로운 도전"이라고 말할 만큼 깜짝 뉴스였다. 인
수 구조는 하이브 미국 법인인 빅히트 아메리카가 자회사인 BH 오디세이
(BH Odyssey Merger sub LLC)를 통해 이타카홀딩스를 약 1조 700억 원에

인수하는 것이다.

BTS가 아무리 유명하고 인기를 얻고 있다고 해도, 미국 아니 세계적으로 가장 유명한 뮤지션을 보유한 이타카홀딩스가 한국의 엔터테인먼트 회사에 인수된다는 것은 이해하기 쉽지 않다. 이타카홀딩스 CEO 스쿠터 브라운은 미국 연예 전문 매체 〈버라이어티(Variety)〉와의 인터뷰에서 "우리에게 더 큰 플랫폼을 줄 수 있는 무언가를 찾고 있었어요. 그리고 이는 하룻밤 사이에 전 세계적인 회사를 만들 기회였죠."라고 말한 데서 힌트를 얻을 수 있다. 더 큰 플랫폼은 아마도 위버스로 보인다.

하이브가 그리는 유니버스 '위버스(Weverse)'는 2019년 하이브의 자체 팬 커뮤니티에서 출범한 팬 플랫폼이다. K팝 커뮤니티 플랫폼 중 최다 월간 이용자 수를 보유하고 있는 서비스로 하이브 소속 아티스트뿐만 아니라 외부 기획사, 해외 아티스트들까지 입점시키며 '공룡 팬 플랫폼'으로 성장하고 있다. 하이브가 BTS 소속 기획사를 넘어 글로벌 엔터테인먼트 기업으로 발돋움하게 된 것도 위버스 덕분이다.

위버스는 현재 전 세계 229개 국가에 서비스되는 글로벌 팬 플랫폼으로 하이브 소속의 BTS, 투모로우바이투게더, 여자친구, 세븐틴 등의 뮤지션들이 입점하며 시작했다. 이후 블랙핑크가 소속된 YG엔터테인먼트, AOA와 씨엔블루 등이 소속된 FNC엔터테인먼트의 입점도 이끌어 내면서 본격적인 플랫폼으로 성장해 국내 다수의 뮤지션들이 입점하고 있다. 미국 유니버설뮤직그룹(UMG)과도 전략적 제휴를 맺어 미국 뮤지션들도 속속 입점하고 있다.

위버스의 가장 큰 특징은 아티스트가 직접 스토리를 올리고 팬들과 직접 소통한다는 점이다. 특히 전 세계 팬들의 활동과 반응에 피드백을 받을

하이브의 위버스 서비스

수 있다는 점이 매력적이다. 영어는 물론 중국어, 스페인어, 아랍어 등 10개 언어 자동 번역을 지원해 글로벌 팬들과 쉽고 긴밀하게 소통할 수 있기에 아티스트와 팬의 유대감이 높은 게 강점이다. 팬클럽에 유료 가입해 '위버'라는 팬클럽 멤버십을 얻어 사진, 음성, 영상 등 독점 콘텐츠를 이용한다. BTS의 팬클럽 멤버십 가입비는 3만 9,000원(키트 포함)이고, BTS의 위버는 약 1,300만 명, 투모로우바이투게더 488만 명, 엔하이픈(ENHYPEN) 465만 명, 블랙핑크 196만 명 등이다.(2021년 9월 기준)

위버스는 코로나19를 계기로 단순 팬클럽, 커뮤니티 서비스를 넘어 콘서트 플랫폼으로 진화했다. 코로나19의 장기화로 오프라인 콘서트가 모두 취소되자 2020년 6월 BTS 온택트 공연 '방방콘 The live'를 개최해 결제, 공연 관람, 굿즈 구매까지 한 번에 가능한 서비스를 제공했다. 이후 여자친구, '2021 New year's Eve Live' 온라인 콘서트를 진행하는 등 온라인 콘서트 플랫폼으로 자리 잡았다. 10월 개최한 온라인 콘서트 '맵 오브 더 소울 원(Map of the Soul One)'은 이틀간 191개 국가에서 99만 3,000명의 관객이 참여해 티켓 매출만 약 490억 원, 굿즈 포함 559억 원의 매출을 올렸다. 8주년 기념 팬미팅 'BTS 2021 MUSTER 소우주'는 티켓 매출 약 700억 원, 굿즈 포함 800억 원 이상의 매출을 올렸다. 위버스는 단순 팬 커뮤니티를 넘어 콘서트, 팬미팅이 이루어지는 플랫폼으로 성장한 것이다.

네이버, YG, UMG, 키스위, 점점 더 커지는 동맹군

위버스의 플랫폼으로서의 위력이 드러나자 대형 미디어 사업자들이 위버스와 손을 잡기 위해 나선다. 가장 대표적인 사업자는 네이버다. 네이버는 수년간 공들여 성공한 글로벌 K팝 플랫폼 'V라이브(V-Live)'를 하이브에 양도해 위버스와 통합한다. 다운로드 수 1억 건과 MAU 3,000만의 글로벌 서비스인 V라이브를 MAU 500만의 위버스에 양도한다는 것인데, 이는 새우가 고래를 삼키는 격이다. 네이버는 위버스가 V라이브보다 잠재력이 크다고 판단했기 때문이다. 네이버는 위버스 운영사인 비엔엑스에 4,118억 원을 투자하고 지분 48%를 취득해 2대 주주가 된다. 약 1년간의 통합 작업을 거쳐 2022년 본격적인 서비스를 선보일 예정이다. V라이브와 위버스가 통합하면 월간 이용자 3,500만 명이 넘는 초대형 팬 커뮤니티 플랫폼이 탄생하게 된다. 네이버에 이어 블랙핑크를 보유한 YG엔터테인먼트도 전략 동맹에 참여한다. 위버스가 YG엔터테인먼트에 700억 원을 투자해 YG플러스 지분 17.92%를 확보함으로써 하이브-네이버-YG엔터테인먼트의 3각 동맹이 맺어졌다.

하이브는 글로벌에서도 공격적으로 확장한다. 세계 최대 음악 레이블인 '유니버설뮤직그룹(UMG)'과 전략적 파트너십을 체결한다. 유니버설뮤직

그룹 소속의 아티스트들도 위버스에 입점해 제레미 주커와 알렉산더 23, 영블러드 등 아티스트들이 커뮤니티를 개설했다. 또 미국 현지 오디션 프로그램을 공동 기획해 2022년 신규 글로벌 보이그룹을 데뷔시키고, 유니버설뮤직그룹(UMG) 산하 게펜 레코드(Geffen Records)와 합작해 글로벌 여성 팝 그룹 데뷔 프로젝트인 '하이브·게펜 글로벌 걸그룹 오디션'도 진행한다.

또 하이브와 YG엔터테인먼트(YG), 유니버설뮤직그룹(UMG), 키스위(Kiswe) 4개사가 손을 잡고 '베뉴라이브'라는 디지털 라이브 스트리밍 플랫폼도 론칭한다. 베뉴라이브는 콘서트 라이브 스트리밍 플랫폼이다. 하이브가 먼저 클라우드 기반의 영상 플랫폼 기업인 '키스위'와 합작 법인 'KBYK Live'를 설립하고 YG와 유니버설뮤직그룹이 공동 투자하는 형태다. 네이버와 키스위의 기술력과 하이브와 YG의 스타 파워와 비즈니스 역량이 합쳐진 위버스가 독보적인 글로벌 팬 플랫폼이 될 것으로 전망되는 가운데 이타카홀딩스도 하이브의 위버스 동맹에 참여한다. 유튜브 구독자

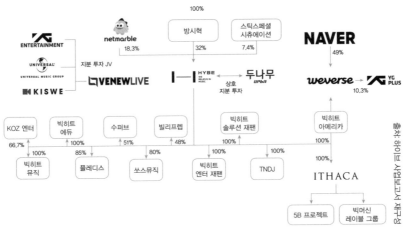

하이브 사업 및 지분 구조

1위의 저스틴 비버와 2위 블랙핑크, 그리고 BTS, 아리아나 그란데까지 모두 모인 위버스가 글로벌 No.1 팬 플랫폼이 되는 것은 시간문제다.

위버스는 이미 매출로 저력을 증명하고 있다. 위버스의 2020년 매출은 3,280억 원으로 하이브 매출의 41.2%를 차지하고 있다. 1인당 평균 결제액(ARPU)은 2020년 81달러(9만 2,620원)로 전년 대비 27% 증가했다. 충성도 높은 팬들의 구매력은 더 높아져 2022년 1인당 평균 결제액은 110달러에 달하고 월간 평균 이용자는 4,500만 명까지 증가할 것으로 전망돼 증권가는 위버스의 플랫폼 가치를 약 5조 5,000억 원으로 평가하고 있다.

빅히트는 왜 하이브로 이름을 바꿨을까? 방시혁 의장은 2020년 10월 빅히트엔터테인먼트의 상장 기념식에서 "현재를 살아가는 모두의 삶 전반에 영향을 미칠 수 있는 세계 최고 엔터테인먼트 라이프스타일 플랫폼 기업으로 힘차게 나아가겠다."라고 선언했다. 그리고 '2021 공동체와 함께하는 하이브 회사 설명회'에서 확장의 방향을 좀 더 구체화한다. 박지

하이브의 3대 사업 부문

출처: 하이브 사업보고서

원 CEO는 "음악에 기반하지만 특정 산업 영역에 국한되지 않은 다양한 일들을 준비하면서 한계 없이 상상하고 두려움 없이 나아가는 것"이라 밝히고 'Boundless(경계 없는)'를 키워드로 내세웠다. '국가와 지역', '산업과 산업', '팬 경험의 현재와 미래', '탄탄한 아티스트 포트폴리오' 등 4개 영역에서 경계 없는 확장을 하겠다며 세계 최고 엔터테인먼트 라이프스타일 플랫폼으로의 확장 방향성을 밝혔다.

사명도 BTS 소속사로서의 정체성에서 벗어나기 위해 '하이브'로 변경하고 레이블, 솔루션, 플랫폼의 세 개 축으로 사업을 개편한다. 레이블은 기존의 음악 생산과 제작 분야로 핵심은 솔루션과 플랫폼이다. 그중 가장 눈에 띄는 부문은 솔루션 부문인데 아티스트를 기반으로 2차, 3차 비즈니스를 만들어 내는 것이다. 현재까지 발표된 사업 계획들을 보면 BTS 오리지널 스토리 〈7Fates: CHAKHO〉를 네이버웹툰의 글로벌 플랫폼을 통해 론칭한다. 또 BTS가 직접 제작 과정에 참여한 게임도 2022년 상반기에 선보일 예정이다. 향후 다양한 아티스트들의 오리지널 스토리를 웹툰, 웹소설, 영상 콘텐츠, 게임 등 다양한 포맷의 콘텐츠로 출시할 계획이다.

미국에서는 이타카홀딩스의 저스틴 비버가 발렌시아가, 크록스 등 글로벌 브랜드와 컬래버레이션을 한 브랜드 'drew house'와 아리아나 그란데의 새로운 뷰티 브랜드 'r.e.m. beauty' 등 아티스트 IP 기반 컨슈머 사업들도 진행하고 있다. 국내 최대 가상화폐 거래소 업비트를 운영하는 두나무와도 손잡고 아티스트 IP 기반의 NFT 디지털 자산을 팬들에게 제공할 예정이다. 미디어 콘텐츠, 웹툰, 웹소설, 애니메이션은 물론 NFT, 리테일 사업 등 경계를 넘어 전 분야로 확장해 나가고 있다.

이 모든 콘텐츠와 서비스를 연결하고 확장하는 플랫폼인 위버스가 핵심이다. 위버스는 본격적으로 세계관을 확장해 나갈 것이다. 하이브는 말 그대로 경계를 넘어 무한대로 넓혀 가고 있다. 하이브의 주가도 같이 고공 행

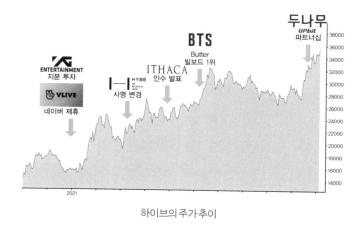

두나무
UPbit
파트너십

BTS
Butter
빌보드 1위

ITHACA
인수 발표

YG
ENTERTAINMENT
지분 투자

VLIVE

네이버 제휴

HYBE
WE
BELIEVE IN
MUSIC
사명 변경

2021

38000
36000
34000
32000
30000
28000
26000
24000
22000
20000
18000
16000
14000

하이브의주가추이

진을 하고 있다. 2021년 11월 기준 35만 원을 상회하며 시가총액도 14조 원에 달한다. 본격적인 비상을 앞둔 하이브와 위버스가 세계 최고 엔터테인먼트 라이프스타일 플랫폼으로 성장할 수 있을지, 어디까지 확장해 나갈지 흥미진진하게 지켜보자.

미디어 산업을 예측하는 것은 어렵다. 아니 거의 불가능하다. 미디어 산업의 핵심인 콘텐츠의 성패가 예측 불가능하기 때문이다. 실례로 최근 텐트폴 드라마들이 줄줄이 흥행에 실패하고 있다. 한류 스타 전지현과 주지훈 주연에, 제작비도 320억 원을 투입한 〈지리산〉이 흥행에 실패했고, 수백억 원의 제작비를 쓴 〈불가살〉도 신통치 않다. 대표 한류 스타들이 출연한 〈구경이〉(이영애), 〈설강화〉(블랙핑크 지수)도 쓴맛을 봤다. TV조선은 〈미스트롯〉, 〈미스터트롯〉으로 트로트 열풍을 몰고 왔지만 〈미스트롯 2〉의 공정성 시비로 트로트 열풍은 언제 그랬냐는 듯이 싸늘하게 식어 버렸다. 2021년 미디어 시장을 주도한 콘텐츠는 단연 SBS 〈펜트하우스〉 시리즈였다. 그리고 방영 전에는 크게 주목받지 못했던 〈모범택시〉, 〈원더우먼〉, 〈옷소매 붉은 끝동〉, 〈경이로운 소문〉 같은 드라마들이 흥행에 성공했다.

방송사 사정도 비슷하다. 지상파 방송사들은 저조한 콘텐츠 실적뿐 아니라 광고 수익 급감으로 어려움을 겪어 왔다. 그러나 코로나 위기 상황에서 뉴스와 미디어 이용량이 늘면서 광고 수익이 급증하여, 역대급 영업 이익을 거두며 턴어라운드에 성공했다. 특히 최근 4년간 엄청난 규모의 영업 적자와 드라마 부진에서 벗어나지 못했던 MBC가 〈검은 태양〉, 〈옷소매 붉은 끝동〉의 연이은 성공으로 약 1,000억 원의 영업 이익을 내며 극적인 턴어라운드에 성공했다. SBS는 약 1,800억 원이 넘는 역대 최고의 영업 이익을 내며 2021년 가장 성공한 방송사가 됐다. 반면 〈스카이캐슬〉, 〈부부의 세계〉로 신(新) 드라마 왕국을 꿈꾸던 JTBC는 엄청난 물량의 드라마를 쏟아 냈지만 대부분 흥행에 실패하며 주요 방송사 중 유일하게 대규모 적자를 냈다. tvN의 실적도 〈빈센조〉 등의 드라마가 선방하기는 했지만 예전 같지 않다.

불과 1년 전인 2020년 말에 이런 상황을 예측할 수 있었을까? 2020년 말의 예측은 대부분 빗나갔을 것이다. 앞으로도 미디어 시장에 대한 예측, 특히 단기 예측은 매우 어려울 것이다. 하지만 장기 트렌드는 어느 정도 예측 가능하다. OTT와 레거시 미디어의 경쟁 구도 심화, 글로벌 OTT의 한국 진출 증가, 〈오징어 게임〉과 〈지금 우리 학교는〉 등의 성공으로 인한 글로벌 OTT의 K콘텐츠 수요 증가는 예측할 수 있다. 이 트렌드 속에서 글로벌 OTT들의 한국 콘텐츠에 대한 투자가 확대되고 제작비가 늘면서 콘텐츠 경쟁력도 동반 상승하는 선순환 체계가 만들어지고 있다. 실제 콘텐츠의 질은 글로벌 수준으로 좋아졌고, 전반적인 트렌드는 한국 미디어 산업에 우호적이라 할 수 있다.

그런데 아이러니하게도 좋은 콘텐츠를 만드는 한국 미디어 기업들의 사정은 그렇지 않다. 현재의 상황을 낙관하는 기업은 거의 없다. 오히려 국내 미디어 사업자 간의 갈등과 분쟁이 격화되고 있다. 미디어 산업에서 2021년 가장 큰 이슈는 CJ ENM과 IPTV 간의 채널 사용료 분쟁이었다. CJ ENM은 선계약 후공급이라는 이슈를 부각해 방송법 개정과 정부의 제도 개선을 압박했다. 그런데 CJ의 이런 공세에 정부가 제도 개선에 나서자 같은 콘텐츠 진영인 중소 PP들이 반발하고 나섰다. 복잡하게 얽힌 사업자들의 이해관계가 폭발한 형국이다. 2022년에도 연초부터 TV조선이 IPTV에 대한 분쟁 조정을 신청하는 등 플랫폼과 방송사 간의 집안싸움이 늘고 있다.

한편 OTT의 공세로 방송사들의 입지는 점점 좁아지고 있다. 넷플릭스는 〈오징어 게임〉, 〈지금 우리 학교는〉 같은 오리지널 드라마들을 성공시키며 방송사들을 초라하게 만들었다. 코로나 위기 속에 경영 악화를 예상한 방송사들은 많은 돈을 주는 OTT에 콘텐츠를 넘기기에 바빴다. 무산되기는 했지만 지상파 방송사들은 쿠팡에 도쿄 올림픽 전송권을 수백억 원에 넘기려고 했다.

JTBC는 드라마 〈설강화〉와 〈언더커버〉를 디즈니+와 티빙에만 독점 공급해 IPTV 등 유료 방송의 큰 반발을 사기도 했다. MBC가 웨이브에서 오리지널 드라마 〈트레이서〉를 받아 방송만 하는 사례가 벌어지고 있다. 돈을 더 많이 주는 OTT에 콘텐츠를 넘기면서 유료 방송 플랫폼에는 더 높은 대가를 요구하는 방송사와 유료 방송사 간의 갈등은 커질 수밖에 없다.

그럼 OTT는 괜찮을까? 넷플릭스에 맞서는 국내 OTT 웨이브와 티빙은 가입자 확보를 위해 적자 속에서도 적극적인 오리지널 콘텐츠 투자에 나서고 있다. 그럼에도 여전히 가입자는 넷플릭스의 절반에도 못 미치는 200만 명대 수준을 넘어서지 못하고 있다. 넷플릭스는 K콘텐츠로 글로벌 시장에서 성공적으로 가입자를 늘리고 있는데, K콘텐츠를 가장 많이 보유한 국내 OTT들의 해외 진출은 몇 년째 발표만 되고 여전히 감감무소식이다. 재주는 한국이 넘고 돈은 넷플릭스가 버는 형국이다. 게다가 인터넷 쇼핑의 번들 서비스인 쿠팡플레이까지 치고 올라와 OTT 업계의 경쟁은 레거시 미디어 못지않게 치열하다.

없는 집안에서 밥그릇 싸움만 격해지고 있는 상황이다. 미디어 공룡이 탄생할 수 없는 구조다. 이런 상황이 벌어지는 이유는 무엇일까? 그중 하나는 한국의 미디어 정책이다. 한국의 미디어 정책은 규제 일변도였다. 각종 소유·지분 규제로 미디어 대기업이 구조적으로 탄생할수 없다. 경쟁력이 높았던 지상파 방송사는 소유·지분 규제로 꽁꽁 묶어 놓고 국정감사 때만 되면 평균 연봉이 1억 원이니 뼈를 깎는 구조조정을 하라며 성장은커녕 축소를 주문하고 있다. 사람이 핵심인 콘텐츠 제작 산업에서 스타 PD, 기자의 연봉을 올려 주지 못하는 지상파 방송이 민영 기업에 핵심 인력들을 뺏기는 것은 당연한 시장 논리다. 이러지도 저러지도 못하게 발목에 족쇄를 채워 수십 년간 한국 방송 산업의 핵심이던 지상파 방송사들을 서서히 침몰시켜 버린 것이다.

tvN과 JTBC가 지상파 자리를 대체했다면 다행이지만 지금은 어느 누구도 완벽히 주도권을 잡는 데 성공하지 못했다. 이런 가운데 시가총액 2조 원도 안

되는 국내 미디어 기업들끼리 도토리 키 재기를 하고 있는 형국이다. 도토리들끼리의 동네 싸움이 치열한 가운데 시가총액 2,000조 원의 구글(유튜브)과 300조 원의 디즈니, 250조 원의 넷플릭스가 어느덧 우리의 안방을 차지하고 있다.

2021년 말 디즈니+가 론칭했고 현재 다수의 반응은 혹평과 평가절하다. 2016년 넷플릭스 론칭 당시를 돌이켜 보면 지금과 데자뷰다. 자막은 완성도가 낮았고 한국 콘텐츠는 부족했다. 하지만 불과 5년 만에 넷플릭스는 국내 미디어 산업을 주도하고 있다. 디즈니는 2022년 넷플릭스의 두 배도 넘는 40조 원을 콘텐츠에 투자한다고 발표했다. K콘텐츠 수급도 크게 증가할 것으로 예상되며 콘텐츠 라이브러리가 확장된 2~3년 후 디즈니+의 모습은 절대 지금과 같지 않을 것이다. 2022년 말 HBO맥스까지 진출할 경우 2, 3년 후에는 넷플릭스, 디즈니+, HBO맥스가 국내 미디어 산업을 주도하고 있을 것이다.

3개 지상파방송사, 4개 종합 편성 채널, CJ ENM, IPTV 3사, 케이블 MSO, 위성방송, 카카오엔터테인먼트로 분산된 국내 미디어 기업이 이들 글로벌 미디어 공룡에 맞설 수 있을까? 글로벌 미디어 공룡들이 자신에게 부족한 역량을 인수합병해 수직·수평 결합을 하며 규모의 경제를 키울 때 우리 미디어 산업은 반대로 분산돼 버렸다. 그나마 미디어 공룡에 가까운 CJ조차 핵심 채널인 tvN이 방송 산업에서 독보적인 위상을 확보하지 못했다. 현재 단일 기업으로 약 20조 원이라는 가장 높은 가치를 평가받는 카카오엔터테인먼트도 수천 개의 IP를 보유하고 수십 개의 제작사, 기획사를 사들였지만 아직 미디어 시장의 메인 플레이어도 되지 못했다.

이 책을 쓰는 과정은 국내에서 누가 미디어 공룡으로 성장할 수 있을지 희망을 찾는 여정이었다. 하지만 원고를 쓰는 내내 답답함은 쌓여만 갔고, 원고를 다 쓴 지금은 그리 큰 희망이 보이지 않는다. 규제 중심의 미디어 정책은 상상의 자유를 틀어막고 있다. 이런 상상을 해 본다. CJ와 SBS가 합병하면 미국의 디즈니나 HBO 같은 막강한 콘텐츠 기업이 될 수 있지 않을까? 스튜디오드래곤과 스튜디오S가 합병하면 아시아 최고 스튜디오가 되지 않을까? 반대로 플랫폼과 IP를 가졌지만 채널과 콘텐츠 제작 역량이 부족한 SK텔레콤, KT, 카카오엔터테인먼트가 MBC를 합병하면 미국의 컴캐스트, AT&T, 타임워너와 같은 기업이 될 수 있지 않을까? 하지만 이 모든 상상은 우리나라 방송법상 불가능하다. 지금의 현실도 안타깝지만 바뀔 가능성도 없다는 것이 더 답답하다.

하지만 예측 불가능한 미디어 산업처럼 국내의 미디어 기업이 모든 불가능을 이겨 내고 미디어 공룡으로 성장하길 기원해 본다. 앞으로 등장할 미디어 공룡은 넷플릭스가 그랬듯이 기존 시장의 점유율을 늘린 기업이 아니라 완전히 다른 판에서 새로운 플랫폼을 만드는 데 성공한 기업이 미디어 공룡이 될 것이다. 그런 행보를 보이고 있는 몇몇 기업들에게 희망을 가져 본다. 끝.

1 할리우드의 영화 제작사들이 영화 제작, 배급은 물론 극장까지 소유해 영화 시장을 사실상 독점하면서, 가격을 담합하거나 소규모 독립 극장을 차별하는 식의 불공정 행위가 지속되자 미 법무부가 셔먼법 위반으로 8개 스튜디오에 소송을 제기한다. 연방대법원이 할리우드의 다섯 메이저 스튜디오(파라마운트, MGM, RKO, 20세기폭스, 워너브라더스)와 3대 마이너 스튜디오(컬럼비아 픽처스, 유니버설 스튜디오, 유나이티드 아티스트)의 수직 계열화를 금지하고 해체시킨 판결이다.

2 1998년 DMCA 제512조는 저작권자가 ISP(Internet Service Provider)에게 저작권 침해물의 '삭제(takedown)'를 요청하는 즉시 ISP가 적절한 조치를 취하면 ISP를 면책하도록 규정하고 있다.

3 세쿼이아 캐피털은 애플, 야후, 구글, 유튜브 등에 투자해 유명해진 전설의 벤처 투자 캐피털로 엔비디아, 페이팔, 링크드인, 유튜브, 인스타그램 등 수많은 유니콘 기업에 투자해 큰 성공을 거두었다. 세쿼이아가 투자한 기업들의 가치는 나스닥 전체의 22%에 이른다고 한다. 주요 기업들의 투자가치를 평가하고 투자해 스타트업 기업 가치 평가의 기초가 되고 세쿼이아가 투자하면 성공한다는 평판을 가지고 있는 벤처 캐피털이다. 왓츠앱에 이미 약 6,000만 달러(약 640억 원)을 투자해 10~20% 정도의 회사 지분을 가지고 있는 것으로 알려져 있는데, 이번 인수로 약 30억 달러를 가져가게 된다.

4 한 달 동안 접속한 유니크 유저와 하루 단위로 접속한 유저의 비율을 비교함으로써 한 달 동안 접속한 유저가 바로 어제 접속했는지 확인하는 지표다. 잔존율(retention)과 비슷한 성격으로 유저 수 증감을 판단하는 지표다

5 파라마운트 픽처스의 마이클 아이스너 밑에서 제작부사장으로 일했고 디즈니로 옮겨 월트 디즈니 스튜디오 회장으로 취임했다. 마이클 아이스너와 갈등을 빚어 디즈니에서 퇴출된 이후, 스티븐 스필버그와 함께 드림웍스를 설립한다. 최근에는 '퀴비'라는 스트리밍 서비스를 출시하기도 했다.

6 재정 이익 규칙(Financial interest and syndication rule). 외주 제작사의 프로그램 판권을 지상파 방송사가 소유하지 못하며, 지상파 방송에서의 방송권만 살 수 있도록 한 규정이다. 미국 지상파 방송사의 기득권을 제한하고 외주 제작사와 PP를 키우는 데 큰 역할을 했다. 이로 인해 할리우드 스튜디오의 제작이 크게 활성화되었다.

7 미디어 복합 기업의 직영 방송국과 가맹 방송국이 프라임타임(오후 7~11시) 중 1시간은 미디어 복합 기업 이외의 로컬 방송국이 제작한 프로그램을 편성하도록 의무화한 규제다.

8 스타워즈 시리즈 중 국내 최고 흥행작 〈스타워즈 에피소드 7: 깨어난 포스〉의 국내 관객 수는 300만이다. 마블의 어벤져스 시리즈는 개봉작마다 1,000만을 넘고 〈어벤져스: 엔드게임〉은 무려 1,330만 명으로 스타워즈와 마블은 차이가 크다. 하지만 미국 내 흥행 성적은 〈스타워즈: 깨어난 포스〉(9.3억 달러)가 역대 1위이고 〈어벤져스: 엔드게임〉(8.5억 달러)이 2위다.

9 스타워즈는 1977년 개봉한 〈스타워즈 에피소드 4: 새로운 희망〉 ~ 〈스타워즈 에피소드 6: 제다이의 귀환〉까지의 3편을 오리지널 시리즈, 1999년 개봉한 〈스타워즈 에피소드 1: 보이지 않는 위험〉 ~ 〈스타워즈 에피소드 3: 시스의 복수〉를 프리퀄 시리즈, 디즈니 인수 이후 제작된 〈스타워즈 에피소드 7: 깨어난 포스〉 ~ 〈스타워즈 에피소드 9: 라이즈 오브 스카이워커〉를 시퀄 시리즈로 구분한다. 그 외 스핀오프로 〈로그 원: 스타워즈 스토리〉, 〈한 솔로: 스타워즈 스토리〉 등이 있다.

10 95년의 역사를 자랑하는 타임(Time inc.)은 2018년 출판 미디어 그룹인 메르디스(Meredith corporation)에 28억 달러에 인수된다.

11 덤 파이프(dumb pipe)란 가치가 낮은 단순 연결 수단을 의미한다. 즉 통신 기업처럼 이동통신사가 운용하는 망이 단순히 데이터 전송 역할만 할 경우 특별한 가치가 없는 통로 역할만 한다고 통신사의 역할을 낮춰 부르는 말이다. 통신사들은 덤 파이프 사업자라는 한계를 극복하고 스마트 파이프 사업자가 되고자 한다.

12 기업 인수 후 사후 관리(PIMI, post Merger Integration). 성공적인 M&A는 계약 자체의 성공과 인수 후 성공적인 통합으로 구현된다. 인수 후 통합은 크게 두 가지로 나눌 수 있는데 첫째는 물리적으로 합병해 하나의 실체로 통합하는 것이고, 둘째는 자회사처럼 독립적으로 운영하게 하는 것이다. 통합 이후 예상되는 조직의 변화 관리에 초점을 맞춰 조직을 통합하고 다양한 심리 문제, 조직 문화 차이를 극복하는 노력을 해야 한다. 합병 기업의 시너지 효과는 PMI가 성공적으로 달성됐을 때 가능하다.(김택수, 2019)

13 거대한 콘텐츠 라이브러리를 보유하고 있는 콘텐츠 사업자가 자사 콘텐츠의 대표적인 유통 창구로 OTT를 활용하는 전략. 지상파 방송사들은 OTT 플랫폼을 플래그십 스토어로 활용해 자사 콘텐츠를 직접 유통하는 전략을 추구한다. BBC의 아이플레이어(iplayer)와 미국의 훌루가 대표적이다.

14 이미 네트워크와 플랫폼을 동시에 보유하고 있는 네트워크 사업자들은 원래의 플랫폼에 새로운 OTT 플랫폼을 추가해 플랫폼을 다양화하는 전략 추진하는데, 이를 다차선 도로 전략이라 한다.

15 1982년에 워싱턴 D.C. 연방지방법원의 명령에 따라 AT&T는 장거리 통신 및 통신 기술 관련 자회사만 유지하고 7개 지역별 전화 회사로 분할됐다. 베이비 벨이라 불리는 지역 전화 회사는 다음과 같다. Ameritech(중서부), Bell Atlantic(동부), BellSouth(남동부), NYNEX(동북부), Pacific Telesis(서부), Southwestern Bell(남서부), U.S. West(북서부).

16 최종 소비자에게 제품을 배송하는 마지막 단계. 사형수가 집행장까지 걸어가는 거리를 지칭하는 말이었는데 요즘엔 각종 유통, 물류, 운송 서비스가 최종 소비자에게 전달되는 마지막 단계를 일컫는 말로 널리 쓰인다.

17 FCC의 컴캐스트(Comcast)의 NBC유니버설 합병 조건
    • 컴캐스트가 자사 이용자나 일부 MVPD 이용자에게 온라인으로 이용할 수 있도록 제공하는 모든 관련 콘텐츠를 공정한 시장 가치와 비차별적인 가격, 조건으로 모든 MVPD에게 제공.
    • MVPD가 이용할 수 있는 것과 동일한 조건으로 적법한 OVD에게 비디오 콘텐츠 제공.
    • 컴캐스트−NBC유니버설의 경쟁사 중 하나 이상으로부터 프로그램 유통에 관한 계약을 체결한 OVD가 경제적으로 비슷한 가격 및 조건에 컴캐스트−NBC유니버설의 비슷한 프로그램을 이용할 수 있도록 제공.
    • 이용자가 컴캐스트의 케이블 TV를 시청하지 않더라도 온라인 비디오 서비스에 접속할 수 있도록 독립적인 브로드밴드 인터넷 접속 서비스를 합리적인 가격에 충분한 대역폭으로 제공.
    • 자사의 비디오 콘텐츠나 다른 공급자의 콘텐츠에 대한 온라인 유통을 불합리하게 제약하기 위한 협약 체결 금지.
    • 자사의 브로드밴드 인터넷 접속 서비스, 셋톱박스를 통하여 경쟁하고 있는 온라인 비디오 유통 기업에 불이익을 가하는 행위 금지.
    • 훌루(Hulu)에 대한 기업 통제나, 훌루의 콘텐츠에 대한 불합리한 억제 금지.

18 지역 전화 사업자(Regional Bell Operating Companies, RBOCs)는 NYNEX, Pacific telesis, Bell Atlantic, Southwestern Bell Corporation(SBC로 개명), Ameritech, Bell south, US west의 7개 회사다.

19 하나의 동종 네트워크에서 음성(전화), 데이터(인터넷), 비디오(방송) 서비스를 동시에 제공하는 서비스. '유선

전화 + 초고속 인터넷 + 케이블TV'가 대표적으로, 한 번에 세 개의 상품을 결합 판매해 소비자들은 편리하고 사업자는 매출 증대와 이용자 가입 유지에 유리하다.

20 FCC는 케이블망, 인터넷망을 이용한 경쟁 제한 행위를 막는 배타적 계약 금지, 경쟁사 개방 등을 명령했다. 그리고 음악 부문은 초고속 통신망을 통한 시장 봉쇄가 우려돼 매각을 명령한다.

21 CNN의 테드 터너(Turner), 월스트리트저널의 루퍼트 머독(Murdoch)과 함께 세계 미디어계의 3대 거두로 일컬어진다.

22 CJ ENM은 스튜디오드래곤의 최대 주주(지분 71.19%)다. CJ ENM은 매도 시기를 결정해 매도권을 행사할 수 있다. 매도가는 권리 행사 시점에서 CJ ENM과 넷플릭스가 협의한다.

23 동양그룹이 세워 1995년에 개국한 투니버스가 모태이며, 이후 인수와 사업 확장을 거쳐 2000년에 온미디어가 본격적으로 출범하였다. 2001년에 동양그룹과 오리온그룹이 분할할 때 오리온그룹 쪽으로 넘어갔다.

24 온게임넷, OCN, 슈퍼액션, 투니버스, 온스타일, 캐치온, 캐치온 플러스, 스토리온, 바둑TV.

25 케이블 방송 초기 SO와 PP, NO는 겸영을 할 수 없었다. 그러나 케이블 사업이 영세성을 벗어나지 못하자 복수의 SO와 PP를 겸영할 수 있는 MSO, MPP가 허가되고 이후 MSO와 MPP를 겸영하는 MSP가 허가된다.

26 SO 전송률은 특정 채널이 보급형 상품에 얼마나 많이 포함되는지의 비율을 의미한다. 예를 들면 SO 가입자가 100만인데 보급형상품 가입자가 60만, 상위 상품 가입자가 40만일 경우 특정 채널이 보급형 상품에 포함되어야 100만 가입자 모두가 볼 수 있다. 상위 상품에만 포함된 채널은 상위 가입자인 40만 가입자만 시청할 수 있다. PP 사업자의 주 매출인 광고 수익은 시청자 수에 연동되므로, 시청자가 가장 많은 보급형 상품에 포함되는지가 매우 중요하다. 인기 채널은 보급형 상품에 포함되지만 비인기 채널은 보급형 상품에 포함되기 힘들기 때문에 전체 채널을 패키지해 높은 SO 전송률를 확보하는 것이 MPP의 가장 중요한 전략이다.

27 엠넷과 CJ오쇼핑, Xports, 중화TV, KMTV는 인수 후 기존 채널을 유지했고, 채널CGV는 현대방송의 후신인 NTV를 인수해 장르 및 채널명을 전환했고, XTM은 DIY채널을, 올리브는 푸드 채널을 전환했고, tvN은 KMTV를 전환한 것이다.

28 2020년 글로벌 홈쇼핑 시장이 한국처럼 성장하지 않아 15년 만에 글로벌 사업을 접는다고 발표했다. 2011년 7월 베트남에 진출해 현지 홈쇼핑 시장 점유율을 45%까지 끌어 올리면서 업계 1위로 성장했지만, 2018년부터 적자가 누적되는 등 실적이 악화하자 진출 10년 만에 사업 철수를 결정했다. 2004년 중국 상하이(동방CJ) 진출을 시작으로 톈진(천천CJ), 광둥(남방CJ)으로 확대했던 중국 사업은 2017년 중국의 고고도미사일방어체계(THAAD · 사드) 보복 영향으로 영업적자가 늘어 철수를 결정했다.

29 합작 법인의 자본금은 60억 원으로 제일제당이 50%, 나머지 두 회사가 25%씩 지분을 가졌다. 2002년 사명을 CJ CGV로 변경했다.

30 1993년 강우석 감독이 '강우석 프로덕션'이란 영화 제작사를 세웠고, 1995년 '시네마서비스'로 이름을 바꾸면서 투자 및 배급으로 사업 영역을 확대했다. 2001년 플레너스에 인수된 이후 영화 배급과 투자 업무에 집중했다. 시네마서비스는 충무로 토착 자본으로 시작했다는 점에서 많은 영화인과 좋은 관계를 맺고 있어 국내 영화 점유율이 높았다.

31 시장 획정(market definition)이란 시장 내 형성된 상품 가격에 대해 서로 의미 있는 수준의 경쟁 제한성을 부과할 수 있는 '관련 시장(relevant market)'을 정의하는 작업으로 크게 '상품 시장'과 '지리적 시장'을 획정한다. 관련시장은 '특정 상품(지역)의 가격이 상당 기간 어느 정도 의미 있는 수준으로 인상될 경우 당해 상품(지역)의 구매자 상당수가 이에 대응하여 구매를 전환할 수 있는 상품(지역) 전체'로 규정한다.(방송 시장 경쟁 상황 평가)

32 ① 지상파 방송 3사에게 다른 OTT 사업자와의 기존 지상파 방송 VOD 공급 계약을 정당한 이유 없이 해지 또는 변경하는 것을 금지한다. ② 지상파 방송 3사에게 다른 OTT 사업자가 지상파 방송 VOD 공급을 요청할 경우, 합리적이고 비차별적인 조건으로 성실하게 협상하도록 한다. ③ 지상파 방송 3사가 홈페이지 또는 모바일 애플리케이션에서 무료로 제공 중인 지상파 실시간 방송의 중단 또는 유료 전환을 금지한다. ④ SK텔레콤의 이동통신 서비스 또는 SK브로드밴드의 IPTV를 이용하지 않는 소비자의 결합 당사 회사 OTT 가입을 제한하는 행위를 금지한다.

33 데이터 분석을 통해 선별된 IP는 1단계 멀티 포맷, 멀티 플랫폼, 멀티 테리토리(territory) 서비스로 육성한다. 멀티 포맷은 웹툰의 경우 드라마, 영화, 애니메이션으로의 영상화, 웹소설, 스토리게임, 캐릭터 MD, 오디오 드라마, 채팅 소설 등의 여러 포맷으로 제작하는 것이다. 멀티 플랫폼은 카카오페이지와 다음웹툰, 카카오TV의 플랫폼에 크로스 서비스하는 것을 의미한다. 멀티 테리토리는 글로벌 OTT를 활용해 드라마, 영화, 애니메이션을 배급하는 것이다. 2단계는 글로벌 유통이다. 1단계에서 성공한 IP를 일본의 픽코마, 미국 타파스, 동남아 카카오페이지 등의 자사 또는 제휴 글로벌 플랫폼에 콘텐츠를 번역해 유통한다. 3단계 1, 2단계에서 검증된 슈퍼 IP를 글로벌의 다양한 파트너들과 함께 확장하는 것이다.

PART 1 | 빅테크의 미디어 공습

01

- 이창훈 (2018). 미디어전쟁. 커뮤니케이션북스. 서울.
- 이호수 (2020). 넷플릭스 인사이트. 21세기북스. 서울.
- 주정숙 (2020). 넷프릭스와 할리우드 영화 산업의 변화. 산업 융합 연구. 18-5. 36-41.
- Keith Nelson (2014). Big red mistake: Starz CEO calls 2008 deal with Netflix 'terrible'. Digitaltrends. 2014. 12. 10.
- Caroline Framke (2015). Netflix is losing a whole bunch of movies, but it's all according to plan. Vox. 2015. 9. 1.

02

- 지성은 (2021). 프랜차이즈 IP 확보에 나선 넷플릭스, 제2의 마블 콘텐츠 만들 수 있을까?. 읽뉴스. 2021. 11. 7.
- Sue Zeidler (2010). Netflix, Epix strike programming deal. Reuters. 2010. 8. 10.
- Gaurav Laghate (2021). Netflix to set up its first global post-production unit in Mumbai. The economic times. 2021. 7. 3.
- The Entertainment Strategy Guy (2021). Should & Could Netflix Make a Big Acquisition or Merger?. What's on netflix. 2021. 5. 24.
- Mahir Wasif (2021). 15 Of The Most Expensive TV Shows Ever Made. Screenrant. 2021. 2. 12.

03

- 정지훈 (2020). 거의 모든 IT의 역사. 메디치.
- 최민재, 조영신 (2012). 글로벌 미디어 기업과 미디어 정책. 한국언론재단.
- Arron Pressman (2021). 유튜브 광고, 그 내막을 파헤치다. 포춘 코리아.
- Ken Auletta (2009). Googled!, the end of the world as we know it. 2009. 타임비즈. 김우열 옮김.
- https://companiesmarketcap.com

04

- 정지훈 (2010). 거의 모든 IT의 역사. 메디치.
- Ken Auletta (2009). Googled!, the end of the world as we know it. 2009. 타임비즈. 김우열 옮김.
- 김동욱 (2021). IT 거인 구글, 지난해 온라인 광고로 180조 넘게 벌었다. 한국일보. 2021. 2. 3.
- Emarketer (2021). US tripoly digital Ad revenue share by company.

05

- 사라 프라이어 (2020). 노필터. No Filter: The Inside Story of Instagram. 알에이치코리아. 이경남 옮김.
- 손덕호 (2017). "인수 못하면 고사시킨다" 페이스북 키운 'M&A 전략'. 조선비즈. 2017. 6. 7.
- 김우용 (2012). 페북 인수 인스타그램, 몸값 2배 된 이유. ZDnet코리아. 2012. 4. 16.
- David Goldman (2020). Why WhatsApp is worth $19 billion. CNN. 2014. 2. 20.

06

- 최현준 (2020). "인스타 · 왓츠앱 분할해야"···미 정부, 페이스북에 반독점 소송. 한겨레. 2020. 12. 10.
- 황승환 (2019). 구글, 인수 270개 기업 중 171개는 경쟁자···"잠재적 위험 제거".
- Caroline Moss (2014). Google Offered To Buy WhatsApp For $10 Billion Before Facebook Swooped In With More Money. Insider. 2014. 2. 20.
- MELLISA TOLENTINO (2014). Google offered more than $19B for WhatsApp: Here's why it got turned down. Siliconangle. 2014. 2. 21.
- Nicholas Carlson (2014). The Inside Story Of How Facebook Bought WhatsApp For $19 Billion. Insaider. 2014. 2. 20.
- Vince Martin (2019). What Instagram and WhatsApp Mean to Facebook Stock. Ivestorplace.

PART 2 | 준비는 끝났다! 디즈니의 반격

02

- 조영신 최민재 (2010). 글로벌 미디어 기업과 미디어 정책. 한국언론재단.
- 로버트 아이거 (2020). 디즈니만이 하는 것 The ride of a lifetime. 쌤앤파커스. 안진환 옮김.
- 로센스 커닝햄 (2016). 버크셔 해서웨이. 이래 미디어. 오인석 옮김.
- 디즈니 사업보고서.

03

- 로버트 아이거 (2020). 디즈니만이 하는 것 The ride of a lifetime. 쌤앤파커스. 안진환 옮김.
- 김종하 (2009). 미디어 기업 경영에서 창조의 투입과 산출 매카니즘 분석. 한국언론학회 심포지움 및 세미나. 23-45.
- 더 넘버스닷컴. www.the-numbers.com

04

- 김세원 (2019). 디즈니, 마블 인수 후 10년 동안 '21조 원' 벌었다...4.5배 수익 거둬. 뉴스핌. 2019. 7. 22.
- 김종하 (2009). 미디어 기업 경영에서 창조의 투입과 산출 매카니즘 분석. 한국언론학회 심포지움 및 세미나. 23-45.
- 로버트 아이거 (2020). 디즈니만이 하는 것 The ride of a lifetime. 쌤앤파커스. 안진환 옮김.

05

- Clark (2021). 'The Mandalorian' finally beat 'The Office' as the most watched streaming series in the US, according to Nielsen. Business insider. 20201. 1. 15.

06

- 이영주 (2019). 해외 미디어 기업 간 인수합병 시 부여된 승인 조건에 대한 고찰과 정책적 함의. KCA 미디어 이슈 & 트렌드.
- 로버트 아이거 (2020). 디즈니만이 하는 것 The ride of a lifetime. 쌤앤파커스. 안진환 옮김.

PART 3 | 반격에 나선 미디어 공룡, 성공할 수 있을까?

01

- 조민수(2021). AT&T, 위성방송 디렉TV 사모펀드 TPG에 매각. IT dily. 2021. 2. 24.
- 조민수(2021). AT&T, 워너미디어와 디스커버리와의 합병 추진. IT dily. 2021. 5. 17.
- 채지선(2018). 미국 연방법원, AT&T-타임워너 합병 승인. 한국일보. 2018. 6. 13.
- Alex Sherman (2020). The home of the Sopranos is under siege: Inside the battle for the soul of HBO. CNBC. 2020. 12. 6.

04

- 김한솔(2014). 미디어 기업의 M&A와 FCC의 승인 절차 및 조건에 관한 연구. 강원대학교 석사 학위 논문.
- 김종원(2003). 케이블 TV 기업 결합이 시장 집중과 효율성에 미친 영향. 서강대학교 석사 학위 논문.

05

- 최민재, 조영신(2010). 글로벌 미디어 기업과 미디어 정책. 한국언론진흥재단. 서울.
- 김지한(2016). 평창올림픽 2400시간 중계 ⋯ NBC, 투자금 1조 원 뽑아낼까. 중앙일보. 2017. 11. 30.
- 김한솔(2014). 미디어 기업의 M&A와 FCC의 승인 절차 및 조건에 관한 연구. 강원대학교 석사 학위 논문.
- 이승희(2016). '케이블 황제' 컴캐스트, 리우올림픽 스트리밍 제공한다. SBSbiz. 2016. 5. 18.
- Reuters Staff (2016). Comcast's NBCU books $250 million in profit from Rio Olympics coverage. Reuters. 2016. 9. 15.

PART 4 | 실패로부터 얻는 교훈

01

- 김한솔(2014). 미디어 기업의 M&A와 FCC의 승인 절차 및 조건에 관한 연구. 강원대학교 석사 학위 논문.
- 안경애(1999). AT&T 미디어원 인수 제의. 전자신문. 1999. 4. 24.
- 윤영호(2005). 통신 공룡 AT&T 비참한 운명. 주간동아. 2005. 11. 16.
- 허엽(2000). AT&T, '미디어원' 인수 가능할까?. 2000. 5. 7.
- 구자춘(1999). AT&T 미디어원 인수의 의미와 전망. 정보통신정책 11-9 통권 232호.
- Jeff Pelline (1998). AT&T to buy TCI for $48 billion. Cnet. 1998. 7. 24.
- FT (2005). SBC and AT&T approve $16bn merger. Financial Times. 2005. 1. 13.
- Reuters (1999). MediaOne Accepts AT&T Buyout. 1999. 5. 3.

02

- 전범수(2013). 미국과 유럽의 미디어 기업 인수합병. 커뮤니케이션북스.
- 김화진 (2009). 컨텐츠 전쟁 : 미디어산업 글로벌 M&A와 분쟁. 저스티스. 136-160.

- 최민재, 조영신(2010). 글로벌 미디어 기업과 미디어 정책. 한국언론진흥재단.

03

- 강윤주(2018). 미국 언론제국 CBS, 여제와 흙수저 사장 경영권 대결. 한국일보. 2018.5.29.
- 신지은(2008). 여든다섯 아이언맨 지구촌 미디어를 지배하다. 조선일보. 2008. 5. 30.
- Benjamin Mullin, Joe Flint(2019). Viacom-CBS Deal Drama Was Worthy of the Fall Lineup. The wallstreet journal. 2019. 8.19.

04

- 최민재, 조영신(2010). 글로벌 미디어 기업과 미디어 정책, 한국언론진흥재단. 서울.
- 김화진(2009). 컨텐츠 전쟁 : 미디어 산업 글로벌 M&A와 분쟁. 저스티스. 136-160.
- 로버트 아이거(2020). 디즈니만이 하는 것 The ride of a lifetime. 쳄앤파커스. 안진환 옮김.
- 존 볼랜드(2004). 컴캐스트, 디즈니 인수 제의 '제2의 AOL타임워너?'. ZDnet 코리아. 2004. 2. 13.
- CNN(2004). Comcast's letter to Disney. CNN. 2004. 2. 11.

PART 5 │ CJ는 아시아의 할리우드 꿈을 이룰 수 있을까?

02

- 고재석(2017). 스타 시스템? 작가 몸값이 금값. 시사저널. 2017. 4. 4.
- 김일중, 김치호 (2019). CJ ENM 드라마 사업의 경쟁 우위 전략 분석 : 자원 준거 관점(RBV, resource based view)을 중심으로. 인문콘텐츠(55). 167-197.
- 이충희(2019). CJ ENM, 영화 · 드라마 제작사 인수 '가속'. 더벨. 2019. 3. 28.
- 콘텐츠진흥원(2020). 방송 영상 콘텐츠 제작 산업 경쟁 현황 분석 연구.
- 스튜디오드래곤 사업보고서.
- 허남설(2015). 케이블은 왜 시청률 3% 넘으면 '대박'일까. 경향신문. 2015. 1. 12.

03

- 김지연, 김대호(2015). 한국 케이블 기업의 성장 전략에 영향을 미치는 요인. 문화산업연구. 15(2). 73-82.
- 박성호(2010). CJ그룹의 미디어 사업 분야 전략 행위에 대한 연구. 서강대학교 석사 학위 논문.
- 정상철(2011). 콘텐츠 산업에서의 인수합병(M&A) 사례 분석과 시사점. 한국문화관광연구원.

04

- 김지연, 김대호(2015). 한국 케이블 기업의 성장 전략에 영향을 미치는 요인. 문화산업연구. 15(2). 73-82.
- 박성호(2010). CJ그룹의 미디어 사업 분야 전략 행위에 대한 연구. 서강대학교 석사 학위 논문.
- 손세호(2000). 제일제당, 삼구쇼핑 인수에 따른 시너지 효과 없어. 매일경제. 2000. 4. 26.
- 이현정(2020). CJ오쇼핑, 15년 만에 해외 사업 완전히 접는다…中·동남아서 철수. 연합인포맥스. 2020. 1. 13.

• 정민구 (2020). 제일제당, 3천4백억에 39쇼핑 인수. 머니투데이. 2000. 3. 31.

05

• 박진수, 최민정 (2010). 국내 미디어 엔터테인먼트 산업의 성장과 도전 : CJ엔터테인먼트의 수직 통합 사례를 중심으로. Korea Business Review. 14권 1호.
• 정석모 (2003). 더비매치 10th!! 플레너스 vs CJ엔터테인먼트. 아이투자.

PART 6 | 넥스트 미디어 공룡

02

• 이민교, 박진우 (2019). 카카오의 로엔엔터테인먼트 인수 사례. Korea Business Review. 23 (2), 65-93.
• 카카오 사업보고서.

03

• 김형원 (2019). 카카오M, 유상 증자 단행…배우 현빈 등 참여. IT조선. 2019. 9. 30.
• 홍성용 (2021). 네이버 vs 카카오. 매일경제신문사.
• 김동하 (2021). 카카오와 엔터테인먼트의 M&A 방정식. 머니투데이. 2021. 10. 5.
• 덕질시스터즈 (2021). 카카오가 웹툰 IP를 확장하는 방법. 브런치.
• 카카오 사업보고서.

04

• 홍성용 (2021). 네이버 vs 카카오. 매일경제신문사.
• 최형균 (2021). [K-웹툰 이단옆차기]上 해외 공략 빨라진 스텝. 비즈니스와치. 2012. 2. 22.
• 최민영 (2021). 웹툰 플랫폼 왕좌를 차지하라. 네이버-카카오의 전쟁. 한겨레신문. 2021. 4. 6.
• 덕질시스터즈 (2021). 카카오가 점한 북미 웹툰 웹소설 플랫폼 타파스와 래디쉬. 브런치.
• 홍승한 (2021). 카카오페이지, '슈퍼 IP 유니버스' 첫 페이지를 열다. 엔터비즈. 2020. 5. 27.
• 구민기 (2021). 카카오 픽코마 일본 웹툰 시장 독보적 1위. 한국경제신문. 2021. 8. 17.

05

• 이미영 (2021). [K팝 팬플랫폼] ① 엔터 · IT 손잡았다…덩치 키운 하이브·유니버스. 아이뉴스. 2021. 5. 24.
• 차준호 (2021). BTS 소속사 하이브 美 음반사 1조 M&A. 한국경제신문. 2021. 4. 2.
• 하이브 사업보고서.

Global Media Giants